中华现代佛学名著

胡适之禅宗考论

胡适 著　韩传强 选编

2018年·北京

《中华现代佛学名著》编委会

主　编：赖永海　陆国斌

编　委（以姓氏拼音为序）：

陈　坚	陈永革	程恭让	邓子美	董　平
董　群	府建明	龚　隽	洪修平	黄夏年
净　因	赖永海	李利安	李四龙	李向平
李　勇	刘立夫	刘泽亮	吕建福	麻天祥
潘桂明	圣　凯	唐忠毛	王邦维	王雷泉
王月清	魏道儒	温金玉	吴根友	吴晓梅
吴言生	吴忠伟	徐文明	徐小跃	杨维中
业露华	余日昌	张风雷	张　华	朱丽霞

出版策划：王　皓

总　　序

晚清民国是中国近现代史上一个比较特殊却又非常重要的发展阶段。与清王朝的极度衰落相对应,中国佛教也进入一个"最黑暗时期"。在汉传佛教生死存亡的关键时刻,宁波天童寺的"八指头陀"和南京金陵刻经处的杨仁山居士,一僧一俗,遥相呼应,掀起了一场波澜壮阔的佛教复兴运动。

晚清民国的佛教复兴催生了一大批具有重大社会影响的佛教思想家。其中,既有以佛教为思想武器,唤醒民众起来推翻封建帝制的谭嗣同、章太炎,又有号召对传统佛教进行"三大革命"的太虚大师,更有许多教界、学界的知名学者,深入经藏,剖析佛理,探讨佛教的真精神,留下了数以百计的佛学著作。他们呼唤佛教应该"应时代之所需",走上贴近社会、服务现实人生的"人间佛教"之路。这种"人间佛教"思潮,对当下的中国佛教仍然产生着深刻的影响。

晚清民国佛教复兴的另一个重要产物,是在中国近现代思想史上留下一大批哲学、佛学名著。诸如谭嗣同的《仁学》、太虚的《即人成佛的真现实论》、梁漱溟的《东西文化及其哲学》等。这批著作所产生的巨大影响力,既推动了当时中国佛教实现涅槃重生,实现历史性转变;也是那个时代整个社会思潮历史性转向的一个缩影,是一份极其宝贵的思想文化遗产。

习近平主席在联合国教科文组织总部的讲话中指出:"佛教产生于古代印度,但传入中国后,经过长期演化,佛教同中国儒家文化和道家文化融合发展,最终形成了具有中国特色的佛教文化,给中国人的宗教信仰、哲学观念、文学艺术、礼仪习俗等留下了深刻影响。"

从宗教、文化传播、发展史的角度说,佛法东传,既为佛教的发展焕发出生机,又为中国传统文化注入了活力。13世纪后,佛教在其发源地——印度日渐消失,与此不同,佛教在中国的发展却是另外一种景象。自两汉之际传入中国后,两千多年来,佛教与中国本土文化,在既相互排斥斗争,又相互吸收融合的道路上砥砺前行,逐渐发展成为一股与儒、道鼎足而三的重要的思想、学术潮流。此中,佛教在中国化过程中的契理契机,是其所以能不断发展壮大、历久弥新的最重要的原因之一。

值得一提的是,佛教的中国化,尤其是中国化佛教的形成,既成就了佛教自身,也进一步丰富和促进了中国传统文化的发展。

首先,中国化的佛教本身就是中国传统文化的一个重要组成部分,例如最能体现中国佛教特质的"禅宗",它本身就是一种中国传统文化。对此,学界、教界应已有共识。

其次,佛教的中国化,一直是在与中国本土文化互动的过程中实现的。在这个过程中,佛教对于中国本土传统文化影响之广泛和深远,在许多方面也是人们所始料未及的。

就哲学思想而论,中国古代传统的哲学思想,自魏晋南北朝起,就与外来的佛学产生深刻的互动乃至交融。佛教先是依附于老庄、玄学而得到传播,但当玄学发展到向、郭之义注时已达到顶点,是佛教的般若学从"不落'有''无'"的角度进一步发展了玄学。

隋唐时期的中国哲学，几乎是佛教哲学一家独大。此一时期作为儒家代表人物之韩（愈）、李（翱）、柳（宗元）、刘（禹锡）之哲学思想，实难与佛家之天台、华严、唯识、禅宗四大宗派的哲学思想相提并论。

宋明时期，儒学呈复兴之势，佛学则相对式微。但是，正如魏晋南北朝老庄玄学之成为"显学"，并不影响儒家思想在伦理纲常、王道政治等方面仍处于"主流"地位一样，对于宋明时期"中兴"的"新儒学"，如果就哲学思辨言，人们切不可忘记前贤先哲的一个重要评注："儒表佛里""阳儒阴释"。"儒表"一般是指宋明新儒学所讨论的大多是儒家的话题，如人伦道德、修齐治平，等等；"佛里"则是指佛教的本体论思维模式。一言以蔽之，宋明"新儒学"，实是以佛家本体论思维模式为依托建立起来的心性义理之学。

哲学之外，佛教对于中国本土传统文化的各种表现形式，诸如诗歌、书画、雕塑、建筑、戏剧、音乐乃至语言文字等，都有着十分深刻的影响。当今文史哲各学科，乃至社会各界之所以逐渐重视对佛学或佛教文化的研究，盖因中国传统文化与佛教确实存在着十分密切的甚至是内在的联系。就此而论，不了解佛教、佛学和佛教文化，实难对中国传统文化有一个全面深刻的理解和认识。

晚清民国时期是中国现代史上一个重要的历史阶段，也是中国本土文化与外来思想激烈碰撞的一个重要的时间节点。此一时期的中国佛教，一身而兼外来宗教与本土文化二任，扮演着十分重要的角色。当时所产生的一大批佛学名著，也是近现代中国思想文化的一个重要组成部分。整理、再版和研究这批历史名著，对于梳理近现代中国思想文化的发展大势，理解思想文化与社会发展之间的相互关系，进而达到文化自觉和文化自信，具有十分重要的意义。有鉴于此,商务印书馆约请了一批著名的佛学研究专家,组成"中华现代佛学名著"丛书编委会。由编委会遴选、整理出百部最具影响力的晚清民国时期的佛学名著,并约请了数十位专家、学者,撰写各部名著的导读。导读包含作者介绍、内容概要、思想特质、学术价值和历史影响等,使丛书能够最大限度地适应不同人群、不同文化层次读者的需求。丛书既为人文社会科学研究者提供了一批弥足珍贵的原始文献资料,也为普罗大众了解佛教文化打开了方便之门;既有利于进一步推动"全民阅读"和"书香社会"的建设,也能让流逝的历史文化获得重新彰显,让更多读者从优秀传统文化中汲取营养,不断提升人文素养和人生境界。应该说,这也是我们编纂"中华现代佛学名著"丛书之初衷。

第一辑佛学名著即将付梓,聊寄数语,以叙因缘,是为序。

赖永海

丁酉年仲秋于南京大学

凡　　例

一、"中华现代佛学名著"收录晚清以来，为中华学人所著，成就斐然、泽被学林的佛学研究著作。入选著作以名著为主，酌量选录名篇合集。

二、入选著作内容、编次一仍其旧，正文之前加专家导读，意在介绍作者学术成就、著作成书背景、学术价值及版本流变等情况。

三、入选著作率以原刊或作者修订、校阅本为底本，参校他本，正其讹误。前人引书，时有省略更改，倘不失原意，则不以原书文字改动引文；如确需校改，则出脚注说明版本依据，以"编者注"或"校者注"形式说明。

四、作者自有其文字风格，各时代均有其语言习惯，故不按现行用法、写法及表现手法改动原文；原书专名（人名、地名、术语）及译名与今不统一者，亦不作改动。如确系作者笔误、排印舛误、数据计算与外文拼写错误等，则予径改。

五、原书为直排繁体，除个别特殊情况，均改作横排简体。原书无标点，仅加断句；有简单断句者，不作改动；专名号从略。

六、原书篇后注原则上移作脚注，双行夹注改为单行夹注。文献著录则从其原貌，稍加统一。

七、原书因年代久远而字迹模糊或纸页残缺者，据所缺字数用"□"表示；字数难以确定者，则用"（下缺）"表示。

目　录

导读 ························· 韩传强　1

胡适论禅籍

《坛经》考 ························· 19
《楞伽师资记》序 ··················· 43
《全唐文》里的禅宗假史料 ··········· 51
所谓"六祖呈心偈"的演变 ············ 55
《金石录》里的禅宗传法史料 ········· 58
神会和尚遗集及跋 ··················· 61
跋裴休的《唐故圭峰定慧禅师传法碑》··· 110
与入矢义高讨论早期禅宗史料 ········· 141

胡适论禅史

白居易时代的禅宗世系 ··············· 161
禅学古史考 ························· 165
楞伽宗考 ··························· 184
禅宗史的一个新看法 ················· 226
禅宗史的真历史与假历史 ············· 238
论禅宗史的纲领 ····················· 249

与柳田圣山讨论禅宗史的纲领 …………………………………… 254

胡适论禅法

　　中国禅学之发展 ………………………………………………… 269
　　禅宗在中国：它的历史和方法 …………………………………… 308
　　从译本里研究佛教的禅法 ………………………………………… 330
　　禅宗的方法：道不可告，告即不得 ……………………………… 347

胡适论禅僧

　　菩提达摩考 ………………………………………………………… 351
　　荷泽大师神会传 …………………………………………………… 363
　　诗僧与谐诗 ………………………………………………………… 409
　　研究神会和尚的始末 ……………………………………………… 413

导　　读

韩传强

一、关于胡适其人

胡适（1891—1962），著名学者、诗人，原名嗣穈，学名洪骍，字希疆，后改名胡适，字适之。透过胡适先生的一生，可以窥见那段历史的缩影。①

按照胡适先生在其《四十自述》中所言，其于1891年12月17日生于上海大东门外，并在其3岁（1893）时随母前往台湾寻父，先后辗转于台南、台东两年。胡适在4岁时开始由其父胡传教其识认汉字。然而，好景不长，1894年，甲午中日战争爆发，胡适不得不随母迁回上海，后至祖籍安徽绩溪上庄，其父也在同年8月病逝于厦门。胡适从6岁（1896）开始，便在绩溪就读私塾，直到14岁（1904）时，才回到上海，进梅溪学堂。

14岁，对胡适来说，这是一个特殊的年龄，就在这一年，胡适与江冬秀订婚，同样也是在这一年，胡适读了梁启超的《新民说》和

---

① 本文在编撰过程中，除了引自胡适先生作品外，还参考了学界已有相关研究成果，如《胡适说禅》（潘平、明立志主编，东方出版社1993年版）、《胡适研究论稿》（耿云志著，社会科学文献出版社2007年版）、《禅学指归》（陕西师范大学出版社2008年版）。

邹容的《革命军》,并于次年,接触到严复所译《天演论》《群己权界论》等书,从此开启了对新思想的探索之路。

1906年,胡适在其16岁之际,考取中国公学,并加入竞业学会,同年,在《竞业旬报》上发表小说、诗歌以及相关论文,于1908年(18岁)开始主编《竞业旬报》,并于同年转入中国新公学,兼任英文教员。不过,不幸的是,在1909年,因新公学解散,胡适失学、失业,过了一年游民的生活。

1910年,20岁的胡适,一边在华童公学教国文,一边开始备考。功夫不负有心人,胡适于此年考取清华庚子赔款赴美国官费生。因报考时使用"胡适",所以考取后便一直沿用"胡适"。从此,胡适之名便被正式使用。胡适在美国先入康乃尔大学农学院,后转入文学院,主修哲学、文学、经济学。在康乃尔大学,胡适是非常活跃的,曾发起"政治研究会"(1912),并被推举为"世界学生会会长"(1913)。1914年,24岁的胡适完成学士学业,并被推举为《学生英文月报》主笔之一,负责国内新闻。

1915年,25岁的胡适进入哥伦比亚大学哲学系,此时该校哲学系主任为杜威。正是从这一年开始,胡适开始了其漫漫的哲学研究之路。于此期间,其与陈独秀、朱经农、梅光迪等人讨论文学革命问题,并于次年作第一首白话诗《朋友》(后改为《蝴蝶》)。

1917年,27岁的胡适通过哲学博士学位的最后考试(口试),回国开始在北京大学任教。是年,胡适与江冬秀在老家绩溪结婚,并开始参加《新青年》的编辑工作。次年,胡适前往天津,与梁启超会面,讨论文学问题。

1919年,杜威来华讲学,胡适去上海迎接,为杜威六十大寿举办活动,并陪同去山西讲学。其间,胡适与蒋梦麟一起,在上海拜会了孙中山,并与之讨论"知难行易"等学术问题。是年,胡适接办《每周评论》,开启了"问题与主义"论战,并在1920年与《新青年》脱离关系。

1921年至1925年,胡适虽仍在北大任教,但由于身体原因,多数时间是在上海(1921、1925)、杭州(1923)疗养,其间,曾到天津南开大学、南京东南大学等校演讲。这期间,是胡适演讲、著述颇丰的时段,《从译本里研究佛教的方法》便是在1925年1月完成的。

1926年至1927年,胡适先后赴英国、法国、美国等地访问、演讲,在英国发现两万余字的神会和尚《语录》《显宗记》和《楞伽师资记》的几份敦煌写本,这些文献为其以后写成《神会传》以及研究早期禅史提供了重要史料。1927年10月,胡适致信太虚法师,建议其最好先别去欧美宣传所谓"精神文明",即便去,最好去日本通过考察、"做学生"等方式来宣传佛教。是年8月,胡适完成了《菩提达摩考》一文。

1928年至1932年,是胡适禅学研究成果颇丰的时段。1928年,胡适与汤用彤先生通过书信往来,讨论禅学史问题,并形成文稿《论禅宗史的纲领》。是年,胡适在《新月》杂志上发表《禅学古史考》,这是胡适对禅学研究的进一步深入。1929年,胡适写成《荷泽大师神会传》,这是胡适研究禅学的重要著作,其本人也颇为之得意。是年,胡适完成了跋《神会语录》(第一至第三残卷),并于1930年为《神会和尚遗集》作序,这些对后来学界研究神会有着重要的引导作用。同样在1930年,胡适作了跋《南宗定是非论》残卷、跋《顿悟无生般若颂》以及《坛经》考之一——跋《曹溪大师别传》等重要论述。次年,即1931年,胡适作《楞伽师资记》序,并于1932年发表《禅宗在中国的发展》(英文)一文,这些著述将禅宗尤其是早期禅的研究又推进了一步。

1933年至1935年,胡适在禅学研究方面又有新进展。1933年,胡适与日本禅学研究者铃木大拙会晤,谈论北宋本《坛经》问题,并于是年作《〈四十二章〉经》考。1934年,胡适应北京师范大学之邀请,讲演《中国禅学之发展》,该讲演分四次,主题分别为:(1)印度禅;(2)中国禅宗的起来;(3)中国禅宗的发展和演变;(4)中国禅学的方法,并于是年作《坛经》考之二——记北宋本的六祖《坛经》。1935年,胡适在出席中国哲学第一届年会时宣读了《楞伽宗的研究》一文,并于是年在《"中央研究院"史语所集刊》发表《楞伽宗考》一文,这对北宗禅以及早期禅的研究有着重要意义。

1938年至1942年,胡适担任驻美全权大使。其间,因政务缠身,其在学术尤其是禅学方面的论述较以前少之又少。1942年9月,胡适辞去驻美大使一职,重新回到学术界。

1943年至1952年,胡适虽然重新回到学界,但主要致力于文史的考证(如对《水经注》的考证)以及思想史的撰述和演讲,只在《海外读书笔记》中偶尔论及佛教敦煌文献,这期间,其对佛教尤其是禅宗用力甚微。

1952年至1962年,胡适对佛教尤其是禅宗注力不少。1952年,胡适作《六祖〈坛经〉》。1953年,在出席蔡元培诞辰八十四周年纪念会讲演《禅宗史的一个新看法》,并于是年发表《禅宗在中国:它的历史和方法》《宗密的〈神会略传〉》《宋〈高僧传〉里的〈唐洛京荷泽寺神会传〉》等作品。1958年,胡适作《菩提达摩南宗定是非论》《〈大般涅槃经〉里极端排斥女人的话》以及《新校订敦煌写本神会和尚遗著两种》,这些是胡适晚年对禅宗关注的主要作品。1960年,胡适为日本佛学研究者铃木大拙九十大寿撰写了《有关禅宗早期禅史的唐代原始资料——应作一系统的研究》一文。是年,在史语所(历史语言研究所)作《禅宗史的真历史与假历史》之讲演,并发表《能禅师与韶州广果寺》《〈全唐文〉里的禅宗假史料》《〈神会和尚语录〉的第三个敦煌写本:〈南阳和尚问答杂征义:刘澄辑〉》《校写〈五更转〉后记》《〈五灯会元〉的三个版本系统》《〈续传灯录〉的作者居顶和尚》,这些对研究禅宗史尤其是早期禅史,有重要的推动作用。1961年,胡适先后发表了《〈金石录〉的禅宗传法史料》《慧忠与灵坦都是神会的弟子?》《跋裴休的〈唐故圭峰定慧禅师传法碑〉》《宗密自记他得〈圆觉经〉及后来作疏的始末》《唐东都奉国寺禅德大师照公塔铭》《嵩山(会善寺)故大德净藏禅师身塔铭》《记李朝正的〈重建禅门第一祖菩提达摩大师碑〉阴文》《〈七修类稿〉里的六祖》等作品,这是胡适晚年对禅佛教研究的重要贡献。遗憾的是,这些作品完成不久,胡适先生便于1962年2月24日因心脏病突发而驾鹤仙游,终年72岁。

二、关于胡适其文

从以上对胡适生平的简要梳理中可以看出,胡适先生一生著述颇丰,其中有不少是禅学著作。本书选择了一些有关禅学考论的代表性论述,汇编成《胡适之禅宗考论》。为了便于读者研读,本书在编撰时,并非按照原作品的出版时间编排,而是按照"胡适论禅籍""胡适论禅史""胡适论禅法""胡适论禅僧"等四个部分进行编撰。关于原作品的相关信息,笔者从以下几个方面给读者进行介绍。

（一）本书所选作品产生时间及相关背景

本书所选胡适先生作品均为学术论文，共 23 篇，长短不一，涉及楼宇烈先生所判的胡适禅学研究的两期：即 1925—1935 年（第一期）及 1952—1962 年（第二期）这两个时间段，具体情况如下表所示。

表1：本书所选胡适作品出版时间及收录情况

序号	论文名称	撰写/出版①	收录情况
1	《坛经》考	1930—1934②	《胡适论学近著》
2	《楞伽师资记》序	1931	《胡适论学近著》
3	《全唐文》里的禅宗假史料	1960	《胡适手稿》第七集
4	所谓"六祖呈心偈"的演变	1961	《胡适手稿》第七集
5	《金石录》里的禅宗传法史料	1961	《胡适手稿》第七集
6	《神会和尚遗集》及跋	1930	《胡适论学近著》
7	跋裴休的《唐故圭峰定慧禅师传法碑》	1961	《"中央研究院"史语所集刊》
8	与入矢义高讨论早期禅宗史料	1970	《胡适手稿》第八集
9	白居易时代的禅宗世系	1928	《胡适文存》第三集
10	禅学古史考	1928	《胡适文存》第三集
11	楞伽宗考	1935	《"中央研究院"史语所集刊》
12	禅宗史的一个新看法	1953	《胡适演讲集》
13	禅宗史的真历史与假历史	1960	《胡适手稿》第七集

---

① 由于胡适先生的很多作品并非一时完成，有些作品完成后也并非立刻出版，所以在时间厘定上，以撰写时间为准。如果撰写时间模糊，则以出版时间为据。
② 胡适先生所著《坛经》考实际上有两种史料，即 1930 年所著的《坛经》考之一——跋〈曹溪大师别传〉和 1934 年所著的《坛经》考之二——记北宋本的〈六祖坛经〉。

(续表)

序号	论文名称	撰写/出版	收录情况
14	论禅宗史的纲领	1928	《胡适文存》第三集
15	与柳田圣山讨论禅宗史的纲领	1961	《胡适手稿》第七集
16	中国禅学之发展	1934	《胡适演讲集》
17	禅宗在中国:它的历史和方法	1953	《哲学,东方与西方》(卷三,1号)
18	从译本里研究佛教的禅法	1925	《胡适文存》第三集
19	禅宗的方法:道不可告,告即不得	1970	《胡适手稿》第九集
20	菩提达摩考	1927	《胡适文存》第三集
21	荷泽大师神会传	1929	《胡适论学近著》
22	诗僧与谐诗	1928	《白话文学史》
23	从整理国故到研究和尚	1979①	《胡适口述自传》

(二) 本书所选作品篇章结构及主要内容

本书所选胡适重要禅学论文23篇,主要涉及"禅籍""禅史""禅法""禅僧"等几个方面。

1. 就"胡适论禅籍"而言,本书共收录8篇论文,分别为:

(1)《〈坛经〉考》:本篇由两大部分组成,分别为"跋《曹溪大师别传》""记北宋本《六祖坛经》"。在"跋《曹溪大师别传》"中,胡适从文献出处、作者判定、与敦煌本《坛经》比对等几个方面展开论述。胡适认为,《曹溪大师别传》的撰者可能是江东或浙中某一无

---

① 此文载1979年6月1日台北《传记文学》第34卷第6期,后收入唐德刚译《胡适口述自传》,台北传记文学出版社1981年版。本书在编撰时,参照《禅学指归》等校本,选取了这篇论文的主体部分。

学问之陋僧,并指出该书错误较多,是"一部伪书",而契嵩则沿袭这一"伪作"的部分内容,并对后世学界产生了研究误区。在"记北宋本《六祖坛经》"中,胡适通过对比《坛经》的敦煌本、惠昕本、明藏本,指出惠昕本不失为"去古未远"之本。胡适对《坛经》之研究,为学界研究《坛经》开拓了视野,并提供了重要史料。

(2)《〈楞伽师资记〉序》:此序是应朝鲜学者金九经之邀,为其校订的《楞伽师资记》所作之序文。在序文中,胡适先生对《楞伽师资记》作者净觉生平及此书所作时间进行了考证,并对《楞伽师资记》中所列禅宗谱系进行了剖析。胡适认为,《楞伽师资记》是8世纪前期一部楞伽宗小史,对研究早期禅以及楞伽宗有着重要意义。胡适此文一方面陈述了《楞伽师资记》校勘的诸种因缘,另一方面,其对《楞伽师资记》的分析和研究,对读者理解和把握《楞伽师资记》,有着极为重要的引导作用。

(3)《〈全唐文〉里的禅宗假史料》:在此文中,胡适认为由于"《全唐文》《全唐诗》都是官书,都不注明每一卷的来历",因此,要引用这些文献作为佐证材料,必须对之进行考证。在此文中,胡适并以"所谓中宗召能入京御札""所谓代宗遣送六祖衣钵,谕刺史杨瑊敕"为例,指出《全唐文》所载部分史料的伪造性,这对学界研究《全唐文》以及对其他史料甄选,都有重要的示范意义,警示读者对"写出来的历史"和"历史本身"要有鉴别性。

(4)《所谓"六祖呈心偈"的演变》:"菩提本无树,明镜亦非台。本来无一物,何处有尘埃"这首偈语曾一度被学界用来判定禅宗南北两宗禅法高下的一个例证,实际上,通过史料梳理,其原初并非如此。胡适对"六祖呈心偈"演变的判释,有助于学界更好分判"六祖呈心偈"的内在意义及其"历史背景"。

(5)《〈金石录〉里的禅宗传法史料》：禅宗三祖僧璨，赐谥"镜智禅师"，有关其史料，在《金石录》里有《唐山谷寺璨大师碑》《唐镜智禅师碑》两份碑铭。胡适以此两碑铭为例，指出它们对禅宗谱系梳理以及构建的史料价值，这对研究早期禅宗谱系有重要意义。

(6)《神会和尚遗集》及跋：荷泽大师神会，是胡适研究禅学用力最多的一个僧人，在一定意义上，可以说是胡适"发现"了神会。胡适曾对神会和尚相关遗集进行编撰，并分别为之撰写了跋文。本书所选内容是从《神会和尚遗集》中选择的前三篇及相关跋文。胡适对神会和尚相关遗集的整理，一方面使得"神会和尚"在禅界以及学界中作为一个重要僧人而被关注，另一方面，通过梳理神会和尚相关遗集，使得学界对早期禅演变法以及早期禅史发展，都有更加深入的了解和把握。

(7)《跋裴休的〈唐故圭峰定慧禅师传法碑〉》："定慧禅师"为宗密谥号，胡适通过对宗密自述传法碑的考证，指出宗密选出的传法世系是不可信的。胡适认为相对真实的传法世系应该为：弘忍→资州智诜→资州处寂→益州净众寺无相→益州净众寺神会→益州元和圣寿寺南印→遂州道圆→宗密。胡适认为这个世系是相对比较真实的，其与宗密自述的传法世系主要区别在于其澄清了宗密将自己攀附于神会一系之用意。

(8)《与入矢义高讨论早期禅宗史料》：此文择选的是胡适与入矢义高讨论禅宗史料的五封书信，内容涉及《南阳和尚坛语》两份写本、《南阳和尚问答杂征义》《六祖坛经》《南宗定是非论》《曹溪大师别传》《大慧语录》《荷泽和尚五更转》等史料。在这五封书信中，一方面，胡适与入矢义高讨论这些材料的史料意义，另一方面，也请入矢义高在日本帮忙搜集这些禅书的相关材料。这篇文章虽然仅仅是几封书信的编撰,但却彰显胡适治学的视野与态度。

2. 就"胡适论禅史"而言,本书共收录7篇论文,分别为:

(1)《白居易时代的禅宗世系》:此文以《白氏长庆集》所收《传法堂碑》为例,讨论了9世纪时期的禅宗世系。胡适认为《传法堂碑》以《出三藏记》为依凭,对当时禅宗各家捏造的世系不满而作。于此文中,胡适还对《传法堂碑》进行了录校,这对后世研究禅史不仅提供了重要史料,而且提供了思考的方向。

(2)《禅学古史考》:此文以禅宗传法世系为线索,探究了从大迦叶至佛大先的传法历程,这对禅宗古史的研究和东土禅宗的传承,都有重要意义。

(3)《楞伽宗考》:胡适通过对达摩以降各代相关资料的考证,指出:袈裟传法是神会捏造出来的假历史;"师承是傍"不过是争法统时一种方便而有力的武器;渐修是楞伽宗的本义,顿悟不是《楞伽》的教义;从达摩至神秀,都是正统的楞伽宗。胡适的结论是相对公允的,"楞伽"与"金刚"的对立,虽没有胡适说得那么明显,但其对"渐修"与"顿悟"的判释、法统争论的解读,构成了学界研究禅宗的一种重要范式。胡适对楞伽宗的考证,也为学界研究早期禅提供了重要线索和研究方向。

(4)《禅宗史的一个新看法》:这是基于胡适所作的一场演讲整理而成的文稿。在这场演讲中,胡适指出,所谓的"新看法"就是指禅宗是一种运动,这种运动的结果是:第一,是复杂的宗教简单化、简易化,这使得佛教更有可能被广大下层民众所接受;第二,佛教作为印度传入中国的一种宗教,经过近千年的演变、融合,最终以中国文化的形态呈现出来,成为中国文化的一部分。胡适对佛教尤其是禅宗的这种判定,可以说是契入精髓,佛教的中国化,正是在禅宗这里获得彰显。

（5）《禅宗史的真历史与假历史》：与《禅宗史的一个新看法》不同，在《禅宗史的真历史与假历史》一文中，胡适通过对经典梳理、世系分析，指出禅系以诸类经典所传颂的"传一领袈裟，以为法信"是不足为信的，相较而言，"全无一点经典依据"的"戒、定、慧"三学，则是佛教的核心内容。假历史是可以造出来的，而真历史只会随着佛教的发展而不断延展。

（6）《论禅宗史的纲领》：此文是胡适与汤用彤在1928年的一封书信往来，胡适当时的《禅宗史》尚未完成，给汤用彤先生略述了其《禅宗史》的主要内容，其大致包括："印度禅与中国禅"；"菩提达摩一宗在当时名为楞伽宗"；"'顿悟'之说起源甚早"；慧能在当时并不出名，而其确有革命之功；神会著作散佚，找到的相关敦煌写卷甚为珍贵；8世纪下半期以降，各派争造法统伪史，《续法记》《宝林传》便是这类；唐代所出传法依据为达摩多罗《禅经序》以及《付法藏传》；契嵩以僧祐的《出三藏记集》为据，而修正法统，有"正统""定祖"之大议论；8世纪上半期至9世纪上半期的禅宗派别，当以宗密的《圆觉经大疏钞》《禅源诸诠集都序》所述为最可信；南宗成为正统之后，北宗门下又多捏造世系自附于正统；"神会一系不久便衰歇"。虽然胡适最终未能完全按照以上提纲来完成其《禅宗史》，但此提纲对研究禅宗史尤其是早期禅史，有重要的借鉴意义。

（7）《与柳田圣山讨论禅宗史的纲领》：关于禅宗史，胡适一直很关注，尽管最终没能兑现其初衷，但其与柳田圣山、汤用彤等人对禅宗史的讨论，为后来学者撰写禅宗史提供了诸多信息。胡适认为达摩来到东土以后，以四卷《楞伽经》"印心"，倡导"头陀"苦行，这被达摩以降的慧可、僧璨、道信、弘忍以及神秀所承继，即便到了慧能,也并没有完全抛弃"楞伽心要"。只是由于神会的多年努力,才改变这一传统。尽管胡适此论未必完全精准,但对理解早期禅的传承以及早期禅史,则有重要帮助。

就"胡适论禅法"而言,本书共收录4篇论文,分别为:

(1)《中国禅学之发展》:此文是胡适于1934年应北京师范大学之邀而开展的一次为期四场的讲座,其内容为《印度禅》《中国禅宗的起来》《中国禅宗的发展和演变》以及《中国禅学的方法》。在《印度禅》中,胡适对"安般法门""四禅定与四念处""五神通""定慧"等进行了介绍;在《中国禅宗的起来》中,胡适从一个故事说起,从屠夫的视角与牧师的视角来讨论中国禅的"旧说"和"新说"。同时,在此部分中,胡适还从"中国禅学的萌芽""佛道通气""佛教简化""道生""菩提达摩"等几个方面展开论述,勾勒出中国禅发展历程的基本轮廓。在《中国禅宗的发展与演变》中,胡适指出,从达摩至神秀,依然注重楞伽印心,以渐修为主,自慧能而力倡顿教,自神会北伐而顿教被大力提倡。自怀海《百丈清规》一出,"禅学代替了佛教,禅院代替了律居"。在最后一讲《中国禅学的方法》中,胡适指出,宗密所言的"顿悟顿修""顿悟渐修""渐修顿悟""渐修渐悟"中除"顿悟顿修"外,其他都是较好的教学方法,而"顿悟顿修"是没有教学方法的。此外,胡适还总结出禅学的主要方法,即"不说破""疑""禅机""行脚""悟"。可以说,胡适对中国禅学发展的梳理,对学界影响很大,这种影响,至今依然存在。

(2)《禅宗在中国:它的历史和方法》:此文是胡适针对铃木大拙所言"禅是非逻辑的,非理性的"这种论断有感而发。胡适认为,禅学的研究应该置于"时空关系"之中,只有如此,才能对中国文化和宗教史中的发展有知性的、理性的了解及评鉴。胡适此说甚为精到,其打破了研究佛教乃至禅宗的神秘色彩。

(3)《从译本里研究佛教的禅法》:胡适通过对译本的梳理,总结出古代禅法的三种类型:"结跏趺坐,不动如山,而其心迷散";"心性调和而身不端坐";"身坐端正,心不放逸,内根皆寂,亦不走外,随诸因缘"。虽然胡适此总结未必完全涵盖佛教禅法,但却将禅法的主要类型呈现出来。

(4)《禅宗的方法:道不可告,告即不得》:此是一篇非常短小的文章,胡适援引苏辙《栾城集》中相关事例,说明禅的"不说破"之方法,这也是后世禅宗的主要方法之一。"不说破"不是"不说",而是"不破"。

就"胡适论禅僧"而言,本书共收录4篇论文,分别为:

(1)《菩提达摩考》:作为史学家的胡适,其对菩提达摩的研究剔除了神话色彩。通过考证史料,胡适指出,不能不承认达摩是个历史人物,但他的事迹远远没有传说的那么重要。胡适对达摩的考证,对学界研究达摩,提供了不少史料,也提供了诸多方法论的借鉴。

(2)《荷泽大师神会传》:对于研究高僧神会,胡适注力颇多。就《荷泽大师神会传》一文而言,胡适从神会与慧能的关系、神会在滑台大云寺定宗旨、菩提达摩以前的传法世系、神会与顿悟的教义、神会被贬逐与最后胜利、神会与六祖《坛经》的编撰等几个层面展开讨论,其中关于神会的"顿悟说""定慧等""无念禅""知之一字,众妙之门""无修之修"等禅法进行了详细讨论,并在文末附上《神会和尚遗集》序。应该说《荷泽大师神会传》,是胡适比较满意的一篇论稿,胡适对神会的研究,对早期禅乃至整个禅宗的发展,都有不可忽视的作用。可以说,在一定程度上,是胡适"发现"了神会。

（3）《诗僧与谐诗》：此文是对胡适所著《白话文学史》中《唐初的白话诗》一节之节选，是胡适从文学视角来讨论禅学的发展。尽管篇幅不长，所列诗僧也只有王梵志、寒山、拾得等几个为数有限的诗僧，但却将佛教哲理通过打油诗的形式呈现出来。胡适的这种研究，对学界从文学角度研究禅学以及佛教，有着重要的范导意义。

（4）《从整理国故到研究和尚》：此文是《胡适口述自传》的一部分，是胡适整理敦煌写卷时的感受。此文实际上截取的是《从整理国故到研究和尚》中"研究神会和尚的始末"这一节内容。在此文中，胡适以研究神会为例，指出敦煌文献等原始文献对研究禅僧以及禅法、禅史的重要意义。从一定程度上可以说，胡适是非常注重史料的，这对禅学研究有着一定的导向作用。随着敦煌文献的被发现，佛教研究掀起了新的高潮，而胡适无疑是这一高潮的肇始者之一。

（三）本书所选作品学术价值及历史影响

《胡适之禅宗考论》一书的选编，实际上选择了胡适先生一生中重要的禅学论述。胡适先生是一位罕见的百科全书式的学者，禅学研究只是胡适先生学术研究的一部分，但就这一部分，也足以让学界赞叹不已。

就本书所选胡适相关禅学论述来说，主要集中在两个时段，两个方向。两个时段主要集中于1925—1935年（第一期）及1952—1962年（第二期）这20年；两个方向主要是指"文献研究"（尤其是敦煌文献研究)和(基于禅僧研究基础上的)"禅史研究"。胡适对敦煌文献尤其是对敦煌禅宗文献的关注,开启了学界研究敦煌禅宗文献的先河。从 20 世纪 20 年代初开始,胡适远涉欧美、日本,搜寻散佚的敦煌文献。本书所收录的有关胡适的 23 篇论文,有近一半是关于文献研究的,而在这些文献中,大都关涉的是敦煌禅宗文献。当然,研究文献,只是研究禅僧、禅史的铺垫,胡适在研究敦煌禅宗文献的基础上,开创了对神会的研究,对达摩的研究也有了重大推进。基于对史料以及禅僧的研究,胡适对早期禅史的研究是有重大突破的。其对《楞伽师资记》所作之序,为理解《楞伽师资记》以及禅宗谱系的演变提供了多维视角;其对《坛经》版本演变的考证是研究南宗禅的起源、发展的重要关津;其对"楞伽宗"的考证既厘清了早期禅史发展的脉络,同时也澄清了禅宗南北两系相继出现不是江湖匪气的厮杀,而是历史发展的必然。

可以说,本书所选胡适先生著述的 20 多篇论文,是胡适对禅宗研究的重大贡献。虽然我们无法回到禅宗发展的每个时代,但透过胡适先生的文字,我们可以管窥禅宗发展的一些脉络和片段;虽然胡适先生的禅学研究并非十全十美、无可挑剔,但他对禅宗诸多史实和思想之深入考论,对于梳理禅宗的发展历史、矫正禅宗研究的某些误区,确实多有助益。

三、编校说明

本书所选胡适先生论文,都尽可能忠于原文。但为了便于阅读,在选编中,编者适当调整了部分标题,纠正了个别讹误,并加以说明;原文中用词不合现代使用规范的,保留原词,并在原词后括号内标出正确用法,后文则于径改。同时,本书选编、校录中,参考了学界已有相关成果,深表谢意。

本书在编校中得到南京大学赖永海教授的悉心指导,获得东南大学董群教授以及东南大学人文学院的大力支持。

胡适论禅籍

《坛经》考

一、跋《曹溪大师别传》

《曹溪大师别传》一卷,中国已无传本。此本是日本所传,收在《续藏经》二编乙,19套,第五册,页483—488。有日本僧祖芳的书后云:

> 昔于东武获《曹溪大师别传》,曩古传教大师从李唐手写赍旧,镇藏睿岳。……传末有"贞元十九,二月十九日毕,天台最澄封"之字,且搭朱印三个,刻"比睿寺印"四字。贞元十九,当日本延历二十年乙酉也。大师(慧能①)迁寂乃唐先天二年,至于贞元十九年,得九十一年。谓《坛经》古本湮灭已久;世流布本,宋后编修;诸传亦非当时撰。唯此传去大师谢世不远,可谓实录也,而与诸传及《坛经》异也。……惜乎失编者之名。考《请来进宫录》②曰"《曹溪大师传》一卷"是也。
>
> 宝历十二年壬午。(乾隆二十七年,西历1762年)

---

① 本书统一作"慧能"。——编者注
② 《请来进宫录》,胡适原本没有书名号,今据文意及《禅学指归》等校本而添加。——编者注

祖芳此序颇有小错误。贞元十九年[①](803)当日本延历二十二年癸未,乙酉乃延历二十四年。先天二年(713)至贞元十九年,得九十年。此皆计算上的小误。最可怪者,据《传教大师全集》别卷所收的《睿山大师传》,最澄入唐,在贞元二十年(804);其年九月上旬始往天台。如何能有"贞元十九,二月十九日毕,天台最澄封"的题记?

祖芳又引最澄《请来进宫录》有《曹溪大师传》一卷。今检《传教大师将来目录》(全集卷四)有两录,一为台州录,一为越州录。《曹溪大师传》一卷乃在越州录之中。越州录中经卷皆贞元二十一年在越州所抄写,更不会有"天台最澄"的题记。

然祖芳之跋似非有心作伪。按台州录之末有题记,年月为

大唐贞元贰拾壹年岁次乙酉贰月朔辛丑拾玖日乙未

大概祖芳一时记忆有误,因"二月十九日"而误写二十一年为"十九年",又误记"天台"二字,遂使人生疑了。

我们可以相信此传是最澄于贞元二十一年在越州抄写带回日本的本子。(适按:《宋僧传》廿九,天台道邃传记载最澄在天台的事,也说是贞元二十一年即顺宗永贞元年。德宗崩在正月。是年八月始改永贞。)以下考证此传的著作时代及其内容。

此传作者不知是谁,然可以考订他是江东或浙中的一个和尚,其著作年代为唐建中二年(781),在慧能死后六十八年。传中有云:

大师在日,受戒开法度人三十六年。先天二年壬子岁灭

---

① 原无"年"字,今据文意补。——编者注

度。至唐建中二年，计当七十一年。

先天二年至建中二年，只有六十八年。但作者忽用建中二年为计算年数的本位，却很可注意。日本忽滑谷快天先生（《禅学思想史》上382页）说此句可以暗示《别传》脱稿在此年。忽滑谷先生的话甚可信，我可以代他添一个证据。此传说慧能临死时，对门人说一则"悬记"（预言）：

> 我灭度七十年后，有东来菩萨，一在家菩萨修造寺舍，二出家菩萨重建我教。

七十年后的预言，与后文所记"至建中二年，计当七十一年"正相照应。作传的人要这预言验在自己身上，却不料因此暗示成书的年代了。大概作者即是预言中的那位"出家菩萨"，可惜他的姓氏不可考了。

何以说作者是江东或浙中的和尚呢？因为预言中说是"东来菩萨"，而此本作于建中二年，到贞元二十一年（永贞元年，805）最澄在浙中抄得此传时不过二十四年，当时写本书流传不易，抄书之地离作书之地未必甚远；且越州、台州也都在东方，正是东来菩萨的家乡。

最可注意的是《坛经》明藏本（《缩刷藏经》腾四）也有东来菩萨的悬记，其文如下：

> 吾去七十年，有二菩萨从东方来，一出家，一在家，同时兴化，建立吾宗，缔缉伽蓝，昌隆法嗣。

此条悬记，今本皆已删去，惟明藏本有此文。明藏本的祖本是北宋契嵩的改本。契嵩的《镡津文集》中有郎侍郎的《六祖法宝记叙》，说契嵩得曹溪古本《坛经》校改俗本，勒成三卷。契嵩居杭州，也在浙中，他所得的"曹溪古本"大概即是这部《曹溪大师别传》，故有七十年的悬记。

近年《坛经》的敦煌写本出现于伦敦，于是我们始知道契嵩所见的"文字鄙俚繁杂，殆不可考"的俗本乃是真正古本，而契嵩所得古本决不是真古本。试即举慧能临终时的"七十年"悬记为例，敦煌写本即无此文，而另有一种悬记，其文如下：

> 上座法海向前言，"大师，大师去后，衣法当付何人？"大师言，"法即付了，汝不须问。吾灭后二十余年，邪法缭乱，惑我宗旨，有人出来，不惜身命，第佛教是非，竖立宗旨，即是吾正法。衣不合转。"

此悬记甚明白，所指即是神会在滑台大云寺及洛阳荷泽寺定南宗宗旨的事。神会滑台之会在开元二十二年（734），正是慧能死后二十一年。此条悬记可证敦煌本《坛经》为最古本，出于神会或神会一系之手，其著作年代在开元二十二年以后。神会建立南宗，其功绩最伟大。但9世纪以下，禅宗大师多出于怀让、行思两支，渐渐都把神会忘了。契嵩之时，神会之名已在若有若无之间，故二十年的悬记已不能懂了。所以契嵩采取《曹溪大师传》中的七十年悬记来替代此说。但七十年之记更不好懂，后来遂有种种猜测，终无定论，故今世通行本又把这七十年悬记全删去了。

然而敦煌本的二十年后的悬记可以证《坛经》最古本的成书

年代及其作者;《曹溪大师别传》的七十年后的悬记和建中二年的年代可以证此传的成书年代及其作者;而契嵩改本的收入七十年的悬记又可以证明他所依据的"曹溪古本"正是这部《曹溪大师别传》。

我们试取敦煌本《坛经》和明藏本相比较,可以知道明藏本比敦煌本多出百分之四十。(我另有《坛经》敦煌本考证。)这多出的百分之四十,内中有一部分是宋以后陆续加进去的。但其中有一部分是契嵩采自《曹溪大师别传》的。今依明藏本的次第,列表如下:

(1)行由第一 自"慧能后至曹溪,又被恶人寻逐"以下至印宗法师讲《涅槃经》,慧能说风幡不动是心动,以至印宗为慧能剃发,慧能于菩提树下开东山法门,——此一大段,约400余字,敦煌本没有,是采自《曹溪大师别传》的。

(2)机缘第七 刘志略及其姑无尽藏一段,敦煌本无,出于《别传》。

又智隍一段,约350字,也出于《别传》的瑝禅师一段,但改瑝为智隍,改大荣为玄策而已。

(3)顿渐第八 神会一条,其中有一段,"吾有一物,无头无尾,无名无字,无背无面,诸人还识否?"约60字,也出于《别传》。

(4)宣诏第九 全章出于《别传》,约600多字,敦煌本无。但此章删改最多,因为《别传》原文出于一个陋僧之手,谬误百出,如说"神龙元年(703)高宗大帝敕曰",不知高宗此时已死了二十二年了!此等处契嵩皆改正,高宗诏改为"则天中宗诏",诏文也完全改作。此诏今收在《全唐文》(十七),即是契嵩改本,若与《别传》中的原文对勘,便知此是伪造的诏书。

（5）付嘱第十　七十年后东来二菩萨的悬记，出于《别传》，说详上文。

又《别传》有"曹溪大师头颈先以铁镖封裹，全身胶漆"一语，契嵩采入《坛经》，敦煌本无。

又此章末总叙慧能一生，"二十四传衣，三十九祝发，说法利生三十七载"，也是根据《别传》，而稍有修正。《别传》记慧能一生的大事如下：

三十四岁，到黄梅山弘忍处得法传衣。

三十四至三十九岁，在广州四会、怀集两县界避难，凡五年。

三十九岁，遇印宗法师，始剃发开法。但下文又说开法受戒时"年登四十"。

七十六岁死，开法度人三十六年。

契嵩改三十四传衣为"二十四传衣"，大概是根据王维的碑文中"怀宝迷邦，销声异域，……如此积十六载"之文。（适按，柳宗元碑也有"遁隐海上……又十六年"之语。刘禹锡碑说："十一鉴生新州，三十出家，四十七而殁。"）①又改说法三十六年为三十七年，则因三十九至七十六，应是三十七年。

以上所记，可以说明《曹溪大师别传》和《坛经》明藏本的关系。我曾细细校勘《坛经》各本，试作一图，略表《坛经》的演变史：

| 《坛经》古本
（敦煌写本）
《曹溪大师别传》 | —契嵩三卷本—宗宝增改本—明藏本
宋至和三年　元至元辛卯
（1056）　　（1291） |

但《曹溪大师别传》实在是一个无识陋僧妄作的一部伪书，其

---

① "适按"一段，《胡适论学近著》原文无，今据《禅学指归》等校本而加。——编者注

书本身毫无历史价值,而有许多荒谬的错误。其中所记慧能的一生,大体用王维的《能禅师碑》(《全唐文》三二七),如印宗法师之事虽不见于《坛经》古本,而王维碑文中有之,又碑文中也说:

> 则天太后、孝和皇帝,并敕书劝谕,征赴京城。禅师子牟之心敢忘凤阙?远公之足不过虎溪。固以此辞,竟不奉诏。遂送百衲袈裟及钱帛等供养。

《别传》敷衍此等事,捏造出许多文件。如印宗一段,则造出说法问答之辞;诏征不起一段,则造出诏敕表文及薛简问法的一大段。试一考证,便可发现许多作伪的痕迹。如神龙元年高宗大帝(高宗早已死了)敕中有云:

> ……安秀二德……再推南方有能禅师密受忍大师记传,传达磨(摩)①衣钵,以为法信,顿悟上乘,明见佛性。……朕闻如来以心传心,嘱咐迦叶,迦叶展转相传,至于达摩,教被东土,代代相传,至今不绝。师既禀承有依,可往京城施化。……

如果此敕是真的,则是传衣付法的公案早已载在朝廷诏敕之中了,更何用后来的争论?更何用神会两度定宗旨,四次遭贬谪的奋斗呢?即此一端便可证明此书作伪的性质了。传中记弘忍临终付袈裟与慧能,并说:

> 衣为法信,法是衣宗。从上相传,更无别付。非衣不传于

---

① 原本作"磨",今据文意及其他校本改作"摩",下文径改。——编者注

> 法,非法不传于衣。衣是西国师子尊者相传,令佛法不断。法是如来甚深般若。知般若空寂无住,即了法身。见佛性空寂无住,是真解脱。汝可持衣去。

此一段全抄神会的《显宗记》(敦煌有残本,题为"顿悟无生般若颂")的末段,而改为弘忍付法的话。这也是作伪的证据。

至于较小的错误,更是不可胜数。如传中说慧能死于先天二年(713),年七十六,则咸亨五年(674),慧能应是三十七岁,而传中说:

> 至咸亨五年,大师春秋三十有四。

此一误也。推上去,咸亨元年应是三十三岁,而传作三十,此二误也。神龙元年(705)高宗已死二十二年,而传中有高宗之敕,此三误也。神龙三年(707)武后已死二年了,而传中仍有高宗敕,此四误也。先天二年至建中二年(781),应是六十八年,而传中作七十一年,此五误也。传中又说:

> 其年(先天二年)众请上足弟子行滔守所传衣。经三十五年。有殿中侍御史韦据为大师立碑。后北宗俗弟子武平一开元七年(719)磨却韦据碑文,自著武平一文。

先天二年即开元元年,至开元七年只有六年,那(哪)①有三十五年?此六误也。传中又云:

---

① 原本作"那",今据文意改作"哪",下文径改。——编者注

上元二年(761)十二月……敕曹溪山六祖传法袈裟及僧行滔……赴上都。

乾元二年(759)正月一日滔和上有表辞老疾,遣上足僧惠象及家人永和送传法袈裟入内。……滔和上正月十七日身亡,春秋八十九。

乾元在上元之前,今先后倒置,此七误也。我疑心原文或作"乾元元年"下敕,重元字,写作"元二年",而误作"二年";但又无二年十二月敕召而同年正月表辞之理,故又改乾字为"上元二年",遂更误了。下文说袈裟留京七年,永泰元年送回。

从乾元二年(759)袈裟至京,到永泰元年(765),正是七年。此可证"上元二年"之当作"乾元元年"。此或是原文不误,而写者误改了的。

又按王维碑文说：

忍大师临终,遂密授以祖师袈裟,而谓之曰,"物忌独贤,人恶出己。吾且死矣,汝其行乎?"

禅师遂怀宝迷邦,销声异域。众生为净土,杂居止于编氓。世事是度门,混农商于劳侣。如此积十六载。

弘忍死于咸亨五年(674),是年慧能三十七岁。《别传》说他是年三十四岁,固是错误。但《别传》说他咸亨五年三十四岁传衣得法,仪凤元年(676)三十九岁剃发受戒,中间相隔只有两年,哪能长五岁呢? 此八误也。契嵩拘守十六年隐遁的碑文,故说慧能二十四岁传衣,三十九岁开法,中间隐遁十六年,但弘忍死于咸亨五年,若慧

27

能二十四岁传衣,则碑文不应说弘忍"临终"传法了。若依王维碑文,则慧能开法已在五十二三岁,开法二十三四年而死(适按:刘碑说他"三十出家,四十七年而殁!")①,则《别传》说他说法三十六年,《坛经》改本说他说法三十七年,又都是虚造的了。

总之,《别传》的作者是一个无学问的陋僧,他闭门虚造曹溪大师的故事,装上许多年月,俨然像一部有根据的传记了。可惜他没有最浅近的算学知识,下笔便错,处处露出作伪的痕迹。不幸契嵩上了他的当,把此传认作"曹溪古本",采取了不少材料到《坛经》里去,遂使此书欺骗世人至九百年之久!幸而一千多年前最澄大师留下这一本,保存至今,使我们可以考证契嵩改本的根据。我们对于那位渡海求法的日本大师,不能不表示很深的谢意。

民国十九年一月七日稿

二、记北宋本的《六祖坛经》

(跋日本京都堀川兴圣寺藏北宋惠昕本《坛经》影印本)

去年十月我过日本横滨,会见铃木大拙先生,他说及日本有新发现的北宋本《六祖坛经》。后来我回到北平,不久就收到铃木先生寄赠的京都堀川兴圣寺藏的《六祖坛经》的影印本一部。此本为昭和八年安宅弥吉所印行,共印二百五十部,附有铃木大拙先生的"解说"一小册。

兴圣寺本为翻刻宋本,已改原来每半页七行之摺帖式为每全

---

① "适按"一段原本无,今据《禅学指归》等校本补。——编者注

页二十一行之方册本。但原本之款式完全保存,不过合并三个半页为一全页而已。每行22字。全书分二卷,上卷六门,下卷五门,共十一门。

末页有兴圣寺僧了然墨笔两行跋,第一跋云:

庆长四年(1599)五月上中旬初拜诵此经伺南宗奥义了次为新学加朱点而已　了然志之

第二跋云:

庆长八年三月朔日至八日一遍拜读之次加和点了　记者同前

铃木先生说,庆长四年到今年(去年),已有334年了。

此本前面有手抄《〈六祖坛经〉序》,看其笔迹,似是了然所补抄。序文27行半,不分段,首行云:

依真小师邕刕罗圀秀山惠进禅院沙门惠昕述。

而序末题云:

绍兴二十三年六月二十日在奉议郎权通判蕲州军州事晁子健记。

细分析之,这里本是两篇序,了然误合为一。

第一篇为惠昕序,共161字:

原夫真如佛性，本在人心。心正则诸境难侵，心邪则众尘易染。能止心念，众恶自亡。众恶既亡，诸善皆备。诸善要备，非假外求。悟法之人，自心如日，遍照世间，一切无碍。见性之人，虽处人伦，其心自在，无所惑乱矣。故我六祖大师广为学徒直说见性法门，总令自悟成佛，目曰《坛经》，流传后学。古本文繁，披览之徒，初忻后厌。余以太岁丁卯，月在蕤宾，二十三日辛亥，于思迎塔院分为两卷，凡十一门。贵接后来，同见佛性云。

第二篇是晁子健的后记，共 288[①] 字：

子健被旨入蜀，回至荆南，于族叔公祖位见七世祖文元公所观写本《六祖坛经》，其后题云："时年八十一，第十六次看过。"以至点句标题，手泽具存。公历事太宗、真宗、仁宗三朝，引年七十，累章求解禁职，以太子少保致仕，亨年八十四。道德文章具载国史。冠岁过道士刘惟一，访以生死之事。刘曰："人常不死。"公骇之。刘曰，"形死性不死"。公始寤其说。自是留意禅观，老而愈笃。公生平所学，三教俱通。文集外，著《昭德编》三卷，《法藏碎金》十卷，《道院集》十五卷，《耄智余书》三卷，皆明理性。晚年尚看《坛经》孜孜如此。子健来佐蕲春郡，遇太守高公世叟，笃信好佛，一日语及先文元公所观《坛经》，欣然曰，"此乃六祖传衣之地，是经安可阙乎？"乃用其句读，镂版刊行，以广其传。《坛经》曰，"后人得遇《坛经》，如亲承吾教。若看《坛经》，必当见性。"咸愿众生，同证此道。

[①] 文中实为 282 字。——编者注

据此两序,可知此本的底本是惠昕所改定的两卷十一门的本子。惠昕自记改定此书的年月为"太岁丁卯,月在蕤宾,二十三日辛亥"。铃木先生推想此"丁卯"应是宋太祖乾德五年(西历967),但他不能证实此说。按蕤宾为五月,二十三日辛亥,则此月朔为己丑。我检查陈垣的《廿史朔闰表》,只有宋太祖乾德五年丁卯有五月己丑朔,故可断定惠昕改定二卷十一门是乾德丁卯的事(967)。此本的祖本是10世纪的写本,距离那敦煌写本应该不很远了。

晁子健序中所说"七世祖文元公",即是晁公武(字子止)《郡斋读书志》自序中"公武家自文元公来以翰墨为业者七世"的文元公,即是晁迥,是北宋前期的大文学家,他死后谥"文元",《宋史》(卷三〇五)有传。《宋史》所记与晁子健所述略同(《耄智余书》《宋史》耄作耆)。《宋史》所记也有可供此本考证的。本传说:

　　天圣中,迥年八十一,召宴太清楼。……
　　子宗悫为知制诰,侍从,同预宴。

据毕沅《续通鉴》卷三十八,晁宗悫知制诰是在天圣九年(1031)正月;太清楼赐宴在同年闰十月。据此可知他八十一岁正是天圣九年。此本的原写本有晁迥自题"时年八十一,第十六次看过"的话,题字之年(1031)和惠昕改订之年(967)相隔只有六十四年,也可以说是10世纪的写本。

我们现在可以称此本的原刻本为南宋绍兴二十三年(1153)蕲州刻本;刻本所据的写本为北宋天圣九年(1031)晁迥八十一岁时第十六次看过的10世纪写本;而其祖本为北宋乾德五年(967)惠昕改订为两卷十一门的写本。

这个惠昕改订为两卷十一门的本子,是晁迥看过又题过的,是晁子健刻的。刻的年代是绍兴二十三年。最可注意的是,在此刻印的前两年——绍兴二十一年(1151)——晁迥的另一个七世孙,晁子健的堂弟兄晁公武正写成他的《郡斋读书志》的自序。在《郡斋读书志》的衢州本的卷十六,有这样的记载:

《六祖坛经》三卷(王先谦校:三,袁州本作二。)
右唐僧惠昕撰。记僧卢慧能学佛本末。慧能号六祖。凡十六门。周希复有序。

马端临《文献通考》的《经籍考》五十四,转录此条如下:

《六祖坛经》三卷
晁氏曰,唐僧惠昕撰,记僧卢慧能学佛本末。慧能号六祖。凡十六门。周希后有序。

《通考》之惠昕是惠昕之讹,周希后是周希复之讹。但最可注意的是"三卷""十六门"两项,可证衢州本《读书志》所记不误。依此看来,在蕲州刻的惠昕二卷十一门之前,早已有一部三卷十六门的惠昕本在社会上流通了。《读书志》成于绍兴二十一年以前,所以晁子健没有看见他的从堂弟兄刻印的他的七世祖文元公句读题记的两卷十一门的惠昕真本。

晁公武的记载使我们知道一件重要事实,就是:在1031年到1151年,在这一百二十年之间,惠昕的二卷十一门《坛经》,已被人改换过了,已改成三卷十六门了。

那部三卷十六门的惠昕本,我们没有见过,不能下确定的推论。但我们可以推测那个本子也许是北宋至和三年(1056)契嵩和尚的改本。契嵩的《镡津文集》里有郎侍郎的《六祖法宝记叙》——此序当然是契嵩自己作的——说契嵩得了一部"曹溪古本",用来校改俗本《坛经》,勒成三卷。契嵩的"曹溪古本"我在前几年已证明即是《曹溪大师别传》。他所用的"俗本"也许就是惠昕的二卷十一门本,他改定之后,仍用惠昕之名。幸有晁迥句读本保存到12世纪中叶,被晁子健刻出来,流传到日本,保留到如今,使我们知道惠昕的原本是只有十一门分两卷的。

《坛经》的普通传本都是契嵩以后又经后人增改过的。现今只有两个本子是契嵩以前的古本:

(1)敦煌的不分卷写本。

(2)北宋初年惠昕改订二卷十一门本。

这个惠昕真本是人间第二最古的《坛经》。

我在《〈坛经〉考》里,曾指出敦煌本慧能临终的"悬记"被契嵩用《曹溪大师别传》的悬记来改换了。今检此惠昕本的临终悬记,与敦煌本还相同。今抄此本的悬记,而校注敦煌本异文如下:

法海上座问曰:(敦煌本作"上座法海向前言:")

"和尚(敦煌本作"大师,大师")去后,衣法当付何人?"师曰:"吾于大梵寺说法,直至今日,抄录流行,名《法宝坛经记》,汝等守护,度诸众生,但依此说,是真正法。"(此段话,凡37字,敦煌本无)。师言:"法海向前(敦煌本无此6字;此外重提法海,可见添插的痕迹。敦煌本在下文悬记之前,有"法即付了,汝不须问"八字)。吾灭度后二十年间,邪法缭乱,惑我正宗(敦煌本"年间"作"余年","正宗"作"宗旨"),有一人出来,不惜身命,定于佛法(敦煌本作"第佛教是非"),竖立宗旨,即是吾(此下敦煌本有"正"字)法弘予河洛,此教大行。若非此人(以上12字,敦煌本无),衣不合传。"

此条悬记,明指神会独力攻击北宗,竖立南宗宗旨的故事。(看《荷泽大师神会传》,第253—257页,又276—282页。)此本添"弘于河洛,此教大行",原意更明显了。契嵩不知道此段重要历史,妄依《曹溪大师别传》,改作如下的悬记:

> 吾去七十年,有二菩萨从东方来,一出家,一在家,同时兴化,建立吾宗,缔缉伽蓝,昌隆法嗣。(依明藏本,今本又都删去此条悬记了。)

此惠昕本还保存那明指神会的悬记,可证此本和敦煌本最接近,是未经契嵩妄改的古本。

试再举一个证据。敦煌本法海问:

> 此顿教法传受,从上以来,至今几代?

六祖答词,列举七佛以来四十代传法世系。今将敦煌本,惠昕此本及明藏本的传法世系表示如下:

敦煌本	惠昕本	明藏本	附:唐僧宗密所记世系
六佛	六佛	六佛	
7 释迦牟尼(第七)	释迦(第七)	释迦文佛	

《坛经》考

(续表)

敦煌本	惠昕本	明藏本	附：唐僧宗密所记世系
8 大迦叶	迦叶	(1)迦叶	(1)迦叶
9 阿难	阿难	(2)阿难	(2)阿难
10 末田地	末田地		
11 商那和修	商那和修	(3)商那和修	(3)商那和修
12 优婆掬多	优婆掬多	(4)优婆掬多	(4)优婆掬多
13 提多迦	提多迦	(5)提多迦	(5)提多迦
		(6)弥遮迦	(6)弥遮迦
		(7)婆戏蜜多	
14 佛陀难提	佛陀难提	(8)佛陀难提	(7)佛陀难提
15 佛陀蜜多	佛陀蜜多	(9)佛陀蜜多	(8)佛陀蜜多
16 胁比丘	胁比丘	(10)胁比丘	(9)胁比丘
17 富那奢	富那奢	(11)富那夜奢	(10)富那奢
18 马鸣	马鸣	(12)马鸣	(11)马鸣
19 毗罗长者	毗罗尊者	(13)迦毗摩罗	(12)毗罗尊者
20 龙树	龙树	(14)龙树	(13)龙树
21 迦那提婆	迦那提多	(15)迦那提婆	(14)迦那提婆
22 罗睺	罗睺罗多	(16)罗睺罗多	(15)罗睺罗多
23 僧伽那提	僧伽那提	(17)僧伽那提	(16)僧伽那提
24 僧伽耶舍	僧伽耶舍	(18)伽耶舍多	(17)僧伽耶舍
25 鸠摩罗驮	鸠摩罗驮	(19)鸠摩罗多	(18)鸠摩罗多
26 阇耶多	阇夜多	(20)阇夜多	(19)阇夜多
27 婆修盘多(天秋)	婆修槃头	(21)婆修槃头	(20)婆修槃陀
28 摩拿多	摩拿多	(22)摩拿罗	(21)摩奴罗
29 鹤勒那	鹤勒那	(23)鹤勒那	(22)鹤勒那夜遮
30 师子比丘	师子比丘	(24)师子比丘	(23)师子比丘
31 舍那婆斯	婆舍斯多	(25)婆舍斯多	(24)舍那婆斯

35

(续表)

敦煌本	惠昕本	明藏本	附:唐僧宗密所记世系
32 优婆掘	优婆掘多	(26)不如蜜多	(25)优婆掘
33 僧迦罗(叉)	婆须蜜多	(27)般若多罗	(26)婆修密
34 婆须蜜多	僧迦罗刹		(27)僧伽罗刹
35 达摩多罗	菩提达摩	(28)菩提达摩	(28)达摩多罗
36 慧可①	同	(29)同	(29)同
37 僧璨②	同	(30)同	(30)同
38 道信	同	(31)同	(31)同
39 弘忍	同	(32)同	(32)同
40 慧能	同	(33)同	(33)同

此表最可注意的是敦煌本的印度诸祖与惠昕本全同,所不同者只有两点:

(1) 敦煌本的舍那婆斯,(31)此本作婆舍斯多。

(2) 敦煌本僧迦罗刹(33)与婆须蜜多,(34)此本两人的次第互倒。证以宗密所记,敦煌本是误倒的。此本不误。此可证此本尚未经契嵩的改窜。契嵩作《传法正宗记》《传法正宗论》,及《传法正宗定祖图》,于喜祐六年(1061)进上;次年(1062),奉仁宗旨,收入藏经内。他的重要改定,是

(1) 改旧世系的第33人婆须蜜多为第七祖。

(2) 删去旧世系的第32人优婆掘多,因为他知道优婆掘多即是前面的第12代优婆掬多。

(3) 删去旧世系的第34人僧伽罗刹,因为僧伽罗叉(即僧伽罗刹)的年代太分明了,不容易接上菩提达摩。契嵩自称根据僧祐

---

① 本书统一作"慧可"。——编者注
② 本书统一作"僧璨"。——编者注

的《出三藏记》所收的萨婆多部世系,而僧祐所记僧伽罗刹在第29,而弗若蜜多(契嵩的不如蜜多)在第49。所以他不能不删去僧伽罗刹了(僧伽罗刹的年代,我曾考订为西历纪元2世纪的人)。

(4)他删去了师子下面的四个人,改定为三人:(看《胡适文存三集》,412页以下。)

婆舍斯多(此是依惠昕本改的)

不如蜜多(此即《出三藏记》的弗若蜜多)

般若多罗(此即《出三藏记》的不若多罗)

(5)敦煌本与惠昕本皆无弥遮迦一人,而中唐宗密所传世系已有此名,大概唐人所传世系,或有末田地而无弥遮迦,或有弥遮迦而无末田地,不是契嵩添入的。

我从前疑心舍那婆斯之改为婆舍斯多,也是契嵩干的事。今见惠昕本已这样改了。舍那婆斯即是商那和修,他在僧祐《出三藏记》的萨婆多部世系表里,列在第四,在末田地之下,优婆掬多之上,正当旧表之商那和修。故惠昕本已改为婆舍斯多。此名不见于唐人所传各表中,亦不见于日本所存各表中,大概是惠昕捏造的,而契嵩沿用此名。这更可证我上文说的契嵩所用"俗本"即是惠昕的二卷十一门本。

惠昕本虽已改换了舍那婆斯一名,但其余各祖都与敦煌本相同,这又可见此本之近古了。

但用此本与敦煌本比较,我们可以看出惠昕已有很大的改动,已有很多的增添了。上文引慧能临终的悬记,已可见惠昕增添了许多字句。惠昕自序说:

古本文繁;披览之徒,初忻后厌。

可见他不满意于古本。但他不曾说明他如何改动。看了"古本文繁"一句话,好像他的改定是删繁为简。试比较敦煌本与此本,便知此本比古本更繁,已有了后来添入的文字。但此本所增添的还不很多,不过2 000字罢了。今试表《坛经》各本的字数,作一个比较:

（1）敦煌本 12 000字
（2）惠昕本 14 000字
（3）明藏本 21 000字

这可见惠昕加了不过2 000字,而明藏本比敦煌本竟增加9 000字了。这个比较表虽是约略的计算,已可见禅宗和尚妄改古书的大胆真可令人骇怪了。

我们试取一段,用这三本的文字作一个对勘表:

敦煌本	惠昕本	明藏本
大师欲更共议,见左右在旁边,大师更不言,遂发遣慧能,令随众作务。	大师更欲共慧能久语,且见徒众总在身边,乃令随众作务。慧能启和尚言:"弟子自心常生智慧,不离自性,即是福田。未审和尚教作何务?"五祖言:"这獦獠根性大利。汝更勿言,且去后院。"	五祖更欲与语,且见徒众总在左右,乃令随众作务。慧能曰:"慧能启和尚:弟子自心常生智慧,不离自性,即是福田。未审和尚作何处?"祖云:"这獦獠根性大利。汝更勿言。著槽厂去。"慧能退至后院。
时有一行者遂差慧能于碓坊踏碓,八个余月。	有一行者差慧能破柴踏碓,八个余月。五祖一日忽见慧能,言:"吾思汝之见可用。恐有恶人害汝,遂不与汝言,知之否?"慧能言:"弟子亦知师意,不敢行至堂前,令人不觉。"	有一行者差慧能破柴踏碓,经八月余。祖一日忽见慧能曰:"吾思汝之见可用,恐有恶人害汝,遂不与汝言。汝知之否?"慧能曰:"弟子亦知师意,不敢行至堂前,令人不觉。"

我们看这种对勘,可知惠昕增添了许多很浅薄的禅宗滥调而契嵩以后多沿用他的改本(明藏本即是契嵩改本,略有元朝和尚宗宝增入的部分。我另有考)。倘使我们不见敦煌古本与惠昕本,这

种后世增改的痕迹就不容易考出了。

惠昕改动的地方，大致都是这样"添枝添叶"的增加。但他也有删节原本的地方，也有改换原本各部分的次第的地方。

惠昕增添的地方都是很不高明的；但他删去的地方都比原本好得多，如慧能的心偈，敦煌本有两首，惠昕本删并为一首。又如敦煌本慧能临终时，诵"先代五祖传衣付法颂"，自达摩至慧能，六人各有一颂，又续作二颂，共八颂，都是很恶劣的偈颂。惠昕本只存达摩一颂，慧能一颂，共删去了六颂。这些地方，虽然都是改变古本面目，在文字技术上却是一进步。

他改变原本各部分的次第，是在慧能说法的部分。他论坐禅两段之后的各部分，此本与敦煌本的次第不同，比较如下：

敦煌本	惠 昕 本
（1）说自性三身佛	（1）增添"传自性五分法身香"一段，凡二百一十字，为敦煌本所无。
（2）分四弘誓愿	（2）无相忏悔
（3）说无相忏悔	（3）四弘誓愿
（4）说无相三归依戒	（4）无相三归依戒
	（5）一体三身自性佛

这种改动，大概是因为惠昕添入了"传香"一大段，故移"忏悔"一段到前面去，又改移其他各段落，先传香，次忏悔，次发愿，次传无相戒，次说自性三身佛。这个顺序确是稍胜于原来的次第。后来各本都依惠昕改本。此又可证契嵩改本所用的本子是惠昕的改本。

最后，我们要指出惠昕与敦煌本的跋尾的异同：敦煌本跋尾云：

39

> 此《坛经》,法海上座集。上座无常,付同学道际,道际无常,付门人悟真。悟真在岭南曹溪山法兴寺,见今传受此法。如付山法,须德(得)上根知,心信佛法,立大悲,持此经以为衣(依)承,于今不绝。

惠昕本跋尾云:

> 洎乎法海上座无常,以此经付嘱志道,志道付彼岸,彼岸付悟真,悟真付圆会,递代相传付嘱。一切万法不离自性中现也。

两本的传授如下表:

(敦煌本)法海—道际—悟真
(惠昕本)法海—志道—彼岸—悟真—圆会

我们看了这两个不同的跋尾,可以作怎么样的解释呢? 我想,我们可以得这样的结论:第一,敦煌本的祖本是很古的。这个祖本大概成于神会和尚未死之前。神会在滑台大云寺开始攻击神秀门下的大师,宣传慧能的"顿宗"教义,竖立"南宗"宗旨,是在慧能死(713)后二十余年内的事。此经内有此事的预言,故其制作至早当在开元(713—741)晚年,或天宝(742—755)初年。我们假定此经作于天宝年间神会在东京(洛阳)最活跃的时代(神会在东京当天宝四年至十二年,745—753),约当西历745年。此经大概是神会做的(详考见《荷泽大师神会传》,第282—290页),他自己不便出名,只好假托于一个已死了的同学法海；又说此本由法海传给同学道际，道际付门人悟真，"悟真在岭南漕溪山法兴寺，见今传受此法"。这就是说，当此祖本传写时，悟真还活着。法海与道际为同学，为慧能下一代；悟真为第二代。慧能死在713年，神会死在760年。神会活了九十三岁，他尽可以和他的师侄悟真同时——假定真有法海、道际、悟真三个和尚的话。敦煌本所记此本的传授不过两代三人，可见此本的祖本写时还在神会的时代，可以算是最古本了。

第二，惠昕本所记传授，也有悟真，但排在第四；悟真之下还有一个圆会；悟真之上两个传人与敦煌本不同。这一点应该如何解释呢？我想，这也许是因为惠昕本的《坛经》传授世系也是惠昕妄改的。此本的跋尾之前，提到王维的碑铭，又提到"元和十一年（816）诏追谥曰大鉴禅师，事具刘禹锡碑"。这些事实都不是《坛经》最古本所能有的。王维作《能禅师碑铭》（《全唐文》三二七）是神会托他做的，碑文中有云：

> 弟子曰神会，遇师于晚景，闻道于中年。……虽末后供，乐最上乘。先师所明，有类献珠之愿；世人未识，犹多抱玉之悲。谓余知道，以颂见托。……

"犹多抱玉之悲"一句，可证此碑作在神会被御史卢奕弹劾，或已被贬逐的时候（天宝十二年，753），他已是八十多岁的老人了。此碑作于《坛经》已写成之后，所以敦煌本只说"韶州刺史韦据立碑，至今供养"——其实并无此碑——而不曾提到王维的碑文；这是一证。王维碑内提起印宗法师讲《涅槃经》，慧能和他辩论，而《坛经》敦煌本不提此事；这是二证。碑文中说"则天太后、孝和皇帝并敕书劝谕,征赴京城",敦煌本也不提此事:这是三证。但惠昕改本却不但用了王维的碑文,并且提到刘禹锡的碑文了,元和追谥已在慧能死后一百零几年,所以旧本里的两代三个《坛经》传人是不够的了。所以惠昕改了这个传经世系,从两代三人改为五代五人,可以够一百零几年了。我们可以推断惠昕见的原本,其跋尾的传经人也只是法海、道际、悟真三个,悟真一名还可以保存他当时增改的痕迹。

总之,惠昕本虽然有了不少的增改,但不失为"去古未远"之本,我们因此可以考见今本《坛经》的哪些部分是北宋初年增改的,哪些部分是契嵩和契嵩以后的人增改的。

二十三,四,五夜改定稿
(《胡适论学近著》第一集,卷二)

《楞伽师资记》序

民国十五年(1926)九月八日,我在巴黎国立图书馆读了敦煌写本《楞伽师资记》,当时我就承认这是一篇重要的史料。不久我回到伦敦,又在大英博物院读了一种别本。这两种本子,我都托人影印带回来了。5年以来,我时时想整理这书付印,始终不曾如愿。今年朝鲜金九经先生借了我的巴黎、伦敦两种写本,校写为定本,用活字印行。印成之后,金先生请我校勘了一遍,他又要我写一篇序。我感谢金先生能做我所久想做的工作,就不敢辞谢他作序的请求了。

《楞伽师资记》的作者净觉,伦敦本作。

> 东都沙门释净觉居太行山灵泉谷集

巴黎本"谷"作"会"又删"集"字,就不可解了。《全唐文》三二七有王维的《大安国寺故大德净觉师塔铭》一篇说:

> 禅师法名净觉,俗姓韦氏,孝和皇帝庶人(韦后)之弟也。……将议封拜,禅师……裂裳裹足以宵遁,……入太行山,削发受具。……闻东京有颐大师,乃脱履户前,抠衣坐下。……大师委运,遂广化缘。……门人与宣父中分,廪食

与封君相比。……

此文与《师资记》的自序相印证。原序说净觉之师安州大和尚（即玄赜，王维文作颐大师），

> 大唐中宗孝和皇帝景龙二年，敕召入西京，便于东都广开禅法。净觉当众归依，一心承事。

王维碑文中记净觉死于"某载月日"，但王维死在乾元二年(757)[①]，而净觉归依玄赜在中宗景龙二年顷(708)，我们可以推想净觉死在开元、天宝之间，在西历740年左右。

此书著作的年代也不可考，但记中述神秀的门下普寂、敬贤、义福、惠福4个禅师，"宴坐名山，澄神邃谷"，可见作此记时，普寂等4人都生存。义福死在开元二十四年(736)，普寂死在开元二十七年(739)。我们可以推想此记作于开元时，正当楞伽宗势力最盛时。

楞伽宗托始于菩提达摩。达摩来自南印度，而《大乘入楞伽经》顾名思义正是南方经典，所以达摩教人只读《楞伽》一经。慧可以下，承袭此风，就成为"楞伽宗"，又称为"南天竺一乘宗"。此宗的历史，有两处重要的记载：其一部分在道宣的《续高僧传》"习禅"项下《菩提达摩传》及《僧可传》；其又一部分埋没在《续高僧传》"感通"项下《法冲传》内。依《达摩传》及《僧可传》，此宗的世系如下：

达摩—僧副
　—慧可—那禅师—慧满
　—道育

[①] 王维死于761年，疑误。——编者注

—林法师
　　—向居士
　　—化公
　　—廖公
　　—和禅师

慧满死在贞观十六年(642)以后,正和道宣同时,而道宣已说:

> 人世非远,碑记罕闻,微言不传,清德谁序？深可痛矣。

道宣的《续僧传》自序中明说"始距梁之始运,终唐贞观十有九年(645)"。但他后来陆续增添了不少的材料。法冲一传就是他新添的材料。传中说法冲:

> 显庆年(656—660)言旋东夏,至今麟德(664—665),年七十九矣。

这已在《续僧传》初稿成书之后二十年了。再过两年(667),道宣自己也死了。法冲是道宣晚年垂死时候认得的,所以《法冲传》中的材料都不曾整理,也不曾并入达摩、僧可两传。

《法冲传》说:

> 冲以《楞伽》奥典沉沦日久,所在追访,无惮夷险。会可师后裔盛习此经,即依师学,屡击大节,便舍徒众,任冲转教,即相续讲三十余遍。又遇可师亲传授者,依"南天竺一乘宗"讲之,又得百遍。

其经本是宋代求那跋陀罗三藏翻,慧观法师笔受,故其文理克谐,行质相贯。专唯念慧,不在话言。于后达摩禅师传之南北,忘言忘念,无得正观为宗。后行中原,慧可禅师创得纲纽。魏晋文学多不齿之。领宗得意者时能启悟。今以人代转远,纰缪后学,《可公别传》略以详之。今叙师承,以为承嗣,所学历然有据:

(1) 达摩禅师后有慧可、慧育二人。

育师受道心行,口未曾说。

(2) 可禅师后:璨禅师、惠禅师、盛禅师、那老师、端禅师、长藏师、真法师、玉法师。

以上并口说玄理,不出文记。

(3) 可师后:善师(出《抄》四卷)、丰禅师(出《疏》五卷)、明禅师(出《疏》五卷)、胡明师(出《疏》五卷)。

(4) 远承可师后:大聪师(出《疏》五卷)、道荫师(《抄》四卷)、冲法师(《疏》五卷)、岸法师(《疏》五卷)、宠法师(《疏》八卷)、大明师(《疏》十卷)。

(5) 不承可师,自依《摄论》者:迁禅师(出《疏》四卷)、尚德禅师(出《入楞伽疏》十卷)。

(6) 那老师后:实禅师、惠禅师、旷法师、宏智师(名住京师西明,身亡法绝)。

(7) 明禅师后:伽法师、宝瑜师、宝迎师、道莹师(并次第传灯,于今扬化)。

冲公自从经术,专以《楞伽》名家,前后敷弘,将二百遍。

须便为引,曾未涉文。……师学者苦请出义,……事不获已,作疏五卷,题为私记,今盛行之。

法冲当高宗麟德时年七十九,推上去,可以推算他生于陈末隋初,当隋文帝开皇六年(586)。

我们看了道宣两次的记载,可以知道当7世纪后期(664—665)时,楞伽宗的势力已很大了,《楞伽经》的疏和抄(抄也是疏的一种,往往比疏更繁密)已有十二家七十卷之多。我们又知道此宗已有"南天竺一乘宗"之名了。一乘之名是对于当日的大乘、小乘之争的一种挑战,这名目里已含有革命的意义了。《法冲传》说:

弘福润法师初未相识,曰:"何处老大德?"法冲答:"兖州老小僧耳。"又问何为远至,答曰:"闻此少一乘,欲宣一乘教纲,漉信地鱼龙,故至。"

这是何等气象!

但是到了7世纪的末年和8世纪的初年——武后的晚年,荆州玉泉寺的一个有名的和尚神秀禅师正受全国人的崇敬,武后把他请入洛阳(701),往来两京,人称为"两京法主,三帝国师"。神秀也自称是楞伽宗的一派,但他自有他的传授世系,自称出于蕲州东山的弘忍的门下,号为"东山法门"。他的世系表见于张说作的《大通禅师碑铭》,是这样的:

达摩—慧可—僧璨—道信—弘忍—神秀

这表里只有前三代是道宣所记的,僧璨以下的道信、弘忍就都是道宣不知道的了。

神秀做了 6 年(701—706)的国师,就使那冷落的楞伽宗成为天下最有名的正宗禅学。神秀死后,他的弟子普寂、义福、敬贤、惠福等继续受政府的崇敬,普寂、义福的地位更高崇,尊荣不下于神秀。8 世纪的前 40 年真是楞伽宗"势焰熏天"的时代!

当时就有楞伽宗的和尚著作他们的宗门谱系了。净觉的老师、安州寿山寺的玄赜,也是神秀的同门,著作了一部《楞伽人法志》,就是这些谱系中的一种,此书已不传了,我们感谢净觉在这《楞伽师资记》中保存了一篇《弘忍传》及一篇《神秀传》。玄赜的《弘忍传》(本书页 24—25)记弘忍死于高宗咸亨五年(674),临死时说他的弟子之中,只有 10 人可传他的教法。那 10 人是:

(1) 神秀　　　　　　(6) 嵩山老安
(2) 资州智诜　　　　(7) 潞州法如
(3) 白松山刘主簿　　(8) 韶州慧能
(4) 莘州惠藏　　　　(9) 扬州高丽僧智德
(5) 随州惠约　　　　(10) 越州义方

此外自然是受付托的玄赜自己了。

这是最重要的记载,因为在这 11 位弟子里面,我们已见着智诜和慧能的名字了。智诜是净众寺和保唐寺两大派的开山祖师,又是马祖的远祖。慧能是曹溪南宗的开山祖师,将来他的门下就成了楞伽宗的革命领袖。这时候净众、保唐、曹溪三派都不曾大露头角,玄赜的记载应该是可信任的。关于弘忍的事迹与弟子录,玄赜的短传要算是最古的史料,所以最可信。玄赜在神秀传中说他"不出文记"。净觉也说弘忍"不出文记",又说:

> 在人间有《禅法》一本云是忍禅师说者,谬言也。

这都是考订禅宗史料的重要证据。

净觉此书,是继续玄赜的《楞伽人法志》而作的。玄赜的弘忍、神秀两传都很谨严,他的全书体例虽已不可考,然而我们从这两传推想,可以想见玄赜的书必是根据于比较可信的史料,编成了一部简明的楞伽宗史。但净觉似乎不满意于他的老师的谨严的历史方法,所以他重编了这部《师资记》。"师资"(源出于《老子》二十七章)只是师和弟子。净觉这部书有两项特点:

第一,他在当时公认的六代世系之上,加上了那位翻译《楞伽经》的求那跋陀罗,尊为第一代。这一来,就开了后代捏造达摩以上的世系的恶风气了。

第二,他有"述学"的野心,于是他在每一代祖师的传记之后,各造出了很长的语录。这一来,又开了后世捏造语录和话头公案的恶风气了。

他所记各人的学说,最谨严的是达摩的四行,全都是根据于道宣的《续僧传》的。他说:

> 此四行是达摩禅师亲说,余则弟子昙林记师言行,集成一卷,名之为《达摩论》也。菩提师又为坐禅众释《楞伽》要义一卷,有十二三纸,亦名《达摩论》也。此两本论文,文理圆满,天下流通,自外更有人伪造《达摩论》三卷,文繁理散,不堪行用。

这总算是很谨严的史家态度。

但他记的求那跋陀罗的语录是可信的吗?慧可的语录可信

吗？道信的长篇语录可信吗？这都是很可疑问的了。最奇怪的是璨禅师传下既说他"萧然净坐，不出文记"了，后面又附上几段有韵的"详玄传"，连注文全抄上去。这样不伦不类的编纂法，真使我们失望了。

　　净觉此书究竟是8世纪前期的一部楞伽宗小史。其中虽有很可疑的材料，但他使我们知道8世纪前期已有这种材料，这就是他的大功劳了。即如道信传中的语录固然大可怀疑，但我们若把这些语录当作8世纪前半的人编造的禅宗思想，这就是重要史料了。况且他使我们知道当8世纪前半已有了三种《达摩论》；已有了道信的《菩萨戒法》，及《制入道安心要方便法门》；已有了忍禅师的《禅法》一本。在消极的方面，他的记载使我们知道那时候还没有《信心铭》，还没有《北宗五方便法门》。这都是我们应该感谢净觉这部书的。

民国二十年十一月十五日夜
（《胡适论学近著》第一集，卷二）

《全唐文》里的禅宗假史料

《全唐文》与《全唐诗》都是官书,都不注明每一卷的来历。这是最糊涂又最不负责任的编纂方法,这个方法就使这两大部史料总集大大地减轻了他们的史料价值,就使我们感觉每一首唐诗或每一件唐代诏令或一篇唐代文字必须先考订其来历才敢引用!

近年有些学术界的朋友(以上八字原作"日本的大学教授还")有时还引用《全唐文》里的假文件来做"史料"用的!所以我要指出,这些文件都是从不可信赖的假文件里转抄出来的。

我指出的几个假文件,只是几个最明显的例子,也许将来还可以多举一些例子。

胡适
1960 年 2 月 11 日在南港

(一) 所谓"中宗召曹溪、慧能入京御札"
(《全唐文》十七页十一)

朕请安秀二师,官中供养。万机之暇,每究一乘。二师并推让云,南方有能禅师,密受忍大师衣法,可就彼问。今遣内

> 侍薛简驰诏迎请。愿师慈念,速赴上京。

此诏不见于《唐大诏令集》,也不见于现存二个最古本的《六祖坛经》。只见于很晚出的德异(至元二十七年,1290年序)宗宝(至元二十八年,1291年版)本《坛经》的"宣诏第九"。

我在《坛经考之一》里,曾指出《坛经》的元明刻本的祖本是北宋契嵩和尚的改本。其中有一部分是契嵩采自《曹溪大师别传》的。(《曹溪大师别传》,日本入唐求法僧最澄"请"了一本到日本,今收在《续藏经》的二编乙,第五册。)如"宣诏"一章里的"神龙元年(705)上元日则天中宗诏",也是出于《别传》的"神龙元年高宗大帝敕"。《别传》的作者是一个没有知识的和尚,他竟不知道高宗死在弘道元年(683),到神龙元年他已死了二十二年了! 此敕文字也经过了大改削。《别传》的敕文原本更幼稚得可笑,大致说:

> ……安秀二德……再推南方有能禅师密受忍大师记传,传达摩衣钵,以为法信,顿悟上乘,明见佛性。……朕闻如来以心传心,嘱咐迦叶,迦叶展转相传,至于达摩,教被东土,代代相传,至今不绝。师既禀承有依,可往京城施化。……

此诏的两个本子当然全是假的。我在三十年前说:"如果此敕是真的,则是传衣付法的公案早已载在朝廷诏敕之中了,更何用后来的争端,更何用神会两度定其宗旨,四次遭贬谪的奋斗呢?"

编纂《全唐文》的官儿们收采这样的假诏敕,真可说是荒谬。日本的现代学人,如宇井伯寿教授,还引此假文件作史料,那更是不可宽恕的荒谬了。

德异宗宝本《坛经》"宣诏第十"还有"其年九月三日"奖谕慧能的诏旨，当然也是假造的。《全唐文》不曾收此诏，是由于谨慎吗？还是偶然遗漏了呢？

(二) 所谓，"代宗遣送六祖衣钵，谕刺史杨瑊敕"
(《全唐文》四十八页五)

> 朕梦感(能)禅师请传法袈裟却归曹溪。今遣镇国大将军刘崇景顶戴而送。朕谓之国宝，卿可于本寺如法安置，专令僧众亲承宗旨者严加守护，勿令遗坠。

此敕仅见于德异宗宝本《坛经》末尾附录的《宋塔沙门令韬录》。此录也是个无知妄人写的，其开端说开元十年(722)令韬和刺史柳无忝对话，而末尾记宪宗赐谥，柳宗元、刘禹锡撰碑文的事，都在元和十年至十一年之间(815—816)，这中间隔了九十四年，都还是令韬记录！

这篇假敕也是从《曹溪大师别传》那部荒谬伪书出来的。《别传》中记：

> 上元二年(761)……敕曹溪山六祖传法袈裟及僧行滔……赴上都。

> 乾元二年(759，此年在上元二年之前三年！)正月一日滔和上有表辞老疾，遣上足僧惠象……送袈裟留京七年。永泰元年送回。

53

《坛经》附录里记此敕是永泰元年(765)五月五日下的。《别传》记此敕是下给剌史杨鉴的,开头还有"卿久在炎方,得好在否"一句。《坛经》附录里,剌史作杨缄(《大正藏》四十八册,页364)。《全唐文》作杨瑊,大概是根据另一个明、清刻本的《坛经》。

此诏的来历与中宗召慧能敕是同样的不可靠的妄人伪书。

四九,二,十一,在南港
(原载《胡适手稿》第七集,中册,台北胡适纪念馆1970年版,选编时参考了《禅学指归》。)

所谓"六祖呈心偈"的演变

(一) 敦煌本《坛经》

慧能偈曰:

菩提本无树,明镜亦无台。
佛性常清净,何处有尘埃?

又偈曰:

心是菩提树,身为明镜台。
明镜本清净,何处染尘埃?

此处可以看出慧能故事的作者拟作了两首偈,而没有决定用哪一首,就把两首暂时都保存在稿本里。敦煌写本此节保存的正是这两首原稿的状态。

11世纪里西夏文译的《坛经》残本还保存这两首的原样子。罗福成译文是:

> 菩提本无树，明镜亦非台。
> 佛法（?）常清净，如何有尘埃？

> 心是菩提树，身即如明镜。
> 明镜本清净，如何惹尘埃？

西夏文译本及罗译，见北平图书馆馆刊四卷第三号。

（二）日本京都堀川兴圣寺本《坛经》

此本的底本是绍兴二十三年(1153)蕲州刻本，而蕲州刻本的底本是天圣九年(1031)晁迥第十六次看过的惠昕在乾德五年(967)改订的两卷十一门写本。兴圣寺本，昭和八年（民国二十年，1931）[1]影印。

此本的"六祖呈心偈"已删两首，存一首：

> 菩提本无树，明镜亦非台。
> 本来无一物，何处有尘埃？

（三）日本加贺大乘寺出来的道元写本

此本昭和十年秋（民国二十四年，1935）出现，昭和十四年（民

---

[1] 昭和八年应为民国二十二年，1933，疑误。——编者注

国二十八年,1939)铃木大拙印行。道元于日本贞应二年(1223)入宋,四年后回国。他的写本的底本是政和六年丙申(1116)福唐将军山比丘存中刻本。

此本也是两卷十一门。其呈心偈也是一首:

菩提本无树,明镜亦非台。
本来无一物,何处有尘埃。

(原载《胡适手稿》第七集,上册,
　选编时参考了《禅学指归》。)

《金石录》里的禅宗传法史料

赵明诚《金石录》记的第一二九八件是《唐曹溪能大师碑》,宋鼎(吕无党抄本误作"宋泉")撰,史惟则八分书,天宝十一载二月。这碑文是神会请宋鼎写的,我已有讨论的文字了。

昨夜翻看《金石录》,又看见两件:

第一三七八,《唐山谷寺璨大师碑》。房琯撰,徐浩八分书。"元年建辰月。"

第一四九十,《唐镜智禅师碑》。独孤及撰,张从申书,李阳冰篆。大历八年(773)十二月。

这两件都很有史料价值,都是禅宗争法统的材料。镜智禅师即是僧璨的赐谥。

房琯此碑的全文见于《宝林传》卷八,"第三十祖僧璨大师章,却归示化品第四十一"(36—42页)。此碑大概也是神会请求他写的,其中主旨好像都是神会的意思,故文中说:

> 如来以诸法嘱群龙,以一性付迦叶。迦叶付阿难。至菩提达摩东来付可,可付大师。传印继明,累圣一体。自迦叶至大师,西国有七,中土三矣。至今号为三祖焉。

又铭中有云:

……迦叶至我兮,圣者十人。

貌殊心一兮,相续一身。……

这都是神会的西国八代说。详见我的《神会遗集》页178—179,又《神会传》页24—33,又《新校定的神会遗著两种》,页849,又页871。

但我当时不知道房琯此碑作于何时,立于何年。《金石录》记此碑的年月是"元年建辰月",即是肃宗废除年号的"元年"(761—762)的建辰月(旧三月)。其时神会尚未死(看《遗著两种》的校写后记页873—875)。神会死在"元年建午月十三日"。而此碑文仍持西国八代之说。故立碑的年月(1)可见神会始终没有修正此说;(2)可见二十八之说是神会死后才起来的新说。

独孤及的《镜智禅师碑》全文见于《文苑英华》、《唐文粹》,及他的《昆陵集》九。集中碑文之后有附录二件:一为大历七年四月二十二日中书门下牒,一为无名氏碑阴文。赐谥之牒下于大历七年四月二十二日,碑立在八年十二月,那是因为独孤及正作舒州刺史,故作碑在七年,立碑在八年。

《金石录》所收唐碑,用"元年建□月"纪年月的,凡有四种:

(1)一三七七《唐赠太保郭敬之碑》苗晋卿撰,萧华正书:元年建寅月。

(2)一三七八《唐山谷寺璨大师碑》房琯撰,徐浩八分书:元年建辰月。

(3)一三七九《唐吕公表》元结撰顾诫奢八分书:元年建巳月。

(4)一三八十《唐玉真公主墓志》王缙撰侄粲书:元年建巳月。

肃宗上元二年(761)九月壬寅下诏:"……钦若昊天,定时成岁,……惟以纪年,更无润色。至于汉武、饰以浮华。非前王之茂典,岂永代而作则?自今以后,朕号唯称皇帝,其年号但称'元年',去'上元'之号。其以今年十一月为岁首,便数'建子'、'建丑'、'建寅'每月以所建为数。……"这是一件最合理的改革。可惜这件废除年号的大改革只行了几个月,就推翻了。我曾为那个"元年"寻得几条历史遗迹(《集刊》29本,页874—875)。现在我补证《金石录》记的这四个碑的年月,作为唐肃宗废年号的一点历史纪念。

五十年,一,六日,在南港

(《胡适手稿》第七集,中册,选编时参考了《禅学指归》。)

神会和尚遗集及跋

卷一　神会语录第一残卷
　　巴黎藏敦煌写本　胡适校写

远法师问庄严①

　　远法师问和尚此是庄严□□□□□□□□□□□□□□□②

　　和尚言经文所说不尽有为不住无为□□□□□□□□□□□□

　　者从初发心坐菩提树成等□□□□□□□□□□□□

　　尽有为不住无为者修学空不以空为□□□□□□□□□□□□

　　当时无言良久乃语和尚媱怒是道□□□□□□□□□□□□

　　道者　法师言何故指俗人以为得道　和□□□□□□□□

　　人何故不得道　法师又问禅师解否　和尚□□□□□□□

---

① 原文自有目录,现移作标题,下同。——编者注
② 首三篇原文残缺,现依字数补以□。——编者注

□□从成佛以来经无量无边阿僧祇劫□□□□□□□□□
□□

江陵郡长吏问维摩诘诃舍利弗

江陵郡长吏问和尚维摩诘诃舍利弗□□□□□□
□□

坐身拄心取定此定是三界内定所以维摩诘诃□□□□□
□□

灭定而现诸灭仪若为　答学大乘人在定中□□□□□□
□□

切诸威仪而不失不坏定心是为宴坐　问于□□□□□□
□□

色能分别青黄赤白心不随分别起即是□□□□□□□
□□

得自在诸根亦尔即是于诸见不动而□□□□□□□□
□□

为得　答但觉即得不觉即不得□□□□□□□□□□
□□

行即得解脱　问大乘经若为　答佛□□□□□□□□□
□□

如自观身实相观佛亦然我观如来前际不来□□□□□
□□

相今日学般若波罗蜜人但得无住即同维摩诘□□□□□

□□

□□问佛性自然

见在僧俗等立佛性为自然　问无明若为□□□□□□□□□

佛性是自然无明复从何生诸人尽不能答大德若为亦自然。□□□□□□问无明若为自然？答：无明与佛性俱是自然而生。无明依佛性，佛性依无明。两相依，有则一时有。觉了者即佛性，不觉了即无明。《涅槃经》云：如金之与矿，一时俱生。得遇金师，炉冶烹炼，金之与矿，当时各自。金即百炼百精；矿若再炼，变成灰土。金即喻于佛性，矿即喻于烦恼。烦恼与佛性，一时而有。诸佛菩萨真正善知识教令发心修学般若波罗蜜，即得解脱。

问：若无明自然者，莫不同于外道自然耶？

答：道家自然同，见解有别。

问：若为别？

答：如释门中佛性与无明俱自然，何以故？一切万法皆依佛性力故。所以一切法皆属自然。如道家自然，道生一，一生二，二生三，三生万物。从一以下，万物皆是自然。因此见解不同。

问：十方诸如来同共一法身，未审同异？

答：亦同亦异。

问：（原作答）若为同异？

答：暗室中着十盏灯，灯光共同一，即是同义。言别义者，为盏□灯各别，是别义。是以诸佛法身，元来不别。智者受用各别，即是亦同亦异。

顿悟不思议

和尚云:世间有不思议,出世间亦有不〔思〕议。世间不思议者,若有布衣顿登九五,即是世间不思议。出世间不思议者,十信初发心,一念相应,便成正觉。于理相应,有何可怪?此明顿悟不思议。是故经云:不退诸菩萨其数如恒沙,一心共思议,亦复不能知。岂声闻缘觉所能得知?

答拓拔开府书

〔荷泽和尚与拓拔开府书〕(此十字原在下文"便证正位地菩萨"之下。今细读全章,校移在此。)和尚与侍郎今日说,自己身心修行,与诸佛菩萨心同不同?若得同,即于佛法中得佛法分;若不得同,即生空过。问:若为得解?答:但得无念即是解。问:若为生是无念?答:不作意即是无念。无念体上自有智命。本智命即是实相。诸佛菩萨用无念以为解脱法身,见此法身,恒沙三昧一切诸波罗蜜悉皆具足。侍郎与神会今日同学般若波罗蜜,得与诸佛菩萨心不别,今于生死海中得与诸佛菩萨一念相应,即于一念相应处修行,即是知道者,即是见道者,即是得道者。侍郎云:今是凡夫为官,若为学得?咨侍郎,今日许侍郎学解。未得修行,但得知解,以知解久薰习故,一切攀缘妄想,所有重者,自渐轻微。神会见经文所说,光明王,月光王,顶生王,转轮圣王,帝释梵王等,具五欲乐甚于今日百千万亿诸王等,于般若波罗蜜唯则学解,将解心呈问佛,佛即领受印可。得佛印可,即可舍五欲乐心,便证正位地菩萨。(此下原有"荷泽和尚与拓拔开府书"十字,今移在上。)成就檀波罗波罗蜜庄严解脱法身者。然此法门,直指契要,不假繁文。但一切众生,心本无相。所言相者,并是妄心。何者是妄？所作意住心,取空取净,乃至起心求证菩提涅槃,并属虚妄。但莫作意,心自无物,即无物心,自性空寂,空寂体上,自有本智,谓知以为照用。故《般若经》云："应无所住而生其心。"应无所住,本寂之体。而生其心,本智之用。但莫作意,自当悟入。努力努力！

问本有今无偈

问:本有今无,本无今有,三世有法,无有是处,其义云何？

答:从佛法东流已来,而有诸大德,皆断烦恼为本。

问:据何道理,断烦恼非本？

答:据《涅槃经》云:文殊师利言,纯陁心疑如来常住,以得知见佛性力故,便得无疑。若见佛性非为常者,本未知时,应是无常。若本无常后亦应尔。何以故？如世间物,本无今有,已有还无。如是等物,悉皆无常。验此经文,文殊所腾纯陁疑者,即疑佛性非常住法,不问烦恼,何故古今大德断烦恼为本,所以疑。

问:本有今无偈,其义云何？

答:《涅槃经》云:本有者,本有佛性；今无者,今无佛性。

问:既言本有佛性,何故复言今无佛性？

答:今言无佛性者,为被烦恼盖覆不见,所以言无。本无今有,本无者,本无烦恼；今有者,今日具有烦恼,纵使恒沙大却烦恼,亦是今有。三世有法,无有是处者,谓佛性不继三世。

问:佛性何以不继三世？

答：佛性体常故非生灭法。

问：是勿是生灭？

答：三世是生灭。

问：佛性与烦恼俱不俱？

答：俱虽俱，生灭有来去，佛性无来去。佛常故，犹如虚空。明暗有来去，虚空无来去。以为无来去故，世无有不生灭法。

问：佛性与烦恼既俱，何故独烦恼非本？

答：辟如金之与矿俱时而生。得遇金师，炉冶烹炼。金之与矿，当时各自。金则百炼百精；矿若再炼变成灰土。《涅槃经》，金喻于佛性，矿者喻于烦恼。诸大乘经论，具明烦恼为客尘，所以不得称之为本。烦恼暗，如何得明？《涅槃经》云：只言以明破暗，不言以暗破明。若以暗破明者，即应经论共传；经论既无，此法从何而立？若以烦恼为本，不应断烦恼而求涅槃。

问：何故不断烦恼（原作性），而入涅槃？

答（原作若）：烦恼本自无断，若指烦恼即是涅槃，不应劝众生具修六波罗蜜。断一切恶，修一切善。若以烦恼为本，不应弃本逐末。

《涅槃经》云：一切众生，本来涅槃，无漏智性，本自具足。又譬如木性火性，俱时而生，得值燧人钻摇，火之与木，当时各自。经云木者喻于烦恼，火者喻于佛性。《涅槃经》云：以智火烧烦恼薪。经云智惠（慧）①即佛性。故知诸经具有此文，明知烦恼〔非〕本。

问：何故《涅槃经》云，说本有者，本〔有〕烦恼；今无者，今无烦恼？又经云：本无者，本无摩诃般若，今有者，今有摩诃般若。

答：为对五荫色身，故以说烦恼为本。又经云：为化度众生故，

---

① 原本作"惠"，今据文意改作"慧"，下文径改。——编者注

而作是说。亦为声闻譬支佛而作是说。又经云：梵志问佛，身与烦恼何者于先？佛言，身在先不可，烦恼在先不可，身与烦恼俱亦不可。要须因烦恼然可有身，验此经文，故知烦恼与身为本，非对佛性也。又经云：佛性故得称为常。本非〔今〕是，本无今有。又经云：佛性者，无问无生，何以故？非色非不色，不长不短，不高不下，不生不灭，得称为常。故以常故得为本。又经云：如暗室中有七宝，人亦不知有，为暗故不见。有智之人，然大明灯，持往照燎，悉得见之。是人见此七宝，终不言今有。佛性亦尔，非今始有，以烦恼故不见。谓言本无，亦如盲人不见日月，得值良医疗之，即便得见，为言日月本无今有。以盲故不见，日月本自有之。经云：一切众生，未来之世，定得阿耨菩提，是名佛性。一切众生，现在有烦恼诸结，是故不见，谓言本无。经云：有佛无佛，性相常住，以诸众生烦恼覆故，不见涅槃，便谓为无。当知涅槃是常住法，常住法非本无今有。佛者，非荫界入，非本无今有，非已有还无。从善因缘生，得见佛性，以得见佛性故，当知本自有之。

问：既言本自有之，何故不自见，要藉因缘？

答：如地下有水，若不施功掘凿，终不得水。亦如摩尼之宝，若不磨治，终不明净，故谓言非宝。《涅槃经》云：一切众生，不因诸佛菩萨真善知识，方便指授，终不能得。若言自知者，无有是处。以不见故，谓言本无。佛性先非本无今有也。

真法师问"常"义

真法师问：云何是常义？

答：无常是常义。

问：今问常义，云何答无常义？

答：因有无常，而始说常；若其无常无，常亦无常义。以是义故，得称为常。何以故？譬如长因短生，短因长立。若其无长，短亦不立。事相因故，义亦何殊？又，法性体不可得是常义。又虚空亦常义。

问：何故虚空是常义？

答：虚空无大小，无中边，是故称常义。谓法体不可得，是不有。能见不可得体，湛然常寂，是不无。是以称〔常〕义。唯有无而论有，不有无而不无。若约法体中于无亦不无，于有亦〔不〕有，恒沙功德本是足，此是常义。又不大（原作太）不小是常义。谓虚空无大，不可言其大；虚空无小，不可言其小。今言大者，乃是小家之大；今言小者，乃是大家之小。此于未了人以常无常而论。若约法性理，无常无无常，故得称为常。

王赵公问"三车"

户部尚书王赵公（按王琚封赵国公）以偈问三车义。宅中无有三车（疑衍"有"字），露地唯得一，不知何所用，而说此三车？

答：三车在门外，说即在宅中。诸子既闻时，以得三车讫。今者在门外，先是乘车出。

重责：宅中既得车，出外何须索？

答：诸子虽得讫，不知车是车，既不自证知，所以门外索。

问：何家有人得道果，岂不自知乎？

答：下文自证，所得功德，不自觉知。

问：诸子不自知，容可门外索。父应知子得，何须更与车？

答:为子不自知,以此门外索。长者今与车,还是先与者。
问:三车本无实,所说乃权宜,三者是旧车,般应得□物?
答:此车虽异号,方便权说三。前者说三车,三车本是一。
问:一车能作三,三车能作一。何不元说一,辛苦说三车?
答:若为迷人说,三便作三车;若约悟人解,即三本是一。

崔齐公问"定"

崔齐公问禅师坐一定以后,得几时出定?
答:禅无方所,何有定乎?
问:既言无定,何名用心?
答:我今定尚不立,谁道用心?
问:心定俱无,若为是道?
答:只没道,亦无若为道。
问:既无"若为道",何处得"只没道"?
答:今言"只没道",为有"若为道"。若言无"若为","只没"亦不存。

简法师中道义

庐山简法师问:何者是中道义?
答:边是。
问:今问中道义,何故答边是?
答:今言中道者,要因边义……若不因边义,中道亦不立。

苏晋问大乘与最上乘等

礼部侍郎苏晋问：何者是"大乘"，何者是"最上乘"？

答：菩萨即是"大乘"。佛乘即"最上乘"。

问："大乘""最上乘"有何差别？

答：大乘菩萨行檀波罗蜜，观三事体空，五波罗蜜亦复如是，故名"大乘"。"最上乘"者，但本性空寂，即知三事本自性空，不复起观。乃至六尘亦然，是名"最上乘"。

又问假缘起。

答：不立缘起。

问：若不立缘起，云何得知？

答：本空寂体上，自有般若智能知，故不假缘起。若立缘起，即有次第。

问：然则更不假修一切行耶？

答：若得如此见者，万行俱备。

问：见此性人，若起无明，成业结不？

答：虽起无明，不成业结。

问：何得不成？

答：但见本性清净体不可得，即业结自不生。

问：见有二山僧礼拜嵩山安禅师，师言："趁粥道人。"有一授记寺僧礼拜安禅师，师言："惜粥道人。"问此二若为？

答：此俱遣。

问：作没生遣？

答：但离即遣。

问:作没生离?

答:只没离,无作勿生离。

问:为是心离,为当眼离?

答:我今只没离,亦无心眼离。

问:心眼俱不见,应是盲人?

答:是盲者唱盲,他家见者元来不盲。经云:是盲者过,非日月咎。

张燕公问无念法

张燕公问,禅师常说无念法,劝人修学,未审无念法有无?

答:无念不言有,不言无。言其有者,即同世有;言其无者,即同世无。是以无念不同有无。

问:唤作是物?

答:不唤作是物。

问:作勿生是?

答:亦不作勿生。是以无念不可说,今言说者,为对问故;若不对问,终无言说。譬如明镜,若不对像,镜中终不现像。今言现像者,为对物故,所以现像。

问:不对像照。

答:今言照者,不言对与不对,俱常照。

问:既言无形像,复无言说,一切有无,皆不可立。今言照者,复是何照?

答:今言照者,以镜明故有此性,以众生心净故□然有大智慧光,照无余世界。

问：作没生得见无物，见无物唤作是物？

答：不唤作是物。

问：既不唤作是物，何佛性？

答：见不见无物是真见常见。

和上问澄禅师修何法

和上问澄禅师：修何法而得见性？

答：先须学坐修定，得定以后，因定发惠，以智慧即得见性。

问：修定之时，岂不要须作意不？

答：是。

问：既是作意，即是识定，若为得见？

答：今言性者，要须修定，若不修定，若为见性？

问：今修定者，元是妄心修定，如何得定？

答：今修定者，自有内外照即得净，以净故即得见性。

问：性无内外，若言内外照，元是妄心，若为见性？经云：若学诸三昧，是动非坐禅，心随境界流，云何名为定？若指此定为是者，维摩诘即不应诃舍利弗宴坐。

论用〔心〕

和尚问诸学道者：今言用（此下疑脱"心"字）者，用者为是作意不作意？若是不作意，即与聋俗无别。若言作意，是有所得者即系缚，故何由可得解脱？声闻修空住空被〔空〕（空字原无，疑脱）缚。修定住定被定缚，修静住静被静缚，修寂住寂被〔寂〕（原无寂字，疑脱）

缚。是故《般若经》云：若取法相，即着我人众生受(寿)者。《维摩经》云：调伏心者，是声闻法；不调伏心者，是愚人法。仁者用心是调伏。何名解脱？须陁洹亦调伏。斯陁含亦调伏。阿那含亦调伏。四圣三贤并皆调伏。若为鉴别？如此定者，并未是真解脱法。

神足师问真如之体

神足师问：真如之体以是本心，复无青黄之相，如何得识？

答：我心本空寂，不觉妄念起。若觉妄念者，觉妄自俱灭，此则识心者。

问：虽有觉照，还同生灭，今说何法，得不生灭？

答：心起故遂有生灭起，心既自除，无相可假说。觉照已灭，自无即不生灭。

无行问俊法师论色空义如何

弟子比丘无行问：无行见襄阳俊法师及诸法师等在和尚堂共论色不异空，空不异色，色即是空，空即是色，及龙女刹那发心，便成正觉，如是等义，无行于此有疑。

和上言：汝见诸法师作何问答？

白曰：见岩法师、俊法师等，何者是色不异空，空不异色。俊法师借法师身，可明此义。何者是法师，复不是法师？乃至耳鼻等等，检责皆不是法师，但有假名，求法师身，终不可得。不可得即空。假缘有故即色。无行今所疑者，俊法师作如是解。伏愿和上示其要旨。

和上言:法师所论,自作一家道理,若寻经意,即未相应。谓俊法师说,乃析物以明空,不知心境高于须弥。汝今谛听,为汝略示:心起故即色。不可得故即空。又云:法性妙有故即色,色妙无故即空。经云:色不异空,空不异色,其义如是。又云:见即色,见无可见即空。经云:色即是空,空即是色。受相(想)行识,亦复如是。

又问顿悟

又问:烦恼无量无边,诸佛菩萨历劫修行,犹不能得,云何龙女刹那发心,便成正觉?

和上言:发心有顿渐,迷悟有迟疾。迷即累劫,悟即须臾。此义难知,与汝先以事喻,后明其义,或可因此而得悟解。譬如一綟之丝,其数无量,若合为绳,置于木上,利剑一斩,一时俱断。丝数虽多,不胜一剑。发菩萨心人,亦复如是。若遇真正善知识以□方便直示真如,用金刚惠断诸位地烦恼,豁然晓悟,自见法性本来空寂,惠利明了,通达无碍。证此之时,万缘俱绝。恒沙妄念,一时顿尽。无边功德,应时等备。金刚惠发,何得不成?

又问:见俊法师所说,龙女是权不得为实,若是实者,刹那发心,岂能断〔诸〕位地烦恼?见俊法师作如是说,无行尚疑,愿和上再示。

和上言:前列丝喻以明,即合尽见,何必更疑?《花严》云:十信初发心,金刚惠便成正觉。菩提之法,有何次第?言龙女是权者,《法华经》圆顿不思议义有何威力?

又问五眼

无行又问五眼义：无行见俊法师讲《法华经》，如来五眼，常在三昧，悉见诸佛国土无有二相，云何慧眼要从假入空？云何法眼乃从空入假？若如此者，皆是相因。若不因假即不能入空，若不因空即不能入假。当知入空即不假，入假即不空。空假二途，法慧殊隔。佛国圆真眼不应有异。如此见疑，伏乘决示。

和上言：人有利钝，教有顿渐。法师所说，盖为迷人。若论如来五眼，实不如此。如来不同凡夫说有肉眼，见与凡夫不同。

复白和上曰，愿垂决旨。

和上言：见色清净为肉眼，见清净体名为天眼，见清净体于诸三昧八万四千诸波罗蜜门皆于见上一时起用名为慧眼，见清净体无无见名为法眼，见非寂非非照名〔为〕佛眼。

远法师问空

远法师问：云何为空？若道有空，空还质碍；若说无空，何而皈依？

答：为未见性，是以说空。若见本性，空亦不有。如此见者名皈依。

和上颂扬"无念"

和上言：见无念者，六根无染。见无念者，得向佛智。见无念者，名为实相。见无念者，中道第一义谛。见无念者，恒沙功德，一时等备。见无念者，能主一切法。见无念者，即摄一切法。

苗侍郎问若为修道

苗侍郎问：若为修道得解脱？
答：得无住心，即得解脱。
侍郎云：太好，若为无住？
答：《金刚经》有文。
又问：《金刚经》道没语？
答：经云，复次，须菩提，诸菩萨摩诃萨应如是生清净心。不应住色生心。不应住声香味触法生心。应无所住而生其心。但得无住心，即得解脱。
侍郎问：无住若为知见无住？
答：无住体上有本智，本智能知。命本智而生其心。

乾光法师问佛心与众生心

乾光法师问：何者是佛心，何者是众生心？
答：众生心是佛心，佛心是众生心。
问：众生心与佛心既无差别，何故众生不言佛？
答：约不了人论有众生有佛，若其了者，众生与佛元不别。

又问佛法何故不同

问：常闻禅师说法与天下不同，佛法一种，何故不同？

答：实是佛法元亦不别。今日学者各见浅深有别，所以言道不同。

问：请为说不同所由。

答：今言不同者，为有凝心取定，或有住心看净，或有起心外照，或有摄心内证，或有起心观心而取于空，或有起觉灭妄，妄灭住觉为究竟，或有起心而同于空，或觉妄俱灭，不了本性，住无托空。如此之辈，不可具说。本性虚无之理，时人不了，随念即成，是以不同。非论凡夫，如来说无为一法一切贤圣而有差别，何况今日一切诸学者，若为得同？

又问《金刚经》四句偈义

问：《金刚经》中四句偈义，何者是？

答：见诸法师说，四句偈义或以八字为句，卅二字为四句，或五字为句，或三字为句，但以十二字得义。或有人取经后一切有为法偈为四句。或有人取"无我相，无人相，无众生相，无寿者相"名四句义。无著菩萨云："广大第一常其心不颠倒为一句义。"今即不然，何以故？因有我相，始言无我相。因有人相，始言无人相。因有众生相，始言无众生相。因有寿者相，始言无寿者相。今此义不然，何以故？无无我相，(此处疑脱"无无人相"句)无无众生相，无无寿者相，是真四句义。今见《大智度论》，经云：般若波罗蜜喻如炎聚，四面不可取，无取亦不取，是为真取。此即真四句义。

郑澄问云何是道

郑澄问：云何是道？

答：无名是道。

问：既无名是道，何故言道？

答：道终不自言，言其道者，为对问故。

问：道既假名，无名是真不？

答：亦非真。

问：无名既非真，何故言无名是？

答：为有问故，始有言说。若不有问，终无言说。

乾光法师问持经者为人轻贱是消罪

魏州乾光法师问：《金刚经》云：善男子，善女人，受持读诵此经，若为人轻贱，是人先世罪业应堕恶道，以今世人轻贱，故是人先世罪业则为消灭者，其义云何？

答：持经人今得一切恭敬，供养，礼拜，今日虽得经受持读诵，为未得经已前有重罪业障，今日持经是经威得力，故感得世人轻贱，能令持经人所有重罪业障，悉皆消灭。以得消灭故，寻得阿耨多罗三藐三菩提□义理。先世罪业者，喻前念妄起心；今世人轻贱者，后念齐为觉为悔。起前妄心既灭，后悔亦灭。二念俱既不存，即持经功德具足，即是阿耨多罗三藐三菩提。云何觉为轻贱者为前念起妄？后觉亦是起心，虽名作觉，觉不离凡，故喻□□□□。

哲法师问"定慧等"

哲法师问：云何是"定慧等"义？

答：念不起，空无所有，名正定。能见念不起，空无所有，名为正慧。即定之时是慧体，即慧之时是定用，即定之时不异慧，即慧之时不异定。即定之时即是慧，即慧之时即是定。何以故？性自如故。即是定慧等觉。（依下文王维问一条，觉当作学。《坛经》亦作学。）

嗣道王问无念法

嗣道王问：无念法是凡人修，是圣人修？若是圣人法，何劝凡夫修无念法？

答：无念法是圣人法。凡夫修无念法，即非凡夫。

问：无者无何法，念者念何法？

答：无者无有云然，念者唯念真如。

问：念与真如真有何差别？

答：无差别。

问：既无差别，何故言念真如？

答：言其念者，真如之用，真如者，念之体。以是义故，立无念为宗。若见无念者，虽具见闻觉知，而常空寂。

志德法师问顿悟与渐修

志德法师问：禅师今教众生，唯求顿悟，何故不从小乘渐修？未有升九重之台，岂不由阶渐而能登者？

答：恐畏所登者，不是九层之台，恐畏登着塠土胡冢。若实是九层之台，此是顿性义。念于顿中而如登九层之台，要籍阶渐，不向中而立渐义。理智兼择，谓之顿悟。不由阶渐而解，自然故，是顿性义。自心从本已来空寂者是顿悟。即心无所住为顿悟。存法悟心，心无所得是顿悟。知一切法是顿悟。闻说空，不著空，即不取不空，是顿悟。闻说我，不著我，即不取无我，是顿悟。不舍生死而入涅槃，是顿悟。故经云：有自然智，无师智。理发者向道疾，外修者向道迟。出世有不思议事，闻说者即生惊疑。在世不思议事有顿者，信不？

问：其义云何？

答：如周太公傅说，皆竿钓板筑，〔简〕在帝心，起自匹夫，位顿登台辅，岂不是世间不思议事？出世不思议者，众生心中具贪爱无明宛然者，遇真善知识，一念相应，便成正觉，岂不是出世不思议事？

又（疑此下有"经"字）云：众生见性成佛道。又龙女须臾发菩提心，便成正觉。又欲令众生入佛知见，不许顿悟，如来即合遍说五乘。今既不言五乘，唯言入佛知见，约斯经义，只显顿门，唯存一念相应，实更非由阶渐。相应义者，谓见无念者，谓了自性者，谓无所得。以无所得，即如来禅。维摩诘言，如自观身实相，观佛亦然。我观如来，前际不来，后际不去，今则无住。以无住故，即如来禅。

又经云，一切众〔生〕，本来涅槃，无漏智性，本自具足。欲善分别自心现兴理相应者，离心意识，离五法三自性八识二无我，离外见内见，离有无二法，毕竟平等，湛然常寂，广大无边，常恒不变。何以故？本自性清净体不可得故。如是见者，即得本性。若人见本性，即坐如来地。如来〔是〕见者，离一切诸相，是名诸佛。如是见者，恒沙妄念，一时俱寂。〔如〕是见者，恒沙净妙功德，一时等备。如是见者，名无漏智。如是见者，名一字法门。如是见者，六度圆满。如是见者，名法眼净。如是见者，为无所得，即真解脱，即同如来知见，广大深远，无差别故。知者，是如来应正遍知。如是见者,名放大智慧,光照无余世界。所以者何？世界者,即心也。言空寂,更无余念,故言照无余世界。

诸学道者,心无青黄赤白,亦无出入去来及远近前后,亦无作意,亦无不作意。如是者为之相应也。若有出定入定及一切境界,非论善恶,皆不离妄心；有所得并是有为,全不相应。

决心证者,临三军际,白刃相向下,风刀解身,日见无念,坚如金刚,毫微不动。纵见恒沙佛来,亦无一念喜心；纵见恒沙众生一时俱灭,亦不起一念悲心。此是大丈夫,得空平等心。

若有坐者,"凝心入定,住〔心〕看净,起心外照,摄心内证"者,此障菩提,未与菩提相应,何由可得解脱？不在坐里！若以坐为是,舍利弗宴坐林间,不应被维摩诘诃。诃云："不于三界观身意,是为宴坐。"但一切时中见无〔念〕者,不见身相,名为正定。不见心相,名为正慧。

元忠直问空与不空

常州司户元忠直问：云何为空,云何为不空？

答：真如之体不可得,名为空。能见不可得体,湛然常寂,有恒沙之用,故言不空。

义法师问何以有见性,有不见性

蒋山义法师问：一切众生皆有真如之性,中间或有见不见,云何是差别？

答：众生虽有如是真如之性,亦如摩尼之宝,虽含光性,无人摩治,终不明净。差别之相亦复如是。一切众生,不遇诸佛菩萨善知识教令发心,终〔不〕能见。

义圆法师问云何得入

义圆法师问:虽说真如无有形相,使我众生云何得入?

答:真如之相,即是本心。虽念无有能念可念,虽说无有能说(此下疑脱"可说"二字),是名得入。

简法师问修何法得不生灭

庐山简法师问:见虽行,还同生灭;今修何法,得不生灭?

答:今言见者,本无生灭。今言生灭者,自是生灭人见。若无〔生〕灭,即是不生灭。

王幼林问"无法可说,是名说法"

润州司马王幼林问:云何是无法可说是名说法?

答:般若波罗蜜体不可得,是无法可说。般若波罗蜜体自有智照,见〔不〕可见得体,湛然常寂,有恒沙之用,是名说法。

宠禅师问忏罪灭不

牛头山宠禅师问:忏罪灭不?

答:见无念者,业自不生。何计妄心,而更别忏?今欲忏悔者,忏是主。

问：云何是主？

答：主者，主于灭。

怀迪师问何故染生死法

罗浮怀迪师问：一切众生本清净，何故染生死法而不能出离三界？

答：谓不觉自体本来空寂，反随妄起，结业受□造恶之徒，盖不可说。修道之辈于法亦迷，唯种人天因缘，不求究竟解脱。人不遇诸佛菩萨真正善知识，何由免得轮回等苦？

问：□起□灭念念义法流者非动念。

答：菩萨向菩提道，其心念念不住。譬如灯焰焰相续自不断，非灯造焰，何以故？谓菩萨趣向菩提，念念相续，不间断故。

王维问若为修道得解脱净

问人嵒（？）债在南阳郡，见侍御史王维，在临湍驿中屈和上及同寺慧澄禅师语经数日。问：本性本自□，和上若为修道得解脱净？若更起心？

和上答：众生若有修，即是妄心，不可得解脱。

王侍御惊愕云："大奇。曾闻诸大德言说，皆未有作此说法者。"乃谓窹（？）太守、张别驾、袁司马等："南阳郡有好大德，有佛法甚不可思议。"

窹公云：此二大德见解不同。

王侍御曰：何故不同？

和上答：今言不同者，为澄禅师要先修定，得定以后发慧。会则不然。今已共侍御语时，即定慧等。《涅槃经》云：定多慧少，增长无明。慧多定少，增长邪见。定慧等者，名见佛性。故言不同。

又问"定慧等"

王侍御问：作勿生是定〔慧〕等？

和上答：今言定者，体不可得。今言慧者，能见不可得体，湛然常寂，有恒沙之用。即是定慧等学。

论何故与澄禅师不同

王侍御共澄禅师语，禅师语王侍御云："惠澄与会阇黎同，□□道不同？"王侍御乃语和上曰，"何故不同？"

和上答：言不同者，为澄禅〔师〕先修得定，以后发慧。会即不然，正共侍御语时，即定慧等。是以不同。

侍御曰：阇梨只没口道？

答：一纤毫尘不得客语。

又问：何故不得客语？

答：今实不同，若许道同，即是客语。

袁禅师问佛法何故不遍一切无情

牛头山袁禅师问：佛性遍一切有情，不遍一切无情。闻先辈大德言:"青青翠竹,尽是法身;郁郁黄花,无非般若。"今何故言独遍一切有情,不遍一切无情?

答:岂将青青翠竹同功德法身,郁郁黄花等般若之智?若言青竹黄花同法身般若,如来于何经中为青竹黄花授菩提记?若将青竹黄花同法身般若者,此即是外道说,何以故?为《涅槃经》云:无佛性者所为无情物是。

唐法通问众生佛性与佛佛性

苏州长史唐法通问:众生佛性与佛佛性同异?
答:亦同亦异。
问:何故亦同亦异?
答:言其同者如金,言其异者如碗盏等器。
问:似何物?
答:不似物。
问:既不似物,何故唤作佛性?
答:不似物唤作佛性,若似物则不唤作佛性。

简法师问"明镜高台能照,万像悉现其中"

庐山简法师问:明镜高台能照,万像悉现其中,若为?
答:"明镜高台能照,万像悉现其中",古德相传,共称为妙。今此门中未许此为妙。何以故?明镜能照万像,万像不见其中,此将为妙。何以故?如来以无分别智,能分别一切;岂将有分别心即分别一切?

王怡问有佛无佛

扬州长史王怡问:世间有佛无佛?
答:不可定有,不可定无。
问:何故不可定有,不可定无?
答:不可定有者,《文殊般若经》文:"般若波罗蜜不可得,菩提涅槃不可得,佛亦不可得。"故言不可定有。不可定无〔者〕,《涅槃经》云:"有佛,性相常住,以诸众生从善因缘方便得见。"故言不可定无。

行律师问"受诸触如智证"

行律师问:"受诸触如智证"云何?
答:受诸触者,言本不动。如镜中有像,悉现镜中。镜无动故,万像种种施为,明镜心受触。如智证者,即本觉智也。本智能知妙有本觉智性,故称为智证。借牛角为喻:立成正角之时,不得称如意;正如意之时,不可即称为角。角则虽含如意性,未灭角之时,不可称如意。如意虽同觉(角)所成,正如意不可称为觉(角)。故经云:"灭觉道成。"又云:"若见遍,即觉照亦不立。"今存觉照者,为见闻遍及。若断清净体,何所觉,何所照?人〔以〕世物为有,我以世物为无,人以虚空为无,我以虚空为有。何以故?世物缘合即聚,缘散即离,遇火即焚,遇水即溺,不久破坏,是以言无。虚空火不能焚,水不能溺,不可破坏,不可离散,是称为有。亦称之为常。

马择问因缘与自然

相州别驾马择在□□问：天下应帝庭僧及道士皆决释疑法□未审禅师决释疑□。

答：神会比者亦决诸人从不落莫。未审别驾疑是勿？

别驾言：应帝庭僧皆说因缘，不说自然；天下道士唯说自然，不说因缘。

答：僧立因缘，不立自然者，僧之愚过。道士唯立自然，不立因缘者，道士之遇（愚）过。

别驾云：僧家因缘可知，何者是僧家自然？道家自然可知，何者是道家因缘？

答：僧家自然者，众生本性也。又经云："众生〔有〕自然智，无师智。"谓之自然。道士因缘者，道能生一，一能生二，二能生三，从三生万物，因道而生。若其无道，万物不生。今言万物者，并属因缘。

张万顷问真如等

内乡县令张万顷问：真如似何物？

答：比来诸大德，皆言不可迁变为真如；神会不然，无可迁变为真如。比来诸大德皆言两物相〔似〕为真如；神会不然，无物相似曰〔真〕如。

问：性是有无？

答：佛性非边义。

〔问非边义〕

答：不有不无，是故非边。

问：云何是不有，云何是不无？

答：不有者，不言于不有。不无者，不言于不无。是故二俱不可得，故称非边义。

蔡镐问忠禅师说中道义如何

门人蔡镐问，见武皎问忠禅师中道义，问"有无双遣，中道亦亡"，如是问五六十度。忠禅师答言是空。又问："空便有是没物？"答："相非相更有俱生识。"问：忠禅师作如是答，皎将此问转问和上。

和上云：武八郎从三月至十月已来唯问此义，神会今说与忠禅师又别。

武皎云：何故别？

和上言："有无双遣中道亦亡"者，是无念，无念即是一念，一念即是一切智，一切智者即是甚深般若波罗蜜，甚深般若波罗蜜即是如来禅。是故经云：善男子何等观如来平等。《维摩经》云：如自观身实相，观佛亦然。然我观如来，前际不来，后际不去，今则无住。以无住故，则如来禅，即第一义空。若菩萨摩诃萨如是思惟观察，上下升进，自觉圣智。

徐锷问佛先法先

洛阳县令徐锷问：一切诸经品，诸佛阿耨多罗三藐三菩提法皆从此经出，未审佛于先，法于先？佛若在先，佛与何教而成道？法若在先,法是何人说？答:若论文字法,则佛于先,法后。若寂灭法即佛后法先。经云,诸佛之师,所谓法也。以法常故,诸佛亦常。若论里教者,经说,众生有自然智,无师智。若众生承此自然智,任运修习,证寂灭法得成佛,亦遂将法转教化众生,承佛教化,得成正觉。

王弼问生住异灭义等

南阳太守王粥(弼)问《楞伽经》云生住异灭义。

答:此义有二种。

问:何为二种？

答:人受胎已为生,长至世为住,发白面皱为异,无常到为灭。又如谷子种于土下即含生义。生即异即住。其生义生已即异。未生时是异义,即生时已含灭义。若菩萨摩诃萨发般若波罗蜜心,即具此四相。

又〔问〕:禅师说通？为是宗通？

答:说通宗亦通。

又问:若为说通,若为说是宗通？

答:口说菩提,心无住处;口说涅槃,心有生灭;口说解脱,心有系缚,即是说通宗不通。

又问:若为是宗通？

答:但了本自性空寂,更不复起观,即是宗通。

问:正说之时,岂不是生灭不？

答:经云,能善分别诸法相于第一义而不□。

康智圆问修道得成佛不

中天竺国梵僧伽罗蜜多三藏弟子康智圆问曰：和上，多劫有缘，□□□□生死事大，念念无常，怀疑日深，不敢咨问，唯愿慈悲，许申心地。

和上答：汝若有疑，恣意当问。

智圆问：一切众生皆云修道，未审修道者一生得成佛道不？

和上答言：可得。

又问：云何可得？

答：如摩诃衍宗，恒沙业障，一念消除，性体无生，刹那成道。何况一生而不得耶？

又问：云何刹那顷修习即得成佛？愿断此疑。

答：言修习即是有为诸法，计属无常，无常者□离生灭。

又问：一切诸佛，修习果满，得成佛道；今言不假修习，云何可信？

答：夫所信行修习，不离于智觉，既有智觉，即有照用，如是因果宛然，生灭本无，何假修习。

又问：诸佛成道，皆因智觉，今离智觉，何者是道？

答：道体无物，复无比量，亦无智觉照用，及动不动法；不立心地意地，亦无去来，无内外中间，复无处所，非寂静，无定乱，亦无空名，无相，无念，无思，知见不及，无证者，道性俱无所得。

又问：无所得，知见不及，云何而得解脱？

答：三事不生，是即解脱。

又问：云何三事不生？

答：心不生即无念，智不生即无知，慧不生即无见，通达此理者，是即解脱。

又问：无智既有，云何不生知智见无念？

答：言心定，不言自定，即是无念。定慧更无分别，即是无智。慧定诸见不生，是即无见。非因果法，通达无我，明知生者妄生，灭者妄灭。

又问：诸佛皆从因果得成佛道，今云言非因〔果〕法，云何得成师师相授？

答：大乘言下悟道，初发心时，便登佛地，无去来今，毕竟解脱。

问：何者是大乘禅定？

答：大乘定者：不用心，〔不看心〕（依下文四问的次第，疑此处有此三字），不看静，不观空，不住心，不澄心，不远看，不近看，无十方，不降伏，无怖畏，无分别，不沉空，不住寂，一切妄相不生，是大乘禅定。

问：云何不用心？

答：用心即有，有即生灭。无用□无，无生无灭。

问：何不看心？

答：看即是妄，无妄即无看。

问：何不看净？

答：无垢即无净，净亦是相，是以不看。

问：云何不住心？

答：住心即假施设，是以不住。心无处所。因汝所问，一切修道者同悟。

民国十八年九月廿八日胡适校讫
同年十二月六夜三次校讫

跋《神会语录》第一残卷　胡适

此卷是伯希和（Pelliot）携去的敦煌写本第3047号的前幅。原无题目。我在一九二六年九月十八日在巴黎国家图书馆发见此卷，考订为荷泽大师神会的语录，其证据甚多，如

（1）中有"荷泽和尚与拓拔开府书"，自称"神会"。
（2）卷中自称"神会"之处甚多。
（3）卷中有自称"会"之处。
（4）卷中答王赵公"三车"之问，见宗密所作神会略传，见《圆觉大疏钞》卷三下，更是重要证据。
（5）宗密《圆觉大疏钞》卷三下云，"顿悟烦恼本无，即名为断。如一綟之丝，不胜一剑而顿断。"原注云，"此是荷泽所举之喻。"按此喻全文今见此卷答比丘无行问一章。这也是重要证据。
（6）卷中有与远法师问答的话，远即崇远，见于当时记载如《历代法宝记》等。
（7）此卷后幅为独孤沛之"菩提达摩南宗定是非论"，很可以供给不少的证据。

故我题此卷为《神会语录》第一残卷。

此卷之首似有残脱的一纸或数纸。开卷十九行也残缺了许多字。但细看此十九行，其前九行所记问答均与《南宗定是非论》所记问答大略相同，可以互相补校。如第一行远法师问此是庄严不，即是《定是非论》所记论屏风一段。神会答语，两卷相同，可以互

校。下文"嬈怒是道"一段,也见于《定是非论》,可以校补。是此九行虽残阙而实未残阙。

此卷为《神会语录》最长的卷子,约有一万三千余字。合之第二及第三残卷,及所谓"显宗记"之敦煌写本,约共有二万多字。神会为南宗奋斗最力,两次遭贬谪,而终得胜利,贞元间敕定慧能为第六祖,神会为第七祖。南宗之代北宗为禅宗正统,可说是神会一人之功。其功业之重要,远在怀让行思之上。而后来马祖一支盛行天下,神会之嗣渐渐泯灭无闻。虽有大师如宗密,也终不能恢复那已坠之绪。当日所尊为第七祖者,千余年来,已成了一个若有若无的人物。他的著作,除了《景德传灯录》所收一篇似真似伪的"显宗记"之外,已无半纸只字流传于世。岂料敦煌石室之中竟保存他的语录至二万字之多,历九百年而不坏,到我们手里都一一发见,使我们今日得重见南宗之圣保罗的人格言论,使我们今日得详知他在当日力争禅门正统的实在状况,此岂非神会此卷中所谓"世间不思议事"之最不思议的吗?

此卷中有张燕公问语,张说死在开元十八年。卷首又有崇远问语,与《南宗定是非论》所记滑台大云寺的辩论相同,事在开元廿二年。大概此卷所记不是一时的问答,乃是汇集各时期的记载而成的。卷中无安史乱后的事,又称王维之官为"侍御史",皆可证此卷所记在天宝末年以前。王维作慧能碑文,末段有云:

> 弟子曰神会,遇师于晚景,闻道于中年,广量出于凡心,利智逾于宿学,虽末后供,乐最上乘。先师所明,有类献珠之愿;世人未识,犹多抱玉之悲。谓余知道,以颂见托。……

"抱玉之悲"似是指神会受贬谪的事,也在天宝大乱以前。

此卷中记神会的教义最详细，在中国佛教史上最为重要，我在《神会传》里另有专篇叙述他的教义。

此卷无他本可校，我细细整理，稍可诵读。校读之例如下：

(1) 明知为脱落之字，用〔 〕表之：
如　本〔有〕烦恼
(2) 明知为误字，于其下用( )注明应改正之字：
如　我人众生受(寿)者
(3) 写本有残阙，或不可辨认之字，用□□表之。
(4) 有疑之处，用(?)表之。
(5) 重要的校改，均加校语，用( )表之。

此卷我在一九二六年，有摘钞本，又有影印本。因原卷纸色太暗，故影印本偶有模糊之处，幸重要问答皆有钞本可校；其有一二处，影印本不可读，而道远不及用原卷细校，将来重到巴黎，当细细重校。

民国十八年十二月十八日

卷二　神会语录第二残卷
——菩提达摩南宗定是非论——
巴黎藏敦煌写本　　胡适校写

菩提达摩南宗定是非论　并序　独孤沛撰

弟子于会和上法席下见与崇远法师论义，便修。从开元十八，十九,廿年,其论本并不定,为修未成,言论不同。今取廿一载本为定。后有《师资血脉传》,亦在世流行。

归命三宝法,法性真如藏,
真身及应化,救世大悲者。
宗通立宗通,如月处虚空。
唯传顿教法,出世破邪宗。

问曰,有何因缘而修此论?

答曰,我闻心生即种种法生,心灭即种种法灭者,一切由己妄。己即凡,古圣皆□□□□□情逐□,修无生以住生。学人迷方,欲不动而翻动。是非标竞□□□□□□□□即我襄阳神会和上,悟无生法忍,得无碍智,说上乘法,诱诸众生,教道众生。教道回向者,若百川赴海。于开元廿二年正月十五日在滑台大云寺设无遮大会,广资严饰,升师子坐,为天下学道者说梁朝婆罗门僧学菩提达摩是南天竺国国王第三子,少小出家,智慧甚深,于诸三昧,获如来禅。遂乘斯法,远涉波潮,至于梁武帝。武帝问法师曰,"朕造寺度人,造像写经,有何功德不?"达摩答,"无功德。"武帝凡情不了达摩此言,遂被遣出。行至魏朝,便遇慧可,时世,(此是卅字。《续僧传》记慧可初遇达摩,"年登四十"。敦煌本《历代法宝记》作"时年卅"。此处似亦当作"卅"。)俗姓姬,武牢人也。遂与菩提达摩相随至嵩山少林寺。达摩说不思法(此句疑有脱误),慧可在堂前立。其夜雪下,至慧可要(腰),慧可立不移处。达摩语慧可曰,"汝为何此间立?"慧可涕泪悲泣曰,"和上从西方远来至此,意说法度人。慧可今不惮损躯,志求胜法。唯愿和上大慈大悲。"达摩语慧可曰,"我见求法之人,咸不如此。"慧可遂取刀自断左臂,置达摩前。达摩见之〔曰〕,"汝可。"在先自神光,因此立名,遂称慧可。(神光之名,不见于《续僧传》。神会始造此说,后来《传灯录》即采用此说。)深信坚固,弃命损身,志求胜法,喻若雪山童子舍身命以求半偈。达摩遂开佛知见,以为蜜契,便传一领袈裟,以为法信,授与慧可。慧可传僧璨,璨传道信,道信传弘忍,弘忍传慧能,六代相承,连绵不绝。

又见会和上在师子座说:"菩提达摩南宗一门,天下更无人解。若有解者,我终不说。今日说者,为天下学道者辨其是非,为天下学道者定其旨见。"

有如此不思议事,甚为奇嘱(瞩?)。君王有感,异瑞来祥,正法重兴,人将识本,所以修论。(序似至此止,以下为论本文。)

于时有当寺崇远法师者,先两京名播,海外知闻。处于法会,词若涌泉,所有问语,实穷其原。提婆之后,盖乃有一。时人号之"山东远",岂徒然耳。远法师乃于是日来入会中,扬眉亢声,一欲战胜。□□□□□著屏风,称有官客拟将著侍。和上言,此屏风非常住家门者,何乃折破场,将用只承官客。于时崇远法师提和上手而诃曰,禅师唤此以为庄严不?和上答言,是。

远法师言,□来说庄严,即非庄严。

和上言,经云,所说不尽有为,不住无为。

法师重征已(以)何者不尽有为,不住无为。

和尚答,不尽有为者,从初发心,坐菩提树,成等正觉,至双林,入涅槃,于其中一切法悉皆不舍,即是不尽有为。不住无为者,修学空不以空为证,修学无作,不以作为证,即是不住无为。

法师当时无言,良久乃语。

法师曰，嬈怒是道，不在庄严。

和上语法师，见在俗人应是得道者。

远法师言，何故指俗人以为得道？

和上言，法师所言嬈怒是〔道〕，俗人并是行嬈欲人，何故不得道？

远法师问，禅师解否？

和上答，解。

法师言，解是不解。

和上言，《法华经》云，"吾从成佛已来，经无量无边阿僧祇劫"，应是不成佛，亦应不经无量无边阿僧祇劫？

远法师言，此是魔说。

和上言，道俗总听，从京洛已来，至于海隅，相传皆许远法师解义聪明，讲大乘经论更无过者。今日唤《法华经》是魔说，未审何者是佛说？

法师当时自知过甚，对众忙然，良久，欲重言。

和上言，脊梁着地，何须重起？

和上语法师，神会今设无遮大会，兼庄严道场，不为功德，为天下学道者定〔宗〕旨，为天下学道〔者〕辨是非。

和上言，神会若学澴机□□，即是法师。法师若学神会，经三大阿僧祇劫，不能得成。

和上出语，左右惭惶，相顾无色。然二大士谁（虽）相诘问，并皆立未坐，所说微妙，尚未尽情。时乾光法师亦师僧中一，见远论屈，意拟相挟，乃命是人令置床机，更请竖宗，重开谈论。遂延和上及远法师坐，和上平坐讲禅与物无物无竞，纵欲谈论，辞让久之。

于时有府福先寺师，荷泽寺法师，及余方法师数十人，齐声请禅师坐，咸言，禅师就坐。今日正是禅师辨邪正定是非日。此间有四十余个大德法师论师为禅师作证义在。

和上固辞不已，时乃就坐。然明镜不疲于屡照，清流岂惮于风激？胜负虽则已知，众情固将难□。和上以无疑虑，此日当仁。远法师重问曰，禅师用心于三宝四果人等在何位地？

和上言，在满足十地位。

远法师言，初地菩萨分身百佛世界，二地菩萨分身千佛世〔界〕，乃至十地菩萨分身无量无边万亿佛世界。禅师既言在满足十地位，今日为现少许神变。望远此意执见甚深，特为见悟至玄，所以简诠如（下阙）

民国十八年十一月二十四夜，胡适校写毕

跋《南宗定是非论》残卷　胡适

此卷是伯希和（Pelliot）携去的敦煌写本第3047号的后幅，题为

《菩提达摩南宗定是非论》　并序　独孤沛撰

按宗密《圆觉大疏钞》卷三下有神会略传，中有云：

因洛阳诘北宗传衣之由，及滑台演两宗真伪，与崇远等持论一会，具在《南宗定是非论》中也，便有难起，开法不得。

此中"与崇远等持论一会,具在《南宗定是非论》中也"十八个字本是注文。因原传已是注文,用双行写,故小注皆无法表出,遂和传文相混了。宗密所见的"南宗定是非论"所记乃是神会与崇远等辩论的一会,正和此卷相合。神会在滑台大云寺定宗旨的大会是中国佛教史上的一件最伟大的事,而一千二百年来,禅宗史传记此事或很简略(如宗密),或完全不提及(如《宋僧传》,如《景德传灯录》),遂使此空前壮举泯没无闻。今日幸有此残卷出现,使我们知道当日大云寺盛会的情形,故是很可宝贵的史料。

此卷前为序文,完整无缺。后方本论残阙似不少。巴黎国家图书馆另有《神会语录》残卷一卷,纸色字迹与此卷都不相同,然其中所记也是神会和崇远的问答,问答的内容也是争论南北两宗法统宗旨的问题。我疑心那一卷也是《南宗定是非论》别本的后半,但我此时无法证明,故暂编此卷为《神会遗集》第二卷,那一卷为第三卷。

此卷中明明记载滑台大云寺定宗旨的大会是在开元廿二年,(西历七三四)正月十五日。但独孤沛的自序开首便说:

> 弟子于会和上法席下见与崇远法师论义,便修。从开元十八,十九,廿年,其论本并不定,为修未成,言论不同。今取廿一载本为定。后有《师资血脉传》,亦在世流行。

此一段很不容易懂得。我们初看此段,以为此卷所记应是开元十八年以前的事,至少应该是开元廿一年以前的事。何以此卷分明说定宗旨之会在开元廿二年正月呢?究竟此会在何年呢?究竟此序的首段应该怎样解释呢?

我的意见是,记者独孤沛的文理不明白,故叙述不清楚。他的意思似是要说他先后共有三部记录神会的书：一是记录神会在滑台大云寺和崇远法师辩论的，即是此卷。二是开元十八年至廿一年的神会语录，自十八年修起，以廿一年本为定，其体裁略如敦煌写本《神会语录》第一残卷。（第一残卷中有张燕公问一条，张说死在开元十八年，此条问答必是开元十八年本所有的。但其中又有与崇远问答诸条，有与此卷相同的，那又是廿二年以后所增修的本子了。）三是《师资血脉传》。——如此解释，似乎可通。否则种种矛盾都不能消除了。

然而还有一点小困难。敦煌本《历代法宝记》（《大正大藏经》五十一卷，一八五）无相禅师传中说：

> 东京荷泽寺神会和上……开元中，滑台寺为天下学道者定其宗旨。会和上云，"更有一人说，会终不敢说。"为会和上不得信袈裟。天宝八载中，洛州荷泽寺亦定宗旨，被崇远法师问，"禅师于三贤十圣修行，证何地位？"会答曰，"《涅槃经》云，南无纯陀，南无纯陀，身同凡夫，心同佛心。"

据此，神会在滑台及东京两次定宗旨，前次在开元时，后次在天宝八年（七四九），两次相隔十余年，何以两次皆有崇远的质问？"证何地位"的一问见于此卷的最后一条。何以相隔十余年所问仍相同呢？

《历代法宝记》出于成都保唐寺无住一派的和尚。此派源出于弘忍门下智诜，智诜传处寂，处寂传无相，是为净众寺一派。无相又传无住，是为保唐寺一派。此两派本来各有他们的独到之处，其教义见于宗密《圆觉大疏钞》卷三下。但当那南北诸宗争法统的时代，各宗皆不免有争正统的野心。后来曹溪荷泽争得正统之后，人人都自附于南宗以自重。智诜的后人便造出一种奇怪的法统史，说慧能的"传信袈裟"呈上武则天皇帝,则天赐与智诜,智诜带回蜀中,以次传授,遂到了保唐寺无住一派手中。《历代法宝记》即是记"信袈裟"流传的历史,故说神会和上"不得信袈裟",因为袈裟已在蜀中了。此派和尚著书的本意即是伪造历史,故他们引神会的话,虽然大体出于《南宗定是非论》,而年代缠不清楚,遂把神会与崇远的辩论移作东京荷泽寺的事,并不足奇怪。

故我仍信神会在滑台与崇远辩论的大会是在开元廿二年正月。

民国十八年十一月廿五日稿
十九年一月三日改稿

卷三　神会语录第三残卷

巴黎藏敦煌写本　胡适校写

□□□□传授人不?和尚答□□□□□□□□□□□□□①

□□应自知。远师问,如此教门岂□是佛□□□□□□□□□

□顿渐不同,所以不许。我六代大师一一皆言单刀直入,直了见性,不言阶渐。夫学道者须顿悟渐修,不离是□□得解脱。譬如母顿生子,与乳,渐渐养育,其子智慧自然增长。顿悟见佛性者,亦复如是。智慧自然渐渐增长,所以不许。

---

① 原文残缺,现依字数补以□。——编者注

远师问,嵩岳普寂禅师,东岳降魔禅师,此二大德皆教人"凝心入定,住心看净,起心外照,摄心内证",指此以为教门。禅师今日何故说禅不教人"凝心入定,住心看净,起心外照,摄心内证"?何名为坐禅?

和尚答曰,若教人"凝心入定,住心看净,起心外照,摄心内证"者,此是鄣菩提。今言坐者,念不起为坐。今言禅者,见本性为禅。所以不教人坐身住心入定。若指(此下原本纸张接缝,疑脱去一纸,故文理与下文不连接。)

……

……在韶州能禅师处。秀禅师在日,指第六代传法袈裟在韶州,口不自称为第六代。今普寂禅师自称第七代,妄竖和尚为第六代,所以不许。

尔时和尚告远法师及诸人等:莫怪作如此说。见世间教禅者多,学禅者极其缭乱,恐天魔波旬及诸外道入在其中,惑诸学道者,灭于正法,故如此说。久视年中,则天召秀和尚入内。临发之时,所是道俗顶礼和尚,借问和尚入内去后,所是门徒若为修道,依止何处。秀和尚云:"韶州有大善知识,元是东山忍大师付嘱,佛法尽在彼处。汝等诸人如有不能自决了者,向彼决疑,必是不可思议,即知佛法宗旨。"又普寂禅师同学西京清禅寺僧广济景龙三年十一月至韶州,经十余日,遂于夜半入和尚房内,偷所传袈裟,和尚喝出。其夜惠远玄悟师闻和尚喝声,即起看。至和尚房外,遂见广济师把玄悟师手,不遣作声。其惠远玄悟等入和尚房看和尚,和尚云,"有人入房内,伸手取袈裟。"其夜所是南北道俗并至和尚房内,借问和尚入来者是俗是僧。和尚云,"唯见有人入来,不知是僧是俗。"众人又问是南人北人。和尚实识入房人,恐有损伤,遂作此语。和尚云:"非直今日。此袈裟在忍大师处三度被偷。忍大师云,其袈裟在信大师〔处〕一度被偷。所偷者皆不得。因此袈裟,南北道俗极其纷纭,常有□□相向。"

远师问:普寂禅师名字盖国,天下知闻,众口共传,不可思议。如此相非斥,岂不与身命有雠?

和尚答曰:读此论者不识□□,谓言非斥。普寂禅师与南宗有别。我自料简是非,定其宗旨。我今谓弘扬大乘,建立正法,令一切众生知闻,岂惜身命?

远师问:修此论者不为求名利乎?

和尚曰:修此论者,生命尚不惜,岂以名利关心?

远师问:唐国菩提达摩既称其始,菩提达摩西国复承谁后?又经几代?

和尚曰:菩提达摩西国承僧伽罗叉,僧伽罗叉承须婆蜜,须婆蜜承优婆崛,优婆崛承舍那婆斯,舍那婆斯承末田地,末田地承阿难,阿难承迦叶,迦叶承如来付。唐国以菩提达摩为第八代。西国有般若蜜多罗承菩提达摩后。唐国慧可禅师承菩提达摩后。自如来付西国与唐国,总经有一十三代。

远师问:据何得知菩提达摩西国为第八代?

和尚曰:据《禅经》序中,具明西国代数。又慧可禅师亲于嵩山少林寺问菩提达摩,答一如《禅经》序中说。

远师问:西国亦传衣不?

和尚云:西国不传衣。

远师问:西国何故不传衣?

和尚曰:西国多是得圣果者,心无矫诈,唯传心契。汉地多是凡夫,苟求名利,是非相杂,所以传衣示其宗旨。

远师问：禅师修何法，行何行？

和尚曰：修般若波罗蜜法，行般若波罗蜜行。

远师问：何故不修余法，不行余行，唯独修般若波罗蜜法，行般若波罗蜜行？

和尚答曰：修学般若波罗蜜者，能摄一切法。行般若波罗蜜者，是一切行之根本。

金刚般若波罗蜜，

最尊最上最第一，

无生无灭无去来，

一切诸佛从中出。

和尚告诸道俗知识等：若欲得了达甚深法界，直入一行三昧者，先须诵持《金刚般若波罗蜜经》，修学般若波罗蜜法。何以故？诵持《金刚般若波罗蜜经》者，当知是人不从小功德来。譬如帝王生得太子，若同俗例者，无有是处。何以故？为从最贵处来。诵持《般若波罗蜜经》者，亦复如是。是故《金刚般若波罗蜜经》云：不于一佛二佛三四五佛而种善根，已于无量百千万亿佛所种诸善根，得闻如是言说章句，乃至一念生净信者，如来悉知悉见是人，何况书写受持读诵为人演说。是故《胜天王般若经》云：云何菩萨摩诃萨学般若波罗蜜通达甚深法界？佛告胜天王言："大王，即是如实。""世尊，云何如实？""大王，即不变异。""世尊，云何不变异？""大王，所谓如如。""世尊，云何如如？""大王，此可智知，非能言说。何以故？过诸文字，无此无彼，离相无相，远离思量，过觉观境。是为了达甚深法界。"《胜天王般若经》云：般若波罗蜜无有一法可为譬喻。若善男子善女人信受般若波罗蜜者，所收功德不可思量。若此功德有色有形者，空界不容。以般若波罗蜜如实见名为证。以智通达名为至。假使一切众生皆住十地，入诸三昧观，如来定不能测量。

诸知识，必须诵持《金刚般若波罗蜜经》。是为一切诸佛母经，亦是一切诸法祖师。恒沙三昧，八万四千诸波罗蜜门，皆从般若波罗蜜生。必须诵持此经。何以故？般若波罗蜜是一切法之根本。譬如大海之内，所有一切诸实皆因摩尼宝力而得增长。何以故？是大宝威德力故。修学般若波罗蜜者，亦复如是。一切智慧皆因般若波罗蜜而得增长。诵《般若波罗蜜经》者，譬如皇太子，舍其父皇，于他人处而求得王位者，无有是处。故小品经云：复次，须菩提，诸菩提诸经不能至萨波若海。若菩萨舍般若波罗蜜而读诵之余，是菩萨舍本而取枝叶。是故《胜天王般若经》云：佛告胜天王言：大王，菩萨摩诃萨修学一切法通达一切法者，所谓般若波罗蜜。般若波罗蜜亦号一切诸佛秘藏，一号为总持法，亦是大明咒，是大神咒，是无上咒，是无等等咒，能除一切苦，真实不虚。故三世诸佛皆依般若波罗蜜多，故得阿耨多三藐三菩提。

是故《金刚般若波罗蜜经》云：举恒河中沙，一沙为一恒河，尔许恒河沙数三千大千世界，七宝布施，不如于此经中乃至受持四句偈等，如此功德，胜前福德百分不及一，百千万亿分乃至算数譬喻所不能及。

诸学道者，《金刚般若波罗蜜经》，随所在处，一切世间，天人阿修罗，悉皆供养。何以故？为此经在在处处即为是塔。何以故？诵持《金刚般若波罗蜜经》者，为能成就最上乘第一希有之法。在在处处若有《金刚般若波罗蜜经》卷，一切诸佛恭敬《般若波罗蜜经》，如佛弟子敬佛。何以故？经云：诸佛之师，所谓法也。以法常故，诸佛亦常。是故《金刚般若波罗蜜经》云：初日分以恒河沙等生命布施，中日分复以恒河沙等生命布施，后日分亦以恒河沙等生命布施，如是无量百千万亿劫以身布施，不如闻此经信心不违。何况书写受持读诵为人解说。

是故《金刚般若波罗蜜经》者，如来为发大乘者说，为发最上乘者说。何以故？譬如大龙不雨阎浮。若雨阎浮，如飘弃叶。若雨大海，其海不增不减。若大乘者，若最上乘者，闻说《金刚般若波罗蜜经》，不惊不怖，不畏不疑者，当知是善男子，善女人，从无量久远劫来，常供养无量诸佛及诸菩萨，修学一切善法，今是得闻《般若波罗蜜经》，不生惊疑。是故□文，若人满三千大千世界用一切珍宝造七宝塔，高至梵天，不如诵持《金刚般若波罗蜜经》，修学般若波罗蜜。若人教化三千大千世界微尘数众生尽证须陁洹果，不如诵持《金刚般若波罗蜜经》。若人教化三千大千世界微尘数众生尽证斯陁含果，不如诵持《金刚般若波罗蜜经》。若人教化三千大千世界微尘数众生尽证阿那含果，不如诵持《金刚般若波罗蜜经》。若人教化三千大千世界众生尽证辟支佛道，不如有人诵持《金刚般若波罗蜜经》。若人教化三千大千世界微尘数众生证□□信心，尽证得十行心，尽证得十住心，尽证得十回向心，不如诵持《金刚般若波罗蜜经》，修学般若波罗蜜。何以故？是经有不可……（下阙）

中华民国十八年十一月二十日胡适钞写点读毕

跋《神会语录》第三残卷　　胡适

这一卷是巴黎国家图书馆所藏伯希和（Pelliot）携归的敦煌写本的3488号。一九二六年九月四日我发见此卷，审其语气，考订为荷泽大师神会的语录。其后又见《历代法宝记》及《神会语录》长卷及《南宗定是非论》,此卷之为神会语录更无可疑了。此卷也许即是《南宗定是非论》的一部分。

原卷为楷书精写,纸色已黑,字字秀整,确是8世纪写本,最可宝贵。首尾有残阙;第一纸与第二纸接缝之间,文理不衔接,似误脱一纸。

此卷在南宗争法统的历史上为最重要的史料。神会在当时独力为南宗奋斗,造出传衣的神话,攻击北宗神秀普寂一派。其时神秀和慧能都已死了,死人不能作证,故秘密传衣之说无人可以否证。神会逞其才辩,又造出广济和尚偷袈裟的故事,也无人可以否证。

神会的魄力胆气,都可以震动一时,故人多不疑其作伪。如此卷中,远法师问:

> 普寂禅师名字盖国,天下知闻,众口共传,不可思议。如此相非斥,岂不与身命有雠?

神会答曰:

> 我自料简是非,定其宗旨。我今谓弘扬大乘,建立正法,令一切众生知闻,岂惜身命?

又说:

> 修此论者,生命尚不惜,岂以名利关心?

这种大胆的宣言,捋虎须的手段,都可以叫人佩服信仰。

但神会在此卷里忽提出"菩提达摩在西国复承谁后,又经几代"的问题,于是他的伪造历史的罪案完全暴露了。

当这时候,神秀一派只有菩提达摩以下的传授世系,而没有人提起菩提达摩以上的世系问题。神会要想出奇制胜,不但造作秘密传衣的神话,并且捏造菩提达摩以前的传法次第。他没有根据,只能引证庐山所出《禅经》的小序为证据,说西国自如来到菩提达摩共有八代。

他在这里共有三大谬误:

第一,他把菩提达摩误认作达摩多罗,而不知达摩多罗生在"晋中兴之世"(据焦镜法师的《后出杂阿毗昙心序》,《出三藏记》十),是西历四世纪的人,远在菩提达摩之先。

第二,自如来到达摩,一千多年中,仅有八代,是不可能的事。

第三,神会又捏造慧可在少林寺亲问菩提达摩的神话,其作伪的痕迹更不可掩饰。

从此以后,各派各自造作传法世系,自神会的八代说,净觉的七代说(《楞伽师资说》,有敦煌唐写本,藏伦敦巴黎),以至于惟宽的五十一代说(白居易《传法堂碑》),各自争奇炫博,纷纷不一。直到九世纪,二十八代说方才成为最通行的世系。其实都是假造的历史,不过八代太少,五十一代又太多,二十八代说比较不多不少,故终占优胜。

此卷后半专宣传《金刚般若波罗蜜经》,无甚重要,故我前年只影印了前四十九行,作为我自己参考之用。但后来高楠顺次郎先生和常盘大定先生都想把神会的语录收入新刊的《大藏经》里,故我后来又托人把五十行以下补钞完全。今年十一月中,用《金刚般若经》,《胜天王般若经》,《放光般若经》等校勘此卷中所引经文,加上标点,手写成此本,即题为"荷泽大师神会语录第三残卷"。

民国十八年十一月二十日

(胡适:《神会和尚遗集》,亚东图书馆1931年版。)

跋裴休的《唐故圭峰定慧禅师传法碑》[1]
金石萃编百十四；全唐文七四三 〔附后记及改写未完稿〕

胡适先生遗稿

这是裴休作的圭峰禅师宗密的传法碑。宗密生于建中元年（七八〇），死在会昌元年正月（八四一）。此碑作于大中七年（八五三）"今皇帝再阐真宗，追谥定慧禅师青莲之塔"之时，建碑于大中九年（八五五），故可以说是同时人的证见。作者裴休自说：

> 休与大师于法为昆仲，于义为交友，于恩为善知识，于教为内外护，故得详而叙之，他人则不详。

裴休曾作"黄檗山断际禅师（希运）传法心要序"（《全唐文》七四三）自称是希运的弟子，希运是洪州道一门下百丈怀海的弟子。裴休自己算是六祖慧能派下的第六代，故他说"与大师于法为昆仲"。他又曾为宗密的《圆觉经略疏》作序（《全唐文》七三四），序中说："休尝游禅师（宗密）之阃域，受禅师之显诀"，故他说"于义为交友，于恩为善知识"。裴休有这种种资格，所以他自信"故得详而叙之，他人则不详。"这篇"圭峰禅师传法碑"应该是最可信的同时人证见了。

我现在用这篇保存得最完整的唐碑作原料，试考裴休详记的

---

[1] 此文选自台湾"中央研究院"史语所集刊》第34本。——编者注

宗密传法世系是否可信。

此碑开始说：

> 圭峰禅师号宗密,姓何氏,果州西充县人,释迦如来三十九代法孙也。

此下说如来在世八十年"为无量人天声闻菩萨"说的种种法（凡用一百多字）,

> ……无遗事矣。最后独以法眼付大迦叶,今祖祖相传,别行于世。

这里说"最后独以法眼付大迦叶",已是9世纪中叶禅门流行的说法了。碑文继续说：

> 自迦叶至达摩,凡二十八世。达摩传可,可传璨(璨),璨传信,信传忍,为五祖。
> 又传融,为牛头宗。
> 忍传能为六祖。又传秀,为北宗。
> 能传会为荷泽宗,荷泽于宗为七祖。
> 〔能〕又传让,让传马。马于其法为江西宗。

此碑不提及所谓"青原行思"一派。（宗密的《禅源诸诠集都序》等文字里提及石头希迁,但从不提及行思。）此下专叙荷泽神会到宗密的世系：

> 荷泽传磁州如,如传荆南张,张传遂州圆,又传东京照。圆传大师。大师于荷泽为五世,于达摩为十一世,于迦叶为三十八世。
>
> 其法宗之系也如此。

其实宗密这个传法世系是大有问题的。宗密的《圆觉略疏钞》卷四(《续藏》壹辑十五套二册,叶百三一)曾记荷泽神会门下的"一枝"如下:

且如第七祖(即荷泽神会)门下传法二十二人,且叙一枝者:

> 磁州法观寺智如和尚,俗姓王。
>
> 磁州门下成都府圣寿寺唯忠和尚,俗姓张,亦号南印。
>
> 圣寿门下遂州大云寺道圆和尚,俗姓程。长庆二年,成都道俗迎归圣寿寺,绍继先师,大昌法化,如今现在。……

这"一枝"原是出于成都净众寺无相门下的神会,并不是出于东京荷泽寺的神会。

《宋僧传》九,成都府净众寺神会传云:

> 释神会,俗姓石,本西域人也。祖父徙居,因家于岐,遂为凤翔人。会……年三十,方入蜀,谒无相大师。(胡适按,他生于开元八年,七二〇;他三十岁正当天宝八年,七四九,正是那一位神会在东京荷泽寺最轰动一时的时期。他取名神会,似不是偶合,可能是表示景仰罢?)利根顿悟,冥契心印。无相叹曰,吾道今在汝矣。尔后德充慧广,郁为禅宗。其大略:寂照灭境,超证离念。即心是佛,不见有身。当其凝闭无象,则土木其质。及夫妙用默

济,云行雨施,蛰蛰群甿,陶然知化;睹貌迁善,闻言革非。至于廓荡昭(照?),洗执缚,上中下性,随分令入。

以贞元十年(七九四)十一月十二日示疾,俨然加趺坐灭。春秋七十五,法腊三十六。……初会传法在坤维,四远禅徒臻萃于寺。时南康王韦公皋最归心于会,及卒,哀咽追仰,……为立碑,自撰文,并书,禅宗荣之。(韦皋在蜀二十一年,死在永贞元年,八〇五。《全唐文》四五三卷收的韦皋文中无此碑文。)

这是无相门下的第一代。宗密故意把成都净众寺的神会认作东京荷泽寺的神会,这也正是我常说的"攀龙附凤"的一个好例子。

第二代,据宗密说,是"磁州法观寺智如和尚,俗姓王。"此一代,现在没有资料,我颇疑心此一代是无根据的,是宗密捏造出来的。

《宋僧传》十一,洛京伏牛山自在传后,附有南印传:

成都府元和圣寿寺释南印,姓张氏。明寤之性,受益无厌。得曹溪深旨,无以为证,见〔成都府〕净众寺会师。所谓落机之锦,濯以增妍(《大正》本作研);衔烛之龙,行而破暗。印自江陵入蜀,于蜀江之南堋,薙草结茆,众皆归仰,渐成佛宇。贞元(七八五—八〇一)初年也。高司空崇文平刘辟(在元和元年,八〇六)之后,改此寺为"元和圣寿",初名"宝应"也。印化缘将毕,于长庆(八二一—八二四)初示疾入灭。……

南印俗姓张,从江陵入蜀,故裴休碑文称他为"荆南张"。此是宗密说的"成都府圣寿寺唯忠和尚,俗姓张,亦号南印",似无可疑。据

《宋僧传》,南印是净众寺的神会和尚门下的第一代,并不是第二代。

《宋僧传》此传不说南印名唯忠。但《宋僧传》九另有"黄龙山惟忠传",说"惟忠姓童氏,成都府入,……游嵩岳,见神会禅师,析疑沉默。……观览圣迹,见黄龙山郁翠而奇异,乃营茅舍。……建中三年(七八二)入灭,报龄七十八。"这个俗姓童的惟忠显然不是那个"荆南张"的南印。这个唯忠曾"游嵩岳,见神会",应该算作荷泽神会的第一代弟子,但神会并不曾住过"嵩岳"?

关于"遂州大云寺道圆和尚"的资料,只有宗密自己的一点点记录。他说:

遂州大云寺道圆和尚,俗姓程。

这句就很可疑。"大云寺"是武则天时诏令天下建立的。开元二十六年(七三八)诏令大云寺改为"开元寺"。(看赵明诚《金石录》卷廿六"大云寺禅院碑"跋尾)怎么到元和(八〇六—八二〇)长庆(八二一—八二四)的时代遂州还有"大云寺"呢?(柳宗元《文集》二十八有"柳州复大云寺记",说"大云寺焚而不复且百年。三百室之人失其所依归,复立神而杀(牲)焉。元和十年(八一五)刺史柳宗元始至,逐神……而取其地,……其傍(旁)①有小僧舍,辟之,……取寺之故名,作大门,以字揭之。……"柳州之"复大云寺",似是很少见的事。)

宗密自己叙述他和遂州道圆的关系,不过如此:

……遂州在涪江西岸,宗密家贯果州,因遂州有义学院,

---

① 原本作"傍",今据文意改。——编者注

大阐儒宗，遂投诣进业。经二年后，和尚（即道圆）从西川游化至此州，遂得相遇，问法契心，如针芥相投也。……（《圆觉经略疏钞二》）

他又说：

长庆二年（八二二）成都道俗迎〔道圆和尚〕归圣寿寺，绍继先师，大昌法化，如今现在。（《圆觉经略疏钞四》）

如此看来，道圆只能称为成都长寿寺的和尚，他从前曾"从西川游化至此州（遂州）。""遂州大云寺"的名称是不可靠的。裴休碑文说：

大师（宗密）本豪家，少通儒书，欲干世以活生灵。偶谒遂州，遂未与语。退游徒中，见其俨然若思而无念，朗然若照而无觉，欣然慕之，遂削染受教。（"受教"《金石萃编》作教受，今从《全唐文》七四三）道成乃谒荆南。……

碑的后文又说：

大师以建中元年（七八〇）生于世。元和二年（八〇七，二十八岁）印心于圆和尚。又受具于拯律师。……

合并《略疏钞》及裴碑的话，我们可以说，宗密原是在遂州读"儒书"的，他二十八岁时，遇着道圆和尚，"问法契心"，他就"削染"做和尚了。后来他又去参谒成都元和圣寿寺的南印和尚。

据《圆觉经略疏钞》二,

> 和尚所得之法是岭南曹溪能和尚宗旨。

"和尚"和"遂州道圆"。但《宋僧传》的神会传,说得清楚明白,这个神会是成都净众寺的无相和尚的弟子,原不是曹溪的一派。无相的世系如下:

弘　忍—智　诜—处　寂—无　　　相—神　会
　　　　（唐和尚）（金和尚新罗王族）　无　住

《宋僧传》十九有成都净众寺无相传,附见智诜;又二十有资州山北兰若处寂传,都在"感通"篇,其材料都不高明。此派的历史及后来无相与无住的思想,都记载在"历代法宝记"里,有巴黎伦敦的敦煌本,收在《大正藏》五十一册"史传部三",页一七九以下;又有金九经的整理分段分卷的排印三卷本。

以上略考宗密自己说的和裴休碑文里说的传法世系。我的结论是:宗密是出于成都府净众寺无相和尚门下的神会和尚的一支。他从蜀中出来,到了帝都长安,于元和十一年(八一六)在终南山智炬寺读经著作,长庆元年(八二一)又在终南山草堂寺著《圆觉经略疏》,他的才气与学力渐渐受到帝王大臣的敬信,他要依附一个有地位的佛教宗派或禅门的派系,作为他自己的立足根据。在那个时期——从长庆(八二一—八二四)到大和(八二七—八三五)开成(八三六—八四〇)的时期,——禅宗的"南宗"已得了"正统"的地位,慧能已在元和十年(八一五)有明诏赐谥"大鉴禅师"了;在当时大手笔柳宗元、刘禹锡的新碑版文字里,都公然承认慧能为"第六祖",也公然承认"其说具在,今布天下,凡言禅皆本曹溪"(柳碑中语)。其实当慧能死后百年之中"天下"流传的"曹溪"禅说都只是东京荷泽寺神会和尚的宣传文字。我们在一千几百年之后,看见神会和尚的传教文字保存在敦煌石室里的有四万字之多;又看见那时期里日本入唐求法和尚,圆仁、圆珍诸人,带回国去的神会著作的目录,——我们不能不承认神会在当时的宣传力量是很广大而深远的。——我们不能不承认柳宗元说的"其说具在,今布天下,凡言禅皆本曹溪",其实只是"皆本于荷泽神会"。

因为荷泽神会的思想是当时最风行的禅宗思想,所以宗密就说他自己是出于"荷泽宗"在蜀中传承下来的一支,自己说他"于荷泽为五世,于达摩为十一世,于迦叶为三十八世",是"释迦如来三十九代法孙也"!

这样高贵的世系的唯一的根据止是因为成都净众寺一派恰巧也有一位名叫神会的和尚。这位神会和尚俗姓石,故叫作"益州石"。那位东京荷泽寺的神会和尚俗姓高,是襄阳人。宗密当然知道这个成都净众寺的神会并不是东京荷泽寺的神会。宗密在他的许多著作里,显然表示他很熟悉蜀中的净众寺和保唐寺的一大系的两大支禅宗的历史。我现在要举他的两种著作:一是"中华传心地禅门师资承袭图"(《续藏经》贰,十五套五册,四三三—四三八页),一是"圆觉经大疏钞"卷三下(《续藏经》壹,十四套三册,二七七—二八○页)。

在"师资承袭图"里,宗密明明指出:弘忍门下有蜀中的一大系:

  资州侁(智诜),资州处寂,益州金(无相是新罗王族,本姓金),益州石……

这个"益州石"就是净众寺的神会和尚，俗姓石，故称"益州石"。

在"圆觉经大疏钞三下"，宗密详说当时"七家"禅学，其中"第二家"是：

> "三句用心为戒定慧"者，第二家也。根元是五祖（弘忍）下分出，名为智诜，……本是资州人，后却归本州德纯寺开化。弟子处寂，俗姓唐，承后。
>
> 唐生四子。成都府净众寺金和尚，法名无相，是其一也。大弘此教。〔原注："金弟子当寺石（原误作召），长松山马，遂（原作逐）州李（原作季），通泉县李（原作季：通泉县，唐属梓州，皆嗣之。"〕言"三句"者，无忆，无念，莫忘也。……"戒定慧"者，次配三句也。（胡适按此句不详说，历代法宝记述金和上说，"无忆是戒，无念是定，莫忘是慧。"故说"配三句"。）……

此段宗密自注中的"金弟子当寺石"，即是净众寺的神会，即是本寺的"益州石"。

宗密明明知道这位"益州石""当寺石"就是净众寺无相（金和尚）门下的神会，然而他故意不承认这个神会是他的祖宗，他故意要承认那个远在东京洛阳荷泽寺的神会是他的祖宗！这是毫无可疑的存心诈欺，存心"攀龙附凤"。

他在"中华传心地禅门师资承袭图"里，明白"画出"慧能是"第六"祖，荷泽神会是"第七"祖。他说：

> 德宗皇帝贞元十二年（七九六）敕皇太子集诸禅师楷定禅门宗旨，搜求传法傍正。遂有敕下，立荷泽大师为第七祖。内神

龙寺见有铭记。又御制《七代祖师赞文》，见行于世。(《圆觉经大疏钞三》之下，二七七页有神会的略传，也说"贞元十二年敕皇太子集诸禅师楷定禅门宗旨，遂立神会禅师为第七祖……"。我曾指出此事不见于他书，只有志磐的《佛祖统纪》四十二说"贞元十二年正月，敕皇太子于内殿集诸禅师详定传法旁正。"但志磐不记敕立神会为第七祖的事。)

宗密的"承袭图"上，这样画神会的"一枝"：

神会第七—磁州智如—益州南印—东京圆照
　　　　　　　　　　　　　　　遂州道圆

这就是裴休碑文里说的"荷泽(神会)传磁州如，如传荆南张，张传遂州圆，又传东京照。圆传大师(宗密)"的根据了。

我们现在考订了宗密自己造出的传法世系是不可信的，我们可以重新考订他的真实世系如下：

弘忍→资州智诜→资州处寂→益州净众寺无相(无相即金和尚)→益州净众寺神会(即"益州石"，即"当寺石")→益州元和圣寿寺南印(俗姓张，从江陵入蜀，故称"荆南张")→遂州道圆(后住益州元和圣寿寺)→宗密

这个世系表是比较真实可信的。

宗密自己宣传的传法世系的主要用意是要攀附在"第七祖荷泽神会"派下，自认为荷泽神会的"五世"。其实他是成都净众寺神会门下的第四代。

我们既然不想（相）①信宗密自己宣传的世系，也不相信裴休碑文转述的宗密"传法"世系，所以我也就不敢轻信裴休碑文里说的"能传会为荷泽宗，荷泽于宗为七祖"的一句话了。因为裴休的话大概只是根据宗密说的"贞元十二年……有敕下，立荷泽大师为第七祖"。宗密自己也怕人不相信，所以他说出两件"证物"：

（一）"内神龙寺见有碑记。"
（二）"又御制《七代祖师赞文》，见行于世。"

现在看来，这些话大概都不很可靠罢？

一九六一年八月十六夜写成，九月廿八夜改稿

后　记

宗密自己是从蜀中的净众寺无相——神会一支出来的，所以他虽然伪造传法世系，虽然有心诈欺，把净众寺的神会认作东京荷泽寺的神会；虽然他自己把净众寺的一支否认是他的祖宗了，——但他确是熟悉成都的净众寺与保唐寺两派的历史和思想的。我已引了他的"圆觉经大疏钞三下"记的净众寺金和尚（无相）的传法源流，思想大略，及金和尚的弟子四人了。他在同书里，又曾叙述金和尚门下的一个含有革命性的支派，——就是成都保唐寺的无住和尚。宗密说：

---

① 原本作"想"，今据文意改。——编者注

"教行不拘而灭识"者,第三家也。其先亦五祖下分出,即老安和上也,……有四弟子,皆道高名著。中有一俗弟子陈楚章,时号陈七哥。有一僧名无住,遇陈开示领悟,亦志行孤劲,后游蜀中,遇金和上开禅,亦预其会。但更咨问,见非改前悟,将欲传之于未闻,意以禀示俗人,恐非宜便,遂认金和上为师。指示法意大同,其传授仪式与金门下全异。

异者,谓释门事相一切不行。剃发了便挂七条,不受禁戒。至于礼忏,转读,画佛,写经,一切毁之:皆为妄想。所住之院,不置佛事。故云"教行不拘"也。

言"灭识"者,即所修之道也。意谓生死轮转,都为起心。起心即妄。不论善恶,不起即真。亦不似事相之行,以分别为怨家,无分别为妙道。

亦传金和上三句,但改"忘"字为"妄"字,云诸同学错预(领?)先师言旨。意谓无忆无念即真,忆念即妄。不许忆念,故云"莫妄"。

毁诸教相者,且(其?)意在息灭分别而全真也。故所住持,不议衣食,任人供送。送即暖衣饱食,不送即任饥任寒,亦不求化,亦不乞饭。有人入院,不论贵贱,都不逢迎,亦不起动。赞叹,供养,怪责,损害,一切任他。良由宗旨说无分别,是以行门无非无是,但贵无心而为妙极。故云"灭识"也。

这是很详细的叙述。最近几十年中,敦煌写本"历代法宝记"出现了两本,一在伦敦,一在巴黎。其中叙述保唐寺的无住和尚的思想最详细,往往可以和宗密的叙述互相印证。(《历代法宝记》收在《大正藏》五十一册,一七九——一九五页。)

在"师资承袭图"里,宗密画保唐寺一支的世系作这样子:

志安—陈楚章—保唐李了法

据《历代法宝记》,无住俗姓李,但无"了法"之名,我疑心"了法"可能是"无住"二字之误写,也可能是无住下一代的弟子。——这五个字可能应该写作

保唐李—了法。

宗密很了解那一百多年之中的"南宗""北宗"之争都不过是从神会开始的;神会以前,"但称达摩之宗,亦不出南北之号"。"天宝初,荷泽入洛,大播斯门,方显〔神〕秀门下'师承是傍,法门是渐'。既二宗双行,时人欲拣其异,故标南北之名,自此而始。"(以上均见"师资承袭图")

宗密也知道,后来所谓"南宗"成为正统之后,于是有许多和尚纷纷抢着要做"曹溪"的后代,——正和宗密他自己一样的热心要承认是曹溪一脉。

在"师资承袭图"里,宗密明指出当时最盛行的所谓"洪州宗"马祖(道一)也是出于剑南金和上门下的。他说:

洪州宗者,先即六祖(慧能)下傍(旁)①出,谓有禅师姓马,名道一,先是剑南金和尚弟子也。(原注:"金之宗源即智诜也,亦非南宗。"注文"南宗"误作"南北"。)高节至道,游方头陀,随处坐

---

① 原本作"傍",今据文意改。——编者注

禅。乃至南岳,遇让禅师(即"怀让"),论量宗教,理不及让,方知传衣付法,曹溪为嫡,乃回心遵禀,便住虔州(误作"处州")、洪州,或山或郭,广开供养,接引道流。后于洪州(今南昌县)开元寺弘传让之言旨,故时人号为"洪州宗"也。

让即曹溪门下傍(旁)出之派徒。(原注:"曹溪此类,数可千余")是荷泽之同学,但自率身修行,本不开法,因马和尚大扬其教,故成一宗之源。

在"圆觉经大疏钞三下",宗密叙述禅法的"第四家",即道一,说:

"触类是道而任心"者,第四家也。其先从六祖下分出,谓南岳观音台让和上,是六祖弟子,本不开法,但居山修道。因有剑南沙门道一,俗姓马,是金和上弟子,高节志道,随处坐禅,久住荆南明月山,后因巡礼圣迹,至让和上处,论量宗运,征难至理,理不及让;又知传衣付法,曹溪为嫡,便依之修行。往乾州(唐置乾州羁縻州,在今四川茂县西,此似是道一未出西川时住的地方?)、洪州、虔州或山或郭,广开供养,接引道流,大弘此法。……

宗密的"师资承袭图"上,洪州宗一支是这样画的:

南岳让——洪州马——章敬晖(误作"禅",即怀晖)
　　　　　(即道一)
百丈海(怀海)
西堂藏(智藏)
兴善宽(惟宽)

宗密明明指出道一原是成都净众寺金和尚的弟子,——"金之宗源即〔资州德纯寺〕智诜也,亦非南宗",——原是"游方头陀,随处坐禅";后来方知传衣付法,"曹溪为嫡",他方才自附于一个"但自率身修行,本不开法"的让禅师门下,于是那位本"非南宗"的金和尚弟子就成了南宗"六祖"的再传弟子了!

最老实的是宗密指出:像"让禅师"那样的"傍(旁)出之派徒","曹溪此类,数可千余!""曹溪此类,数可千余!"八个字最可以描画出那几十年中"争法统"的大风潮里,许许多多的和尚纷纷攘攘地抢着,挤着,要高攀上"南宗"门下的大热闹!

"南岳怀让"原是一个无人知晓的名字。敦煌古本《坛经》记慧能十弟子之中没有这个名字。现存的几个北宋本《坛经》里也没有这个名字。

《唐文粹》六二有张正甫作的"衡州般若寺观音大师碑铭"(收在《全唐文》六一九)。所谓"观音大师"即是怀让。碑文开首说:

> 天宝三载(七四四),观音大师终于衡岳,春秋六十八,僧腊四十八。元和十八年,故大弟子道一之门人曰惟宽、怀晖,感尘劫遽迁,塔树已拱,惧绝故老之口,将贻后学之忧,……乃列景行,托于废文。

元和只有十五年,没有十八年。怀晖死在元和十年(八一五),惟宽死在元和十二年(八一七)。故此碑文"元和十八年"可能是"元和八年(八一三)"之误文。这就是说,此碑作于怀让死后六十九年,故铭中有"一从委顺,六纪于兹"的话,故碑文有"惧绝故老之口"的话。这种碑版文字是没有多大的史料价值的。

一九六一,八,廿二夜,胡适

跋裴休的唐故圭峰定慧禅师传法碑[1]
——试考宗密和尚自述的传法世系——

圭峰宗密和尚生于建中元年（七八〇），死在会昌元年（八四一）正月。裴休的"圭峰定慧禅师传法碑"（《金石萃编》百十四；《全唐文》七四三）作于大中七年（八五三）"今皇帝再阐真宗，追谥定慧禅师青莲之塔"之时，建立于大中九年（八五五），故可以说是同时人的证见。况且作者自己说：

> 休与大师，于法为昆仲，于义为交友，于恩为善知识，于教为内外护，故得详而叙之，他人则不详。

裴休曾作"黄檗山断际禅师（希运）传法心要序"（《全唐文》七四三），自称是希运的弟子。希运是洪州道一门下百丈山怀海的弟子，故裴休自己算是曹溪慧能派下的第六代，碑文说宗密也是慧能门下第六代，所以他说和宗密"于法为昆仲"。他又曾为宗密的《圆觉经疏》作序，序中说到宗密为《圆觉经》作的"大疏三卷，大钞十三卷，略疏两卷，小钞六卷，道场修证仪一十八卷"，故此序是总序这几部"疏"与"钞"的；（"疏"是详注；"钞"是疏的疏。）又曾为他的《华严原人论》作序，又曾为他的《禅源诸诠集》作序，又曾为他的注华严法界观门作序。在这些序文里，裴休曾说：

---

[1] 此文是胡适先生在原稿完成后因其不满意而作的修改，遗憾的是，修改稿未能全部完成。——编者注

> 休尝游禅师之阃域,受禅师之显诀。(圆觉经疏序)

又说:

> 余高枕于吾师户牖之间久矣。(华严原人论序)

又说:

> ……诸宗门下,通少局多,故数十年来,师法益坏。……是非纷拿,莫能辨析。则向者世尊菩萨,诸方教宗,适足以起诤后人,增烦恼病,何利益之有哉?圭峰大师……于是以如来三种教义,印禅宗三种法门;融瓶盘钗钏为一金,搅酪酥醍醐为一味;振纲领而举者皆顺,据会要而来者同趋。……又复直示宗源之本末,真妄之和合,空性之隐显,法义之差殊,顿渐之异同,……莫不提耳而告之,指掌而示之,……乳而药之,腹而拥之。……若吾师者,捧佛日而委曲回照,疑瞳尽除;顺佛心而横亘大悲,穷劫蒙益。则世尊为阐教之主,吾师为会教之人,本末相扶,远近相照,可谓毕一代时教之能事矣。……(禅源诸诠集序)

裴休这样崇敬宗密的著述,这样替他宣传辩护,所以他可以说他和宗密"于义为交友,于恩为善知识,于教为内外护"。

裴休有这种种资格,所以他可以说他给宗密写这篇碑传,"得详而叙之,他人则不详。"我们研究这篇"传法碑",也可以承认裴休不但是一个最有资格的同时证人,并且确是根据宗密自己供给的传法世系与传记资料。可惜宗密自己供给的材料就不免有存心作伪的成分，所以裴休这一篇很可诵读的碑文也就不能算作可以信赖的禅宗史料或中国佛教史料了。

我们最感兴趣的是这篇"传法碑"里叙述的宗密的传法来源与世系。碑文第一句就说：

> 圭峰禅师号宗密，姓何氏，果州西充县人，释迦如来三十九代法孙也。

这篇碑文从头到尾都是这样十分肯定，十分有把握的口气。下文紧接着说：

> 释迦如来在世八十年，为无量人天声闻菩萨说五戒，八戒，大小乘戒，四谛，十二缘起，六波罗蜜，四无量心，三明，六通，三十七品，十力，四无畏，十八不共法，世谛，第一义谛，无量诸解脱，三昧总持门，菩萨涅槃常住法性，——庄严佛士，成就众生，度天人教菩萨一切妙道：可谓广大周密，廓法界于无疆，彻性海于无际。权实，顿渐，无遗事矣。

然而还有"遗事"：

> 最后独以法眼付大迦叶，令祖祖相传，别行于世。非私于迦叶，而外人天声闻菩萨也。顾此法，众生之本源，诸佛之所证，超一切理，离一切相，不可以言语智识有无隐显推求而

127

得，——但心心相印，印印相契，使自证之，光明受用而已。

这里说释迦如来"最后独以法眼付大迦叶，令祖祖相传，别行于世"，就是所谓"教外别传"的神话。这个"教外别传"的"法眼"就是那"超一切理，离一切相"，不可以言语智识有无隐显推求而得"的"禅"。

下文才是"传法"的正文：

> 自迦叶至达摩，凡二十八世。达摩传可，可传璨，璨（两字碑文皆作璨）传信，信传忍为五祖。〔信〕又传融为牛头宗。
>
> 忍传能为六祖。〔忍〕又传秀为北宗。
>
> 能传会为荷泽宗。荷泽于宗为七祖。
>
> 〔能〕又传让，让传马（道—姓马），马于其法为江西宗。

这里可注意的是裴休此碑完全接受了"自迦叶至达摩凡二十八世"的法统论，毫没有异议了。自从神会的"菩提达摩南宗定是非论"里提出"唐国菩提达摩既称其始，菩提达摩西国复承谁后"的问题，并且提出"西国以菩提达摩为第八代"的绝不可能的答案，（参看胡适"神会和尚遗集"一七八——一七九页；又胡适"新校定的敦煌写本神会和尚遗著两种"，《集刊》廿九本，八四九页；又胡适"荷泽大师神会传"第三章"菩萨达摩以前的传法世系"。）到裴休写碑的时期，——大约从开元二十年（七三二）到大中七年（八五三），——在这一百多年里，出来了种种毫无根据的"西天祖师传法世系"：神会的八代说是依据庐山译出的"达摩多罗禅经"小序的；多数碑传里的二十三代或二十四代说是依据所谓"付法藏经"或"付法藏传"的；还有马祖道一门下的惟宽和尚主张的五十一代说是依据僧祐《出三藏记集》的"萨婆多部师

128

宗相承目录"的(看白居易"白氏长庆集"廿四"传法堂碑",及《胡适文存第三集》卷四"白居易时代的禅宗世系")。八代太少了。五十一代又太多了。《付法藏传》的二十三四代说也有一个根本毛病,就是那部小说体的付法故事明白地记着末代师子比丘被罽宾国王利用剑斩了,"顶中无血,唯乳流出,相付法人于是便绝"。所以那一百年里就起了二十八代说,就是接受了《付法藏传》的二十三代,认师子比丘为第二十三代,还须捏造出四代祖师,把菩提达摩认作第二十八代。这就是宗密裴休时代接受的二十八代说。我现在把宗密的"圆觉经大疏钞"卷三之下(《续藏经》壹辑十四套三册二七六页)列举的师子比丘以下五代,和现存的两个最古本"六祖坛经"列举的师子比丘以下五代,表示如下:

	圆觉大疏钞	敦煌本坛经	兴圣寺本坛经
第廿三代	师子比丘	师子比丘	师子比丘
第廿四代	舍那婆斯	舍那婆斯	婆舍斯多
第廿五代	优婆掘	优婆掘	优婆掘多
第廿六代	婆须密	僧伽罗	婆须蜜多
第廿七代	僧伽罗叉	须婆蜜多(注)	僧伽罗叉
第廿八代	达摩多罗	菩提达摩	菩提达摩

(注)敦煌本《坛经》好像是把这两代误倒了,"僧伽罗叉"误脱了"叉"字,"婆须蜜多"(Vasumitra)误作"须婆蜜多"了。

裴休碑文里说的"自迦叶至达摩凡二十八世"就是宗密《圆觉经大疏钞》里承认的二十八世。(这二十八世与道原的《景德传灯录》和契嵩的《传法正宗记》以后的二十八祖颇多不相同,我们现在不能详说了。)

  裴休这一段碑文里还有可以注意的一点,就是不但承认了韶州慧能为"六祖",还承认了东京荷泽寺神会"于宗为七祖"。这也是依据宗密自己的话。宗密在他的"圆觉大疏钞"卷三之下(二七七页),大书

> 慧能第六
> 神会第七

他"神会第七"下有一篇神会略传,其中说:

> ……贞元十二年(七九六),敕皇太子集诸禅师楷定禅门宗旨,遂立神会禅师为第七祖。内神龙寺敕置碑记见在。又御制《七祖赞文》见行于世。

宗密又在他的"中华传心地禅门师资承袭图"(《续藏经》贰编十五套五册四三三—四三八页)说:

> ……德宗皇帝贞元十二年敕皇太子集诸禅师楷定禅门宗旨,搜求传法傍正。遂有敕下,立荷泽大师为第七祖。内神龙寺见有铭记。又御制《七代祖师赞文》见行于世。

贞元十二年立神会为第七祖的敕文,至今没有流传下来;宗密说的内神龙寺的碑记和德宗皇帝御制的《七祖赞文》也都没有传本。现在我们只有宣宗皇帝的宰相裴休在大中七年(八五三)亲撰并亲写的"圭峰定慧禅师传法碑"里记的两句话。"能传会为荷泽宗,荷泽于宗为七祖。"裴休作宰相是从大中六年(八五二)到十年(八五六)。此碑作于大中七年,建立于大中九年,都正是他作宰相的时代。这两句石刻的碑文是不是足够证实宗密说的贞元十二年(七九六)有敕文立神会为第七祖的话了吗?

我们应该注意:裴休并没有提到贞元十二年的敕文,也没有说德宗皇帝曾有立神会为第七祖的敕文;裴休只说"能传会荷泽宗,为荷泽于宗为七祖。"这是颇有含蓄的话,这句话好像只是说,"依照荷泽宗的说法,神会是第七祖。"所以我们只可以说裴休这句话是依据宗密自己的说法,是依据那位自称荷泽宗的宗密和尚的说法。

裴休和宗密"于法为昆仲,……于教为内外护",然而这碑文始终不曾提及贞元十二年有立神会为七祖的敕文,始终只有"荷泽于宗为七祖"一句委婉的文字。单这一点就应暗示我们不可轻易相信贞元十二年的敕文是史实了。

碑文下文才说到宗密自己的传法世系了。碑文说:

> 荷泽传磁州如,如传荆南张,张传遂州圆,又传东京照。圆传大师。
> 大师于荷泽为五世,于达摩为十一世,于迦叶为三十八世。其法宗之系也如此。

这是明白清楚地说,宗密是东京荷泽寺神会的第五代。第二代是磁州如,第三代是荆南张。荆南张传遂州圆与东京照,是第四代。遂州圆传宗密,是第五代。

我们第一步要指出,裴休碑文详记的传法世系是依据宗密自己宣传的法统资料。第二步,我们要指出自己传出的"法宗之系"是大有问题的,是很可怀疑的。

第一步,我们要看出宗密自己的叙述。宗密关于这问题主要记述都在下列这几部著作里:

（一）《圆觉经略疏钞》卷四（《续藏经》壹辑十五套二册）。

（二）《中华传心地禅门师资承袭图》（《续藏经》贰编十五套五册）。此卷题"内供奉沙门宗密答裴相国问"，开卷就是"裴相国问"一节，末题"休再拜"。原提出的问题是请他"略为条疏（误作流）分别三五纸示及，大抵列北宗，南宗——南宗中，荷泽宗、洪州牛头等宗，具言其浅深顿渐得失之要。"这问题很可能是裴休提出的，但不应该题作"裴相国问"。宗密死在会昌元年（八四一）；裴休作宰相是在大中六年至十年（八五二—八五六），宗密久已死了。

在《圆觉经略疏钞》里，宗密说：

> 第七祖门下，传法二十二人，且叙一枝者：
>
> 磁州（误作磁州）法观寺智如和尚，俗姓王。磁州门下，成都府圣寿寺唯忠和尚，俗姓张，亦号南印。
>
> 圣寿门下，遂州大云寺道圆和尚，俗姓程。长庆二年（八二二），成都道俗迎归圣寿寺，绍继先师，大昌法化，如今现在。……

在"中华传心地禅门师资承袭图"里，宗密列举了"神会第七"门下十八人。（日本学者宇井伯寿的"禅宗史研究"，有"荷泽宗的盛衰"一篇，他曾考宗密举出的十八人，有十一人不可考。宇井先生又考出神会门下第二代有十八人可考。看上举书二三八—二五六页）。宗密在这十八人之中，把"磁州智如"特别写作大字，列在最中央。下面是第三代，只列了"益州南印"一人。下面是第四代，只列了南印门下的四人。我们钞"承袭图"的这一部分在下面：

```
                      ┌─ 东京神照
                      ├─ 益州如一
神会第七 ─ 磁州智如 ─ 益州南印 ─┤
                      ├─ 遂州道圆
                      └─ 建元玄雅
```

宗密自称遂州道圆是他得法的师父。

我们现在先寻求磁州智如、益州南印、东京神照、遂州道圆四个和尚的传记资料。如一和玄雅，我们可以不问了。

（1）磁州智如，我们就寻不到这个人。日本宇井伯寿先生在"禅宗史研究"（页二三九—二四〇）里曾指出，宗密说的"磁州智如"就是《宋高僧传》卷廿九杭州天竺寺道齐传后面附的"太行山法如"。我赞同宇井先生的意见，因为《宋僧传》里的法如正是慈州。（即磁州）人。《宋僧传》的法如传说：

> 唐太行山释法如，俗姓韩（宗密说他俗姓王），慈州人也。少为商贾，心从平准。至今东京相国寺发心，依洪恩法师出家。……遂往嵩少间，游于洛邑，遇神会祖师，授其心诀。后登太行山，见马头峰下可以栖神，结茅而止。有诸塾戍将王文信率众建精庐焉。刺史李亚卿命入城，不赴，示寂，报龄八十九。元和六年（八一一）迁塔云。

假定他死在元和五年（八一〇），他活了八十九岁，他生在开元十年（七二二）。神会在东京洛阳"定南宗是非"的时期（天宝四年到十一年，七四五—七五二）正是法如二十四五岁到三十岁，他受神会的感动是很自然的。宗密的记录有三点大不同：第一，法如不名智如。第二，法如是磁州人，在太行山的马头峰下结茅庐，不肯入城府；而宗密说住磁州法观寺。第三，他俗姓韩，不姓王。这都可见宗密并不大知道这个"磁州如"。

（2）益州南印。《宋高僧传》十一，洛京伏牛山自在传后，附有南印传，其全文如下：

> 成都府元和圣寿寺释南印。姓张氏。明寤之性，受益无厌。得曹溪深旨，无以为证。见〔成都府〕净众寺〔神〕会师。所谓落机之锦，濯以增妍（误作研），衔烛之龙，行而破暗。
>
> 印自江陵入蜀，于蜀江之南墉，薙草结茆。众皆归仰，渐成佛宇。贞元初年也。（贞元元年当七八五。）高司空崇文平刘辟（事在元和元年，八〇六）之后，改此寺为元和圣寿，初名宝应也。
>
> 印化缘将毕，于长庆（八二一——八二四）初示疾入灭。营塔葬于寺中。会昌中毁塔。大中〔中〕，复于江北宝应旧基上创此寺，还名圣寿。印弟子传嗣有义俛，复兴禅法焉。

关于南印，宗密只说了很简单的几句话，很值得重引在这里做个比较。宗密说：

> 磁州〔智如〕门下，成都府圣寿寺唯忠和尚，俗姓张，亦号南印。圣寿门下，遂州大云寺道圆和尚，俗姓程。长庆二年（八二二），成都道俗迎归圣寿寺，绍继先师，大昌法化，如今现在。……

我们试用这几句话来比勘《宋僧传》里的南印传，我们就可以看出这些很重大的冲突之点：第一，宗密说南印就是唯忠，而《宋僧传》

里无一字说到南印又叫作唯忠。宋僧传卷九另有"黄龙山唯忠传"（引见下文），宗密把两个和尚认做一个人了。第二，《宋僧传》里明说南印的师父是〔成都府〕净众寺的会师，那是净众寺金和尚无相禅师的弟子神会，《宋僧传》卷九有"成都府净众寺神会传"（引见下文）。南印传里没有一个字提到他曾到过河北道的磁州或太行山的马头峰下去做"磁州如"的弟子。磁州在长安东北一千四百八十五里，成都府在长安西南二千三百七十九里。何以南印传里竟不提及他曾走四千里路去寻师问道呢？何以宗密竟完全不提及南印的师父是成都府净众寺的神会和尚呢？

现在让我们先看看《宋僧传》里的"黄龙山唯忠传"：

> 释唯忠，姓童氏，成都府人也。幼从业于大光山道愿禅师。……游嵩岳，见神会禅师，析疑沉默。处于大方，观览圣迹，见黄龙山郁翠而奇异，乃营茅舍，……独居禅寂，涧饮木食。……以建中三年（七八二）入灭，报龄七十八，其年九月迁塔云。

这个成都府的唯忠和尚到过嵩山，见过东京荷泽寺的神会和尚，后来就在黄龙山过他的"独居禅寂，涧饮木食"的头陀生活。这传里没有一个字提到唯忠又叫作"南印"，也没有提到他是"磁州如"的门下。（"黄龙山"不止一处，唯忠住的黄龙山似在北方。）

这里分明有一个"人身错认"的问题，也许还不仅仅是一个"人身错认"的问题。唯忠是东京荷泽寺神会和尚的第一代弟子，南印是成都净众寺神会和尚的第一代弟子。说"唯忠亦号南印"，就是把成都净众寺神会的一代弟子认作东京荷泽寺神会的一代弟子了。但是因为唯忠死在建中三年（七八二），南印死在长庆初（约八二二），相去四十年,所以那位"唯忠亦号南印"只好居屈东京荷泽神会的第一代弟子磁州法如的弟子,就降为第二代了。这里面的人身错认的纠纷有两个层次:表面上是把南印、唯忠两个和尚认作一个和尚;骨子里是存心要把成都府净众寺的神会和尚冒认作东京荷泽寺的神会和尚。

所以我们应该看看《宋僧传》卷九保存的"成都府净众寺神会"的略传:

> 释神会,俗姓石,本西域人也。祖父徙居,因家于岐,遂为凤翔人矣。会至性悬解,明智内发,大璞不耀,时未知之。年三十,方入蜀,谒〔成都府净众寺〕无相大师,利根顿悟,冥契心印,无相叹曰,"吾道今在汝矣。"
>
> 尔后德充慧广,郁为禅宗。其大略:寂照灭境,超证离念。即心是佛,不见有身。当其凝闭无象,则土木其质。及夫妙用默济,云行雨施,蛰蛰群盹,陶然知化;睹貌迁善,闻言革非。至于廓荡昭(疑当作照?),洗执缚,上中下性,随分令入。
>
> 以贞元十年(七九四)十一月十二日示疾,俨然加趺坐灭。春秋七十五,法腊三十六。沙门那提得师之道,传授将来。……初会传法在坤维(坤维指西南),四远禅徒臻萃于寺。时南康王韦公皋最归心于会,及卒,哀咽追仰。盖粗入会之门,得其禅要,为立碑,自撰文,并书,禅宗荣之(韦皋与净众寺神会的关系,又见于《宋僧传》十九西域亡名传。)

这个神会和尚原是西域人,后为凤翔人,俗姓石;那个东京荷泽寺的神会和尚是襄阳人,俗姓高。荷泽神会死在肃宗废年号的"元年",即宝应元年(七六二),年九十三;净众神会死在贞元十年(七九四），年七十五。荷泽神会是韶州慧能大师的大弟子；净众神会是成都净众寺金和尚无相大师的大弟子。

成都的净众寺无相大师是东山弘忍大师（所谓"五祖忍"）的大弟子资州智诜和尚的再传大弟子。在当时的禅学运动里，成都净众寺的无相一派算是一个大宗派；无相的另一个大弟子，名叫无住，在成都保唐寺建立一个更有革命性的宗派，就称为"保唐寺派"。大中七年（七五三，就是裴休作《圭峰禅师碑》的一年），剑南东川节度使柳仲郢在梓州的慧义精舍南禅院建立"四证堂"，请李商隐撰"四证堂碑铭"。"四证"就是"益州净众无相大师，益州保唐无住大师，洪州道一大师（即马祖），西堂智藏大师（道一弟子）"。这篇有名的"四证堂碑"（李商隐《樊南文集补》编卷十，有归安钱振伦钱振常笺注本；可惜注者不知道这四位大和尚是谁！《全唐文》七八〇有此碑全文）可以表示净众寺无相一派在当时的崇高地位。《宋僧传》十九有成都净众寺无相传，附见资州智诜传；又《宋僧传》二十有资州山北兰若处寂传。处寂是无相之师，智诜又是处寂之师。可惜这三篇略传采用的材料都很不高明，都不够表出这个净众寺一派的禅学思想。直到最近几十年里，敦煌石室出来了两本"历代法宝记"（收在《大正大藏经》第五十一册；朝鲜金九经有校刊分三卷本，民国廿四年北平出版，此本远胜《大正藏》本），我们方才有唐朝的原料可以供我们研究净众寺无相的思想，和那从净众寺出来的保唐寺无住的思想。

但是我们的圭峰大师宗密和尚是西川果州人，他是最熟悉成都府的净众寺和保唐寺两大宗派的思想与历史的。我们竟可以说，在敦煌写本"历代法宝记"出现之前，日本的禅宗史学家与中国的禅宗史学家都只倚赖宗密的《圆觉经大疏钞》卷三之下记述的禅宗"七家"，作为最重要的禅宗史料，——特别是关于成都净众寺与保唐寺两个宗派的唯一仅存的史料!

宗密叙述当时禅学有"七家":

> 第一家,即"北宋"。
> 第二家,即成都净众寺无相一派。
> 第三家,即成都保唐寺无住一派。
> 第四家,即洪州道一,俗姓马,元是净众寺金和尚无相弟子,后依让和尚修行。
> 第五家,即牛头山一宗。
> 第六家,即南山念佛门禅宗。
> 第七家,即"南宗第七祖荷泽大师神会所传"。(以上七家,详见《圆觉经大疏钞》卷三之下——《续藏经》壹辑十四套三册,二七七页下至二八〇页上。)

我们现在只能引他说的第二家:

> "有三句用心为戒定慧者",第二家也。根元是五祖(弘忍)下分出,名为智诜,……本是资州人,后却归本州德纯寺开化。弟子处寂,俗姓唐,承后。唐生四子,成都府净众寺金和尚,法名无相,是其一也,大弘此教。(此下原注:"金弟子当寺石,长松山马,遂州李,通泉县李,皆嗣之。"《续藏》本石误作召,遂误作逐,二李字误作季。)言"三句"者,无忆,无念,莫忘也。意令勿追忆已过之境。勿预念虑未来荣枯等事;常与此智相应,不昏不错,名莫忘也。"戒定慧"者,次配三句也。(胡适按,《历代法宝记》述金和尚说,"无忆是戒,无念是定,莫忘是慧",故云"次配三句"。……

最可注意的就是这一段"大弘此教"一句下的宗密原注"金弟子当寺石",这就是净众寺的神会,俗姓石,故称"当寺石",又称"益州石"。宗密在"中华传心地禅门师资承袭图"里,也曾明白指出"弘忍第五"之下有蜀中的智诜一支:

资州诜—资州处寂—益州金—益州石

"益州金"就是净众寺的金和尚无相。"益州石"就是"当寺石",就是净众寺的石和尚神会。可是宗密总不称他的法名神会,只叫他做"益州石"或"当寺石"。

我们现在至少把成都府净众寺神会和尚的传法世系弄清楚了。这个世系是这样:

弘　忍—智　诜—处　寂—净众寺无相—净众寺神会—
　　　　（资州）（资州）（成都）　　　（成都）
元和圣寿寺南印
（成都）

这一系与东京荷泽寺神会和尚的传法世系原来是不相干的:

弘　忍—慧　能—神　会┬磁州法如
　　　　　　　　（东京）└黄龙山唯忠

这两个神会和尚的两支不相干的传法世系怎么会混合作一支去了呢?是谁开始造出"唯忠亦号南印"的"人身错认"的假世系呢?
我们①

---

① 胡适先生修改稿至此止。下文为胡适先生钞录白居易所撰唐东都奉国寺禅德大师照公塔铭;此塔铭与本文讨论"唯忠一名南印"有关,故附。——编者注

白居易"唐东都奉国寺禅德大师照公塔铭"(《白氏集》七十)

大师号神照,姓张氏,蜀州青城人也。始出家于智凝法师,受具戒于惠萼律师,学心法于唯忠禅师。忠一名南印,即第六祖之法曾孙也。

大师祖达摩,宗神会,而父事印。

其教之大旨以如然不动为体,以妙然不空为用,示真寂而不说断灭,破计著而不坏假名。

师既得之,揭以行化。出蜀入洛,与洛人有缘,月开六坛,仅三十载,随根说法,言下多悟。……

以开成三年冬十二月(八三八—八三九)示灭于奉国寺禅院,以是月迁葬于龙门山。报年六十三,僧夏四十四。

明年(八三九)传教主院上首弟子沙门清闲　门徒,合财施,与服勤弟子志行等营度襄事,卜兆于宝应寺荷泽祖师塔东若干步,窆而塔焉,示不忘其本也。

其诸升堂入室,得心要口诀者,有宗实在襄,……(列举共十五人,分在十二地)

铭曰:

伊之北西,洛之南东,法祖法孙,归全于中。旧塔会公,新塔照公,亦如世礼,祔于本宗。

　　　　　　　　(法曾孙)
　　能—会—□—唯　忠—神照
　　　　　　　(南印)

(《"中央研究院"史语所集刊》,第 34 本)

与入矢义高讨论早期禅宗史料[①]

之一

入矢先生：

我收到了先生 5 月 6 日及 5 月 19 日的两封信，真是十分感谢！

承先生指示的《南阳和上坛语》的两本：(1)S.6977、(2)S.2492 我都校过了。我很感谢！

又承先生指示《南宗定邪正五更转》的四个本子：①S.2679、②S.4634、③6083、④6923，我也校过了。S.6103《荷泽和尚五更转》(原题)，则是在先生来示之前我已抄出比较过了。多谢了。

又承先生细心校勘我的单印本，我很感谢。先生论"然"＝"然后"一段，我认为很对。但为使读者易读，我仍主张解"后"字，或注"乃"字。"然一始发菩提心"，先生的考释，我也很佩服。

先生考订"是人""是凡夫"须是用在主格的时候方才有"所是人""所是凡夫"的意思，这一点，我特别佩服。841 页中段"乃命是人"，我的解释确是错了。多谢先生的教正。

[①] 原标题为《与入矢义高先生讨论神会语录的来往的信》，共有 10 组往来信函，现择取 5 封。——编者注

841页"清流岂惮于风激",是我失校,原写本正是"惮"字。

此外,先生的校勘诸条,我都记录了。多谢谢。

先生提及《敦煌杂录》,此书我未见,似是许国霖的辑本,此间朋友有藏本,当借来一校勘。

先生的大作,关于王梵志的三篇,我已匆匆看过,因为我读日本文颇困难,故须请朋友帮忙,方能完全了解。我是最早提倡王梵志的人,但当年在客居上海的时候写《白话文学史》,手头参考书不够用,所以很多遗漏。如《云溪友议》,如皎然、《诗式》,当时都不曾检用,真是太疏忽了!

近年来我常指出皎然引的王梵志诗的末二句:

还你天公我,还我未生时。

真是好白话诗。"还你,天公,我"一句更是最大胆的句法。先生以为何如?

现在我要报告一件事。

承你指示圆仁《入唐新求圣教目录》记有《南阳和尚问答杂征义》一卷,刘澄集,我5月初出医院之后,就仔细检查《大正藏》所收日本入唐求法诸僧的目录,我写了一篇笔记,今寄呈先生一看。

使我最惊喜的是,不但《问答杂征义》著录在圆仁录里,"《南宗定是非论》一卷,河南府独孤师(沛)撰"已著录在圆行录(839)里,"曹溪山第六祖慧能大师说《见性顿教直了成佛决定无疑法宝记檀经》一卷,门人法海集"也已著录在圆仁的第三录(847)里了。

圆珍(入唐在853—858)的五录里也有:《曹溪山六祖能大师坛经》一卷,《能大师金刚般若经诀》一卷,《南宗荷泽禅师问答杂征》一卷,荷泽和尚《禅要》一卷。

永超在宽治八年编《东域传灯目录》,还记有《南阳和上问答杂征义》一卷,《六祖坛经》二卷(惠昕的二卷本)。

我请先生切实批评我这一篇读书随笔。

但我要问一个重要问题:"最澄请来的《曹溪大师别传》是至今保存的。圆行、圆仁、圆珍三位请来的神会《南宗定是非论》,能大师《檀经》,神会《问答杂征义》,神会的《禅要》,全都散失了吗?是不是还可以在日本的古大寺里发现这些在唐末被请到日本的禅宗史料呢?"

先生和日本的佛教史家能不能回答我这个问题呢?你们能再"大索"一次吗?

我已完全恢复健康了。敬祝先生平安!

胡适　敬上

1959 年 5 月 29 日夜

前寄抽印本六册,想已收到了。

赵元任先生想已见了。吉川幸次郎先生乞代问好。

之二

入矢先生:

昨夜,我写了一封信,提出一个问题,表示一个希望,希望贵国的佛教史家能在日本各大寺的经藏里"大索"一番。倘能寻出晚唐时期请来日本的《六祖坛经》,神会《南宗定是非论》,神会《问答杂征义》(语录),神会《禅要》诸写本,可以同敦煌出土的《坛经》《南宗定是非论》《问答杂征义》《顿悟无生般若颂》各种写本相比勘，这岂不是世间第一大快事！

我在三十三年前（1926）就作一大胆的假设，所谓"禅宗"或"南宗"的真史料，如神会的文件等，——只有两个大宝藏或者还保存了一些原料：一个是日本，一个是敦煌。

当时我在日本《续藏经》里已仔细检查过，但除了宗密之外，没有关于神会的重要原料。所以我决心到伦敦、巴黎去寻访神会，我在法国巴黎 Bibliothéque Nationale（国立图书馆）的第二天，就发见了一卷神会。

此次我因先生的提示，细检最澄、圆行、圆仁、圆珍诸大师的请来目录，始知神会的几部大著作（包括《坛经》）都早已在 9 世纪时传到日本了。所以我可以说，我在三十三年前假设两大宝藏——日本与敦煌——里可以寻得神会和尚的原料，这个假设的两个部分现在都证实了。

《曹溪大师别传》早已出来了。《宝林传》在日本原有传本，题作《灵澈》，——但近年只出现了一卷（第六卷）。所以，我现在还没有完全放弃晚唐请来日本的神会各件可以重见天日的梦想。我希望贵国的学人不要叫我完全失望。

我那篇读书笔记，是出医院的第三天写的，近来太忙，没有修改的机会，就照原稿抄了寄给先生了。其中有一些议论（假设）是贵国的佛教史家不大赞同的。例如我曾说所谓《永嘉大师玄觉证道歌》原来与玄觉无关。日本入唐诸大师请去的还只称真觉的《佛性歌》，或称"曹溪大师证道歌，真觉述"。我曾指出玄觉不是慧能的弟子。宇井伯寿先生在《禅宗史研究》（第二）曾为此事对我大加批评（页 275—281）。所以，我请先生不要太注意我读《大正藏》的入唐求法诸大师的目录时的随笔记出的一些小意思。我要先生注意我郑重提出的那个重要问题。

我在三十年前,本允诺高濑先生把《神会遗集》赶写了送给他收入《大正藏》。但他并没有收此集,可能是因为时限已过了。

但我至今还感觉日本的佛教史家,尤其是禅宗史家,未免太守旧,他们(如铃木大拙,如宇井伯寿)至今不肯承认神会的重要,至今不能了解"所谓南宗"完全是神会一个人单刀匹马打出来的。

我细读晚唐入唐的日本诸大师将来的目录,更觉得神会的历史重要性。试看此诸录中,除了神会的诸原件(包括《坛经》)之外,几乎没有别一位禅学大师的文件!(《南阳忠和尚言教》与《百丈山和尚要诀》皆见于圆珍录,是两个重要的例外。)这不是值得注意的一件史实吗?

试看神会的文件,北至五台山、敦煌、北庭,南至温州、永嘉,都有传本,并且传本很多,并且在9世纪都将来日本了,并且都是不信仰"南宗"禅学的日本大师请来的。这不是值得我们在今日深思细考的历史事实吗?

三十年前,高濑先生等都不重视我要访寻的神会,所以"大索"在当时是不可能的。自从神会"复活"以来,神会日出不穷,我与先生都寻出了许多敦煌本子了。今日是从日本各大寺里"大索"神会的时期了罢。

我的读书笔记里,曾指出白居易的《传法堂碑》的唐拓本(?)或写本,曾由圆珍带到日本。此碑已毁,我与我的友人单不广曾用各种本子的《白氏文集》细校此碑,终不能完全是正此碑的文字。倘此碑的唐拓本能在日本出现,则道一(马祖)一系的思想可以得一个最正确的记录了。这又是我的一个梦想了。

附上"深沙神"笔记一条,乞指正。

敬祝

健康

胡适　敬上

1959.5.30

之三

入矢先生:

今天收到先生 11 月 11 日的长信,又收到次日的短信,十分感谢。

那个"大索"的大问题,已蒙先生"常常挂在心头",又"把这事告诉了几位志同道合的朋友,请他们帮助",又蒙中国佛教史专家塚本善隆和福井康顺两位博士从旁教导,时出主意,——这都够使我十分高兴了。

我也想到,唐时到日本的资料的储藏中心必是在奈良、京都一带。我也知道,这一带的古寺的经藏是不公开的。正因为这些古寺的经藏是不公开的,我深信一千多年前入唐求法的几位大师请来的许多中国佛教史料很可能还保存在贵国,很可能将来出现的史料还超过我们现在的梦想! 千万请诸公□□

现在谈一个小问题。

王龙溪引大慧语,见于《大慧语录》卷二十六《答富枢密书》。可参考同书卷二十一"示吕机宜"。后一件中说:

□□只就这里看个话头:僧问赵州:狗子还有佛性也无? 州云"无"。看时不用博量,不用注解,……不用堕在空寂处,不用将心等悟,不向宗师说起领略,不用掉在无事甲里。

……此处作"不用掉在无事甲里"与《答富枢密书》的"不得扬在无事甲里"是同一个意思。这里"无事甲"只是无用的盔甲。甲是甲胄的甲。似甚明白?"无事甲"似是当时的一句俗语,故宗杲屡次用他。上举二例之外,还可举二例:

答吕舍人(卷二十八,页931)

"干屎橛"如何觉得? 没巴鼻,无滋味,肚里闷时,便是好底消息也。第一不得向举起处承当,又不得扬在无事甲里。……

答张舍人状元(卷三十,页941)

……正当恁么时,但只以所疑底话头提撕。……只管提撕举觉……又不得将心等悟,……又不得坐在无事甲里,又不得向击石火、闪电光处会。

综上所述,可知"无事甲"的"甲"字与我们讨论的"家"字无关。(当时可能有一种俗语,骂人如龟鳖那样把头缩在甲壳里,一切不管,故有"无事甲"之名词。)

至于"慧家体""定家用""光家体""灯家用",以及《华严五教章》的"法界家实德","法性家实德",此六例的"家"字,我至今还觉得都可用"的"字代替，都可以看作"的"字最早出现的形式。此说似较先生的说法为更简易罢？请先生再斟酌斟酌。

先生提到明末的文人有推重神会和尚者，我想请先生看看钱牧斋《杜诗笺》卷十五《秋日夔府咏怀……一百韵》中：

> 身许双峰寺，门求七祖禅。

两句的长笺。牧斋读书多，故他曾读宗密的记录，指出"贞元十二年楷定禅门宗旨，敕立荷泽为七祖"的记载，又引刘禹锡《送宗密上人归草堂》诗云："自从七祖传心印，不要三乘入便门。"他在此条笺注里，依据《宋高僧传》的《慧能传》及王维《能大师碑》等，明定神会，直入东都，面抗北祖，致普寂之门盈而复虚的大功。他也承认《宋僧传》说的"会自叙六祖宗脉，房琯作《六叶图序》"，他说："而后震旦六祖之传始定。"这是他在三百年前的结论，竟和我在三百年后依据宗密及敦煌出土的新材料所得的结果差不多完全相同！钱氏说：

> 公（杜甫）与右丞（王维）房相（房琯）皆归心于曹溪，不许北宗门人跻秀而挑能者也。故其诗曰，"身许双峰寺，门求七祖禅"。

故他此条笺注很大胆地指出"七祖"是荷泽神会，而不是如李华诸人所说的普寂。

这一条长笺是牧斋最得意的一条，故他作朱长孺《杜诗辑注》序，即举"天西采玉"及"七祖禅"两条为注杜诗最难之例。他自作《草堂诗笺》序，又举此二例（皆见《有学集》卷十五）。

牧斋的见解远非袁宗道弟兄所能及,但后来注杜诗的人,如仇兆鳌,完全不能懂"七祖禅"的"钱笺"的创见了。

"钱笺"于"双峰寺"一句下,曾引《宝林传》一条,此条应是《宝林传》第十卷中的文字,可见牧斋尚及见《宝林传》十卷(祖庭事苑卷一,曹溪注:《宝林传》,唐仪凤中居人曹叔良施地六祖大师居之,地有双峰大溪,因曹侯之姓曰曹溪,天下参祖道者,枝分派别,皆其流裔)全本。金藏刻《宝林传》时,已缺卷二及卷十。绛云一火之后,我们只能盼望先生们努力"大索"一千多年前"请来"贵国的几部《宝林传》十卷全本的成功了。

匆匆敬问

起居

胡适　敬上
1959.11.15 夜半

义理难者便不是。(《朱子语类》八,15)

道理有面前底道理,平易自在说出来底,便好。说(得)出来崎岖的,便不好。(《语类》九,10)

写朱晦翁语两条,寄赠

入矢义高先生

胡适

我所以不赞成先生的"家"字说,只是因为尊说有是"说出来崎岖",不如"的"字说较为"平易",较为自然。

1959.11.16 上午

之四

入矢先生：

几个月没有得着先生的信了，我盼望先生一切平安健好。

三月中，我因小病，在医院小住十多日，现已完全能工作了。

在入医院之前，我校写了伦敦的 S.6551，写作《神会和尚语录的第三个敦煌写本：南阳和尚问答杂征义，刘澄集》，我在引言里，特别向先生致谢意，并引了先生去年 4 月 8 日的来信的一段，及我答先生的 4 月 22 日信的一段。

此文后幅我附录了《荷泽和尚五更转》的各种敦煌本子，共有九本（北京、伦敦、巴黎三处）。其中最有趣的是先生去年 5 月 6 日信里指出的 S.6103，原题《荷泽和尚五更转》的，我把 S.2679 与 S.6103 拼合照相，断定这两纸是同一个人写的一纸，笔迹完全相同，内容正相衔接。于是我们不但确定了《南宗定邪正五更转》是神会作的，并且确定了《荷泽和尚五更转》原来是两首。

今寄上照片一张，乞留作纪念。请先生看看 S.6103 与 S.2679 的笔迹相同到什么程度！（看 1 行"涅槃"与 23 行"涅槃"。看 1 行"一更初"与 14 行"一更初"。2 行与 15 行的"空虚"。3 行与 16 行的"二更催"。1 行、14 行、15 行的"真如"，8 行与 21 行的"四更阑"。……）

这篇文字已交与《史语所集刊》31 本发表，将来定寄抽印本乞正。（印成约在明年了。）

大谷大学的朋友们去年为铃木大拙先生九十岁大寿征文，今年我写了一文，题为《呼吁系统地调查多年散失在日本的唐代早期禅宗资料》，即是我在今年 1 月 15（日）夜信上向先生说的意思，——促进"大索"的意思。

此文有一点关于《宝林传》，我想贵友柳田先生也许感觉兴趣。我指出赵城本《宝林传》八卷第41品有房琯撰的《三祖璨大师碑文》，文中有云：

……自迦叶至大师，西国有七，中土三矣。至今号大师为三祖焉。

又铭辞有云：

……迦叶至我兮，圣者十人。
貌殊心一兮，相续一心。

这几句话都可以证明此碑文是真的，确是神会请房琯作的。因为此碑文与铭文都根据神会最早提出的"西国以菩提达摩为第八代"的法统说。此说久已经过修改，久已被"西天二十八祖"的说法取而代之了，直到我的《神会和尚遗集》及《新校定的神会遗著两种》出世，人们才知道神会最早主张的"西国八代"说，有两个敦煌文件为证（巴黎的 P.3485 及 P.2045）。《宝林传》里的法统说已完全是"二十八代"说；故第41品的题目是"第三祖僧璨大师"章，却归示化品第四十一。《宝林传》的编造者完全不懂得房琯碑文里的法统是神会最早捏造的"西国以菩提达摩为第八代"的法统！故我们可以推知此碑文确是房琯受神会之请而作的，决非《宝林传》的编造者所能伪作。

此碑及铭皆可作神会的"西国八代"说的旁证，甚可宝贵。此意请转告柳田先生,又可以助证"大索"之真不可缓了。

我的英文原稿,如先生要看看,当打一抄本寄上。原文已寄大谷大学的山口益先生了。

前承先生允为代觅《续藏经》一部,并承托朋友打听,承托京都的汇文堂书店主人帮忙,我十分感谢。但不知现时已有好消息否?上次我在1月15(日)夜信上说:《续藏经》我愿意出日金50万圆左右的价钱。如汇文堂能寻得此书,我愿意出日金60万圆。此事千万请先生促成。我7月初又须出国一次,故甚盼先生能给我一个回信。

我住在台北郊外的南港,故甚盼望有一部《续藏经》在身边。书价稍高亦可勉力,要在得此书也。

匆匆敬祝

起居百福

胡适　敬上
1960.4.17

之五

入矢先生:

谢谢先生4月26日的信,谢谢先生赠我的照片。

《续藏经》事,蒙先生留意,我特别感谢。

我为大谷大学写的英文论稿,正在复制几份副本,日内即可寄二份请教。

肯尼迪教授也是我的朋友,见面时请先生致意问好,问他何时来台北。

柳田先生的文字尚未寄来,我也很想拜读。至于"西国二十八祖"传说的演变,我曾发表过文章——如《神会传》的第三章之类,——大概我的看法是,"神会的西国八代说是造作最早的法统伪史"。"二十四代说,二十五代说,二十八代说,二十九代说,以至五十一代说,都是根据于同一错误:即是误认达摩多罗与菩提达摩为同一个人。"二十八代说的师子比丘以下各代有两种大不同的名单,忽滑谷快天早已指出了。我从前颇疑《景德传灯录》的二十八祖是契嵩追改的。但近年我细读《宝林传》,我才相信《传灯录》的二十八祖说完全是《宝林传》《圣胄集》等等伪书里早已形成,早已决定的了。

所以,我很想看看贵友柳田先生对于这个问题如何看法。

(以上是5月初写的。信没有写完,我的右手中指伤了筋,十多天不能写字,所以搁下了。乞恕。但在此时期,英文拙稿已有抄本了,今寄上一份,乞指正。胡适5月26日。)

先生说了,断定《荷泽和尚五更转》是神会作的,此事还待"仔细地斟酌"。先生又说,"我不知神会时代的歌曲是否已发达到这样复杂的'定格联章'形式。"

先生怀疑之点,我从前也曾怀疑过。我在1925年写《词的起源》,曾有结论,大致说:

长短句的词调起于中唐。……

白居易作《忆江南》的长短句,刘禹锡依此曲拍,作《春去也》词,题云:"和乐天春词,依忆江南曲拍为句",这是填词的先例。(参见胡适的《词选》附录的《词的起源》;此文又见于《胡适文存》第三集，上海版及台北版。）

我现在完全承认敦煌出来的《荷泽和尚五更转》两首是神会作的，我的理由有这些：

（1）我在《史语所集刊》29本，页836—839，已指出，此中第二首的思想内容与《南阳和上坛语》的思想是"互助发明"的。我举了两例：一是第二更的"处山谷，住禅林，入空定，便凝心。一坐还同八万劫，只为担麻不重金。"此可以同《坛语》"须陀洹在定八万劫，……住在定中劫数满足，……发菩提心，同今日知识发菩提心不别"（《集刊》29，830）言语相比较：这是神会反对坐禅的革命思想。二例是第四更的"法身体性不劳看。看则住心便作意，作意还同妄相团"，试比勘《坛语》"以不见性，故言深远；若了见性，即无深远。"（《集刊》29，832），可知这也是神会的一个特殊见解。（担麻不重金的故事见《长阿含经》卷七《弊宿经》）故我从思想内容上承认第二首五更转是神会作的。

（2）第一首《五更转》（S.6103、S.2679）的思想也很像神会的见解，例如第一更的"莫作意。……何劳端坐作功夫？"又如第三更的"莫作意，勿凝心"。

（3）敦煌的S.6103、S.2679原题《荷泽和尚五更转》，这已是很（够）重要的证据了。更可注意的是先生的"其泽"字与"和"字之间，用朱笔旁写着"寺"字，可"五更"两字之右旁，朱笔写着"神会"两字，可算作一证。（先生原信）先生试依朱笔添注的状态，重写此标题，就成了这个样子：

"荷泽寺　　神会和尚五更转"

"寺"字与"神会"二字同是朱笔，所以须隔得如此之远者，只是"抬头"表示尊敬之意。如P.9045《坛语》的原题是这样的：

"南阳和上顿教解脱禅门真了性坛语"

这都是"抬头"表示敬意。这种"抬头"示敬的写法，其底本大概写在本人生存的时期，至少我们可以说其底本大概写在本人还在被人崇敬的时期。所以 S.6103 的墨笔标题最足以证明这两首《五更转》是神会的作品，似无可疑。

以上说明，敦煌出来的证件使我们不能不承认那位死在宝应元年(762)，年九十三岁的神会确曾做了两首《五更转》，每首五章，总共十章，曲拍完全相同。这就是说，盛唐时期已有依现成的曲拍"填词"的事实了。

神会最活动的时期是开元、天宝时代(713—755)，故我们可以说，开元、天宝时代确然已有依现成的曲拍作曲的风气了。

所以，我的新结论是：

现在我们看敦煌出来的各种佛曲，特别看那流传最广的神会和尚的《五更转》，我们不但可以相信开元、天宝时代已有依照当时最流行的曲拍作佛曲的风气，我们并且可以相信那样填词作曲的风气可能比开元天宝还更早，可能是人们歌唱的普通作风，并不限于教坊的乐工，也不限于歌妓舞女，也不限于佛教的和尚、尼姑。凡是好听的曲子，凡是许多人爱听爱唱的调子，总有人依照那曲调编造新曲，那就是"填词"了。

我在此文里，也提到各种敦煌本《五更调》或《五更转》，如：

(1) 五更调艳曲 P.2647(刘复《缀琐》二七)

(2) 维摩五更转 S.2454

(3)《无相五更调》P.6077

(4)《太子五更转》P.2483(刘复三六)

(5)《叹五更》(罗振玉《零拾》五)

我也提到了许国霖抄的《五更调》(周字七十)与刘复抄的《南宗赞》(P.2763),与伦敦的(S.5527)。这一首《五更调》,我也参校写定了。此曲题作"南宗赞",但思想不近于神会,例如第一更有"行住坐卧常作意"即与神会的"无念""莫作意"相反。我暂定此首是"后来的和尚套神会的《南宗定邪正五更转》做的佛曲"。

至于这些佛曲,我的结论是:

我们看了敦煌出来的许多佛曲,我们不能不承认这些宣传佛教的曲子实在没有文学技术,也没有高明的思想内容,所以他们都没有文学的价值。他们的宣传作用似乎是音乐的成分比文学的成分占得多,他们全靠那些人人能唱的曲调来引动许多男女听众。文字的不通,内容的浅薄,都是不重要的。……

从盛唐以下,尽管有一些和尚用最流行的民歌曲调来制作佛曲,但因为那些作宗教宣传的佛曲实在没有文学价值——正如那许多歌妓唱的歌曲,虽然"音律不差",而"下语用字,全不可读"(此用沈义父《乐府指迷》的话),也没有文学价值——所以"词的时代"不能起于盛唐,只能起于白居易、刘禹锡之后,必须到了温庭筠、韦庄、李后主的时期,方才有文学的词,方才有词的文学。

以上几点,都只是摘抄近作的一篇文字,就是先生去年的两封信引起来的一篇文字。此文出版尚在数月之后,故摘抄一部分,说明我所以承认那两首《五更转》是神会作的,又附带说明我因此须修正我在三十多年前发表的"词的起源"说。

简单说来,我们必须承认敦煌出来的证件是第一手的史料,我们必须用这种证件来试验我们提出的文学史上的某种假设。"神会时代的歌曲是否已发达到这样复杂的'定格联章'形式?"只是中国文学史的一个问题,我在三十多年前提出"长短句的词起于中唐"的答案只是一个假设。现在我们既已搜集了这许多敦煌出来的第一手史料,既已发见了其中的两件是有作者的主名,而作者的生卒年代是大致可信的——那么,我岂可不接受这种第一手史料来修改我三十多年前的一个假设吗?

我们应该承认"五更调""十二时"一类的俗曲都必定是"定格联章"的形式。《五更》须有五联章,《十二时》须有十二联章,都是题材规定了形式。这种"定格联章",实在是幼稚的,原始的,并非进步的。敦煌出来的佛曲之中,有许多"五更""十二时"曲子,都是这一类原始的"定格联章",因为不得不具十二时,或不得不具五更,故往往有极劣的凑调句子或凑韵句子。

故尊函提出的问题本身即有小错误。问题并不是神会时代的歌曲是否已发达到这样复杂的"定格联章"的《五更转》形式?真的问题似是:神会时代的歌曲分明还在那很幼稚的、很笨重极滞的"定格联章"的五更转形态,唐人的歌曲何时才从这种"定格联章"的幼稚形态发达到《云谣集》、《杂曲子》那样自由的歌唱?

先生试想,问题是不是应该这样问?

寄上英文拙稿一份;其中如有错误,千万请先生指正,并请告知大谷大学改正。

如果先生有关于《续藏经》的消息,请早日告我。我大概七月初要出国一行。

先生的《太公家教》校释与 Demievillm 先生的《太公家教》译本,都是我很想见的。

将来巴黎的伯希和敦煌写本若能像伦敦的斯坦因藏一样可以全部制成缩微胶片出来,岂非大快事!

此信太长了,千万请恕罪!

敬祝

起居万福!

右手还不太方便,故写字多潦草,乞恕。

胡适　敬上

1960.5.26 夜半

（原载《胡适手稿》第八集,下册,选编时参考了《禅学指归》《胡适说禅》。）

胡适论禅史

白居易时代的禅宗世系

《白氏长庆集》卷二十四有《传法堂碑》,也是9世纪的一种禅宗史料。

传法堂碑(校改本)

王城离域有佛寺,号兴善。寺之坎地,有僧舍名传法堂。先是大彻禅师宴居于是寺,说法于是堂,因名焉。有问师之名迹,曰,号惟宽,姓祝氏,衢州西安人,祖曰安,父曰皎。生十三岁出家,二十四具戒,僧腊三十九,报年六十三,终兴善寺,葬灞陵西原,诏谥曰大彻禅师元和正直之塔云。有问师之传授,曰释迦如来欲涅槃时,以正法密印付摩诃迦叶,传至马鸣;又十二叶,传圣师子比丘;及二十四叶,传至佛驮先那;先那传圆觉达摩,达摩传大弘可,可传镜智璨,璨传大医信,信传大满忍,忍传大鉴能,是为六祖。能传南岳让,让传洪州道一,一谥曰大寂,寂即师之师。贯而次之,其传授可知矣。有问师之道属,曰,自四祖以降,虽嗣正法,有冢(原作家)嫡而支派者。犹大宗小宗焉。以世族譬之,即师与西堂藏,甘泉贤,勒潭海,百岩晖,俱父事大寂,若兄弟然。章敬澄,若从父兄弟。径山钦若从祖兄弟。鹤林素,华岩寂,若伯叔然。当山忠,东京会,若伯叔祖。嵩山秀,牛头融,若曾伯叔祖。推而序之,其道属可

161

知矣。有问师之化缘。曰,师为童男时,见杀生者,肃然不忍食,退而发出家心。遂求落发于僧昙,受尸罗于僧崇,学毗尼于僧如,证大乘法于天台止观,成最上乘道于大寂遭一。贞元六年(790)始行于闽越间,岁余而回心改服者百数。七年驯猛虎于会稽,作胜家道场。八年(792)与山神受八戒于鄱阳,作回响道场。十三年感非人于少林寺。二十一年(805,即永贞元年)作有为功德于卫国寺。明年(806),施无为功德于天宫寺。元和四年(809)宪宗章武皇帝召见于安国寺。五年(810)问法于麟德殿。其年复灵泉于不空三藏池(也)。十二年(817)二月晦,大说法于是堂,说讫,就化。其化缘云尔。有问师之心要,曰,师行禅演法垂三十年。度白黑众殆百千万亿。应病授药,安可以一说尽其心要乎?然居易为赞善大夫时,常四诣师,四问道。第一问云,既曰禅师,何故说法?师曰:无上菩提者,被于身为律,说于口为法,行于心为禅,应用有三,其实一也。如江湖河汉,在处立名,名虽不一,水性无二。律即是法,法不离禅。云何于中妄起分别?第二问云,既无分别,何以修心?师曰,心本无损伤,云何要修理?无论垢与净,二切勿起念。第三问云,垢即不可念,净无念,可乎?师曰,如人眼睛上,一物不可住。金屑虽珍宝,在眼亦为病。第四问云,无修无念,亦何异于凡夫耶?师曰,凡夫无明,二乘执着。离此二病,是名贞(真)修。贞修者,不得勤,不得忘。勤即近执着,忘即落无明。其心要云尔。师之徒殆千余,达者三十九人。其入室受道者。有义崇,有圆镜,以先师常辱与予言,知予尝醍醐嗅薝卜者有日矣。师既殁后,予出守南宾郡,远托撰述,迫今而成。呜呼,斯文岂直起师教,慰门弟子心哉?抑且

志吾受然灯记,记灵山会于将来世,故其文不避繁。铭曰:

> 佛以一印付迦叶,至师五十有九叶,故名师堂为传法。

此为马祖嫡派造出的传法世系,大可注意。此说与诸家皆不同。篇末铭云:

> 佛以一印付迦叶,至师五十有九叶。

今试倒数上去:

（50）（51）（52）（53）（54）（55）（56）（57）（58）（59）
佛驮先那—达摩— 可 — 璨 — 信 — 忍 — 能 — 让 — 道 —惟宽

这个世系是根据于僧祐《出三藏记》。此书载佛大跋陀罗的宗师相承,自阿难第一到佛大先为第四十九,达摩多罗为第五十。若加上大迦叶为第一,则佛大先为第五十,而达摩为第五十一,与此世系正合。故知其出于此。

又此碑云:

> 释迦如来……以正法密印付摩诃迦叶,传至马鸣;又十二叶,传至师子比丘;及二十四叶,传至佛驮先那;先那传圆觉达摩……

按《出三藏记》的次第,马鸣第九,师子第二十一,其间正是十二叶。惟师子第二十一而佛大先第四十九,其间有二十八代,疑白碑本作二十八叶,讹为二十四叶,此皆可证此派主张的世系是根据

《出三藏记》。

  白碑甚精确,所记惟宽的"心要"四项,正合道一的学说,故此碑不是潦草应酬之作。大概道一一派也加入当日争法统之争而不满意于当日各家捏造的世系,故他们依据《出三藏记》建立这"五十代说"。

  权德舆作《百岩禅师碑》(《唐文粹》六四)说怀晖作有《法眼师资传》一编,"自鸡足山大迦叶而下,至于能秀,论次详矣"。怀晖也是道一的门下,其书今不传了,但我们可以推想他的主张也许是这"五十代说"。

  惟宽死在817年,此说可算是八九世纪之间的一种说法。

十七,三,二十四
(《胡适文存》第三集,卷四)

禅学古史考

印度人是没有历史观念的民族,佛教是一个"无方分(空间)无时分(时间)"的宗教。故佛教的历史在印度就没有可靠的记载。去年(1927)的夏间,我在上海美国学校的中国学暑期讲习会内讲演了四次《中国禅宗小史》。听讲的有两位印度人,他们听我讲"慧能死于西历713年,……道一死于788年,……百丈怀海死于814年,……丹霞天然死于824年,……"觉得十分奇怪。他们后来到我家里闲谈,说起此事,认为中国民族特别富于历史观念的表现。他们说:"怎么连佛教和尚的生死年代都记得这样清楚详细!"

关于禅学在古代的传授,史料很残缺;我们没有法子,只能在中国旧译的禅法书及其序跋里面钩出一点比较可信的材料,使人知道古代佛教徒的传说里的禅法传授史是个什么样子。

古代翻译的禅法诸书,举其重要的,约有下列各种:

(1)《道地经》一卷(缩刷《藏经》暑六)

"天竺须赖拏国三藏僧伽罗刹,汉言众护,造。"后汉安息国三藏安世高(约西历148—170)译。凡七章。

(2)《大安般守意经》一卷(宿五)

安世高译。旧录作一卷。今缩《藏》所收乃是康僧会与陈慧注本,注文与经文混合,故分二卷。

(3)《禅行三十七品经》一卷(宿八)

(4)《禅行法想经》一卷(宿八)

以上均安世高译。安世高还有《大小十二门经》各一卷,也是禅书,今不存。

(5)《小道地经》一卷(暑六)

后汉支曜(约185年)译。

(6)《禅要经》一卷(暑六)

在后汉录,译人不详。

(7)《修行道地经》七卷(暑六)

众护(僧伽罗刹)造,西晋三藏竺法护译。跋作六卷二十七品,今本有七卷三十章,而且只有二十九章。南条文雄说,末三品依《法华经》。大概此三品是后来加入的。序题"《瑜迦遮复弥经》,晋名《修行道地》"。跋言太康五年(284)二月二十三日译成。

(8)《坐禅三昧法门经》二卷(暑六)

僧伽罗刹造。姚秦鸠摩罗什(402—412)译。

(9)《禅法要解经》二卷(暑六)

(10)《思惟略要法》一卷(暑六)

(11)《菩萨诃色欲法》一卷(暑六)

以上都是鸠摩罗什译的。

(12)《禅秘要法经》,三卷(宿五)

鸠摩罗什译。首行有"后秦弘始年……译"字样。

此书乃众家所造。《高僧传》七[①],《僧叡传》云:"《禅法要》三卷,始是鸠摩罗陀所制,末是马鸣所说,中间是外国诸圣共造。"僧祐序文中说得更详细:

---

① 应为卷六,疑误。——编者注

……寻蒙(鸠摩罗什法师)抄撰众家禅要,得此三卷。初四十三偈是鸠摩罗罗陀法师所造。后二十偈是马鸣菩萨所造也。其中五门是婆须密,僧伽罗刹,优婆崛,僧伽斯那,勒比丘(疑是"胁比丘"之误),马鸣,罗陀《禅要》之中抄集之所出也。六觉中偈,是马鸣菩萨修习之以释六觉也。初观淫恚痴相及其三门,皆僧伽罗刹之所撰也。息门六事,诸论师说也。

(序文见僧祐《出三藏记》九)

(13)《修行方便禅经》四卷(即所谓《达摩多罗禅经》)(藏八)

达摩多罗与佛大先造。东晋佛陀跋陀罗在庐山(约 410 年)译,慧远作序。序尾有一行云:"《庾伽遮罗浮迷》,译言修行道地。"

(14)《五门禅经要用法》一卷(暑六)

"佛陀蜜多撰,宋罽宾三藏昙摩蜜多(424—440)译。"

(15)《治禅病秘要法》二卷(宿五)

宋居士沮渠京声译。跋言孝建二年(455)译成。

以上译出的禅法书,是依时代的先后排列的。我们可以作一表如下:

第 2 世纪的晚年

　　安世高译《道地经》《大安般经》等。

第 3 世纪的晚年

　　284 年,竺法护在敦煌译《修行道地经》的全文。

第 5 世纪的初期

　　鸠摩罗什在长安译各种禅经(约在 404 年)。

　　佛驮跋陀罗在庐山译《达摩多罗禅经》(约在 410 年)。

　　昙摩蜜多在建业译《五门禅经》(约在 450 年)。

这表上可以看出印度禅法逐渐输入中国的历史。安世高等译的书，都很简略，不很容易懂得。故《道地经》有道安等的章句，而《安般经》有道安的注及陈慧等的注本。法护译的是僧伽罗刹的全文，但其书远在敦煌，又不久即遭大乱，似乎不很流通。故5世纪初年慧远作《禅经》序云：

> 每慨大教东流，禅数尤寡。三业无统，斯道殆废。顷鸠摩耆婆（即鸠摩罗什，kumarajiva）宣马鸣所述，乃有此业。虽其道未融，盖是为山于一篑。……

故其时僧叡序罗什所出《禅经》云：

> 此士先出《修行》，《大小十二门》，《大小安般》，虽是其事，既不根悉，又无受法。学者之戒，盖阙如也。……

以此推知禅法之推行是5世纪以后的事。5世纪初期，北有罗什，南有慧远，其所出诸书又都是提要钩元的书，故印度的禅法遂稍稍流行于中国。

据近代学者的考证，释迦牟尼大概生于纪元前6世纪（约560年），死于前5世纪（约480年）。故鸠摩罗什时代上距释迦不过八九百年，可算是"去古未远"。这八九百年中的传说之中，含有一些史料，其可信之程度总稍胜于后世的种种传法说。故我们研究印度禅学的传授，应该先研究这些较古的史料。

佛教禅法的来源很古，《奥义书》（Upanishads）中已有禅定之法，其名为"瑜伽"（Yoga）；此种书在佛教产生时已成为很有势力的经典,故佛教不免受他的影响。数论一派(Sankhya,印度六家哲学之一)也注重"瑜伽。"稍后起之瑜伽一派(六家之一),更把禅定作为主要的修行法门,故其学派即称瑜伽。(看忽滑谷快天同书上,66—84页。)

佛教之禅法也名为"瑜伽",习禅者名为"瑜伽遮罗",禅法名为"瑜伽遮罗布迷",即是"瑜伽师地",译言"修行地道"。故法护译的僧伽罗刹的《修行道地经》序题:

《瑜伽遮复弥经》,晋名修行道地。

故庐山译出的《达摩多罗禅经》序末说:

《庾伽遮罗浮迷》,译言修行道地。

僧祐记录此经,也说:

《禅经修行方便》二卷。一名《庾伽遮罗浮迷》,译言《修行道地》。
一名《不净观经》,凡有十七品。

可见僧伽罗刹的书,和达摩多罗与佛大先合作的书,都叫作《瑜伽遮罗布迷》(Yogā chārabhūmi)都可译作《瑜伽师地论》。(《高僧传》二,《佛陀跋陀罗传》,他译有《修行方便论》,本不称"经"也。)

南条文雄的"明藏目录"于《道地经》下注原名为 Mārgabhumi,

又于《修行道地经》下注原名为 karyamārgabhomi，又于《达摩多罗禅经》下注原名为 Dharmatara Dhyana—sutā，这都是出于臆测的，全没有根据。

这个书名关系不小。我们因此可以知道这时期的禅法上承《奥义书》，中间与外学胜论派及瑜伽派相关，下接唯识宗的瑜伽师地。

汉晋时代译的许多禅法书之中，从不提及无著（Asanga）弟兄之名。大概无著弟兄的时代很晚，其年代约在第4或第5世纪。Péri 说他们的年代在280至360年之间，似乎还过早。他们不过是"瑜伽遮罗"的后起之秀。试取无著的《瑜伽师地论》（玄奘译本）与法护、罗什、佛陀跋陀罗诸人译的各种《瑜伽师地论》相比较，便可知道他们的内容大致相同，演变的线索也很明显。不过无著所造更多烦琐的分析，遂成为唯识的烦琐哲学。更进一步，便成了下流的密宗了。

在中国方面，赖有中国古代思想的抵抗力，这种烦琐的分析同中国人的头脑不能相容。中国的文字也不配玩这种分析牛毛的把戏，故5世纪以下的禅学趋势便是越变越简单，直到呵佛骂祖而后止！中间虽有玄奘、窥基的大卖气力，而中国思想终走不上唯识的烦琐哲学上去；虽有不空、金刚智同许多帝后的提倡，而中国居然不曾堕落成为真言宗与喇嘛教的国家。

这两种趋势可以表示如下：

$$\text{古印度的瑜珈}\begin{cases}\text{佛教的禅法}\begin{cases}\text{变烦琐的趋势—唯识—密宗}\\\text{变简易的趋势—中国的禅宗}\end{cases}\\\text{胜论—瑜珈派}\end{cases}$$

这是后话，表过不提。

我们现在要研究古禅学的传授略史。庐山译出的《禅经》有小序云：

> ……佛灭度后，尊者大迦叶，尊者阿难，尊者末田地，尊者舍那婆斯，尊者优婆崛，尊者波须密，尊者僧伽罗刹，尊者达摩多罗，乃至尊者不若密多罗，诸持法者，以此慧灯次第传授。我今如是所闻而说是义。

此是佛大先的口气，故有达摩多罗而无佛大先自己。我们应该先考订佛大先的年代。

佛大先即佛陀斯那（Buddhasena）。《禅要秘密治病经》有后记云：

> 河西王从弟大沮渠、安阳侯，于于阗国瞿摩帝大寺，从天竺比丘大乘沙门佛陀斯那。其人天才特拔，诸国独步；诵半亿偈，兼明禅法；内外综博，无籍不练。故世人咸曰"人中师子"。沮渠亲面禀受，亿诵无滞。以宋孝建二年（455）九月八日，于竹园精舍书出此经，至其月二十五日讫。尼慧濬为檀越。（《出三藏记》九）

据《开元释教录》四：

> 安阳侯沮渠京声，即河西王蒙逊从弟，……少时尝度流沙，到于阗国，于瞿摩帝大寺遇天竺法师佛陀斯那，安阳从之谘问道义。……以茂虔（即牧犍）承和年中译《禅法要解》一部。

《高僧传》二,《昙无识谶传》后附《安阳侯传》,也说他从于阗高昌东归,回到河西,即译出《禅要》。又说:

> 又伪魏吞并西凉,乃南奔于宋。……初出《弥勒》、《观世音》二观经。……后竹园寺慧濬尼复请出《禅经》。安阳既通习积久,临笔无滞,旬有七日,出为五卷。

沮渠王国被灭时在承和七年,当宋元嘉十六年己卯(439)。其译《禅经》,在宋孝建二年(455)。《开元录》记载有误。也许他在河西,曾译初本;后在南方受请,又重译一本,故十七日而译成。沮渠蒙逊开国在401年;《僧传》说安阳侯少时在于阗见着佛大先,大概佛大先当400年时还生存。

此说颇多旁证。《高僧传》三,《智严传》中说:

> 智严……周流西国,进至罽宾,入摩天陀罗精舍,从佛驮先比丘谘受禅法。渐染三年,功逾十载。佛驮先见其禅思有绪,特深器异。

智严与佛陀跋陀罗同回中国,《僧传》二说:

> 佛驮跋陀……少受业于大禅师佛大先。先时亦在罽宾,乃谓智严曰:"可以振维僧徒,宣授禅法者,佛驮跋陀其人也。"

他们到长安时,鸠摩罗什已在长安,当5世纪的初年。这都可证佛大先当400年时还生存。他的及门弟子到中国的有三人：

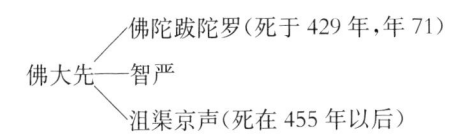

佛大先—— ╱佛陀跋陀罗（死于429年，年71）
　　　　　 —智严
　　　　　 ╲沮渠京声（死在455年以后）

其次，我们要考订佛大先以上的几个人的年代。慧观序《修行地不净观经》云：

> 此一部典名为《具足清净法场》。传此法至于罽宾，转至富若蜜罗，亦尽诸漏，具足六通。后至弟子富若罗，亦得应真。此二人于罽宾中为第一教首。
>
> 富若蜜罗去世已来五十余年，弟子去世二十余年。昙摩多罗菩萨与佛陀斯那俱共谘得高胜，宣行法本。佛陀斯那化行罽宾，为第三教首。有于彼来者亲从其受法教诲，见其涅槃时遗教言："我所化人众数甚多，入道之徒具有七百。"富若罗所训为教师者十五六人，如今于西域中炽盛教化，受学者众。
>
> 昙摩罗（依上文当作昙摩多罗）从天竺来，以是法要传与婆陀罗，婆陀罗与佛陀斯那。佛陀斯那愍此旃丹（震旦）无真习可师，故传此法本流至东州。……（《出三藏记》九）

慧观是鸠摩罗什的弟子，又与佛陀跋陀罗同在建业道场寺，死于宋元嘉中。他的史事知识大概是从这两个大师得来的，故有可信的价值。他说的罽宾一派的世系都是几十年间的事，故更可信。罽宾的三世教首是：

富若蜜罗—富若罗—佛大先（佛陀斯那）

又有从天竺来的一支：

昙摩多罗（即达摩多罗）—婆陀罗—佛大先

考僧祐《出三藏记集》十二有萨婆多部的世系表两种。一种是僧祐所辑，一种是"长安齐公寺萨婆多部佛大跋陀罗师宗相承"世系，其中有可与慧观所记相印证的，今列表如下：

萨婆多部记

（1）僧祐所记

（49）弗若蜜多罗汉（衍汉字）

（50）婆罗多罗

（51）不若多罗

（52）佛驮先

（53）达摩多罗菩萨

（2）齐公寺本

（无）

（48）婆罗多罗

（44）不若多罗

（49）佛大先

（50）昙摩多罗

慧观所记

富若蜜罗

婆陀罗

富若罗

佛陀斯那

昙摩多罗

慧观又说：

> 富若蜜罗去世已来五十余年，弟子（富若罗）去世二十余年。

可惜慧观所序的《修行地不净观经》，今不传了，各种经录皆不载此经的传译年代。此经与庐山所译的《达摩多罗禅经》必是同一本子。僧祐虽载其序，而不记录此经，我们竟不知此书有第二译本。故我疑心此序即是他来南方后为庐山《禅经》作的。此序之作约在410年之后。他同佛陀跋陀罗都栖止建业的道场寺，跋陀即庐山《禅经》的译主，慧观为作新序，大旨与慧远原序相同，稍补其史实的不足而已。若作序年代在410—420年之间，则我们可以推定

> 富若蜜多罗（庐山《禅经序》的不若蜜多罗）死于365年左右。
> 富若罗（不若多罗）死于395年左右。

更合罽宾与天竺两支的禅师为下表：

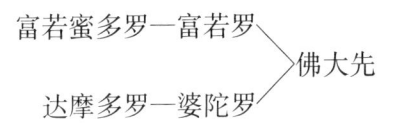

```
富若蜜多罗—富若罗 ╲
                   ╲ 佛大先
达摩多罗—婆陀罗   ╱
```

可知达摩多罗与婆陀罗都是4世纪中叶至下半的人。焦镜法师作《后出杂阿毗昙心序》（《出三藏记》十）说达摩多罗生在"晋中兴之世"，这可证他是4世纪的人。（后秦弘始年中，有罽宾律师弗若多

罗到长安，与罗什共译《十诵律》，未完而死。此人似另是一人，不是富若罗？）

慧远序中说达摩多罗与佛大先两人禅法的不同，很可注意。他说：

> 达摩多罗与佛大先，其人西域之俊，禅训之宗，……弘教不同，故有详略之异。达摩多罗阖众篇于同道，开一色为恒沙；其为观也，明起不以生，灭不以尽；虽往复无际，而未始出于如；故曰："色不离如，如不离色；色则是如，如则是色。"佛大先以为澄源引流固宜有渐；是以始自二道，开甘露门；释四义以反迷，启归途以领会；分别阴界，导以正观；然后令原始反终，妙寻其极。……

这里面便有了顿渐二门之别。达摩多罗之说近于般若宗的中观（Mādhyamaka）；他是从印度来的，故颇有大乘意味。佛大先似乎受罽宾的萨婆多部（Sarvāstivādin）的影响最深，故谨守小乘禅的渐修法门。序中所谓"二道"，即方便道与胜道；"四义"即(1)退，(2)住，(3)升进，(4)决定。用此标准来看庐山的《禅经》，我们只见佛大先的"二道""四义"笼罩一切，其中似很少达摩多罗的成分。此书后来被称为《达摩多罗摩经》，真是冤枉了达摩多罗！

以上的考证，只到第4世纪为止。4世纪以上，我们就在迷雾里了。从不若蜜多罗和达摩多罗，一跳就到僧伽罗刹。《出三藏记》十引失名作者的《僧伽罗刹经》序云：

> 僧伽罗刹者，须赖国人也，佛去世后七百年生此国；出家

学道,游教诸邦;至犍陀,越土甄陀,罽宾王师焉。高明绝世,多所述作。此土《修行经》、《大道地经》,其所集也。又著此经。……

此序作于苻秦建元二十年(384),元明《藏本》皆说是道安作的。其时道安未死,序中所说史实当有所本。佛去世在前5世纪之初,则僧伽罗刹是纪元后第2世纪至3世纪的人。但罗刹的《道地经》,在2世纪下半,已由安世高摘要译出,故罗刹的年代至晚当在第2世纪的前半,或至2世纪中叶尚生存,而其书已到中国;正如后来佛大先尚生存,其书也已到中国了。

旧来传说往往把释迦的年代提早二三百年。故凡用"佛灭度后若干年"计算的年代,都只是存一个大概而已,都不能作为正确的计算。

僧祐记萨婆多部的师资,罗刹在第二十九。他又引齐公寺的本子,罗刹(众护)在第二十六。僧伽罗刹行化于罽宾即kashmir,亦译罽贰,在当时为萨婆多部的中心。大概僧伽罗刹是"有部"的大师。

僧伽罗刹虽在"有部",却是一个折衷派的学者。他的《僧伽罗刹集经》便是采集各家造成的。他的《修行道地经》也是采集各家的书造成的。《高僧传》一,《安世高传》说:

初外国三藏众护,撰述经要为二十七章。高乃剖析护所集七章,译为……《道地经》。

《修行道地经序》云:

众护"总众经之大较,建易进入径路。"

《修行道地经》第二品有偈云:

从若干经采明要,立不老死甘露言。

我们在上文说过,"瑜伽遮罗"(禅法)本是印度各宗派所同有,本不是佛教所独创。佛教各宗派之中,也各有他们的"修行道地"。僧伽罗刹采取各经的《禅法要义》,编为二十七章,其书明显扼要,故成为禅学的名著,不但风行西域,且能风行中国。

不但罗刹的《道地经》采集各家的,庐山所出的《禅经》也就是几家合成的。鸠摩罗什在关中译的《禅经》也是采集诸家合成一书的。僧叡序罗什所译《禅经》云:

……寻蒙抄撰众家禅要,得此三卷。初四十三偈是鸠摩罗陀法师所造;后二十偈是马鸣菩萨之所造也。其中五门是婆须蜜、僧伽罗刹、优婆崛、僧伽斯那、勒(胁)比丘、马鸣、罗陀《禅要》之中抄集之所出也。六觉中偈,是马鸣菩萨修习之以释六觉也。初观淫恚痴相及其三门,皆僧伽罗刹之所撰也。息门六事,诸论师说也。菩萨习禅法中,后更依《持世经》,益《十二因缘》一卷。《要解》一卷,别时撰出。……(《出三藏记》九)

罗什采自罗刹最多,而罗刹本书自说"从若干经采明要"。这可见这些书的折衷性质了。

僧叡所记的《禅法》作者，与庐山《禅经》序首所记稍有不同。同者三人：

  僧波崛　婆须密　僧伽罗刹

庐山《禅经》所无者四人：

  鸠摩罗陀　马鸣　僧伽斯那　胁比丘

《庐山经》序又有最早的三人：

  大迦叶　阿难　末田地

除了僧伽斯那无可考外，其余九人都见于《付法藏因缘传》及僧祐所记两种萨婆多部世系之中，列表如下：

（1）僧祐记萨婆多部

  大迦叶第一

  阿难第二

  末田地第三

  优波崛第五

  婆须密第八

  胁长老第十

  马鸣第十一

  鸠摩罗驮第十二

  僧伽罗刹第廿九

（2）齐公寺本萨婆多部

  阿难第一

  末田地第二

  优婆崛第四

  婆须密第六

勒（胁）比丘第八
马鸣第九
鸠摩罗大第廿五
众护第廿六

(3) 付法藏传
大迦叶(1)
阿难(2)
末田地(旁出)
优婆曲多(4)
（无）
胁比丘(9)
马鸣(11)
鸠摩罗陀(13)
（无）

大迦叶本是外道，后归佛教。阿难是佛的忠实信徒。据《阿育王传》四，末田地是阿难弟子，后来在罽宾传教。这几个人大概多是前5世纪上半的人。

优婆崛是佛去世百年后的人，其年代当纪元前4世纪。《阿育王传》说他与阿育王同时。阿育王的年代，经近世学者考订，他即位约当纪元前273年，死时约当前232年。优婆崛似乎在他之前。

慧远序《禅经》云：

……如来泥洹未久，阿难传其共行弟子末田地，末田地传舍那婆斯。此三应真咸乘至愿，冥契于昔。……其后有优婆崛弱而超悟，智绝世表，才高应寡，触理从简。八万法藏，所存惟要，五部之分始自于此。……自兹已来，感于事变，怀其旧典者，五部之学并有其人，咸健大法将颓，理深其慨，遂各述赞《禅经》，以隆盛业。……

慧观序中与此略同，也说五部之分起于优婆崛。僧祐记萨婆多部《十诵律》六十一卷的缘起云：

……昔大迦叶具持法藏，次传阿难，至于第五师优婆崛，本有八十诵。优婆崛以后世钝根不能具受故，删为十诵。……自兹以下，师资相传五十余人。……（《出三藏记》三）

五部即

(1) 萨婆多部(Sarvātivāda)，律为《十诵律》。
(2) 昙无德部(Dharrmagupta)，律名《四分律》。
(3) 弥沙塞部(Mahisāsaka)，律名《五分律》。
(4) 迦叶毗部(kāsyapiya)，律与《五分律》同。
(5) 婆粗富罗部(Vatsiputriya)，即犊子部，其律即《摩诃僧祇律》。

优婆崛虽是《十诵律》的创始人，他又是一个大禅师。诸书说他"坐禅第一"；又记他感化淫女婆须达，用的理论即是后世所谓"不净观"。《付法藏传》三记他少时，商那和修教他"系念"之法，

若起恶心，当下黑石，设生善念，下白石子。……渐渐修习，白黑正等。至满七日，心转纯净，黑石都尽，惟有白者。

这也是禅法的方便法门。

婆须蜜,亦作筏苏蜜咀罗(Vasumitra),译言世友,或作天友。据《俱舍光论》,他是佛死后300年时人,著有《众事分阿毗昙》。又《异部宗轮论》的作者也名世友,《宗轮论述记》称他是佛灭度后400许年时人,大概另是一人。《出三藏记集》十收有《婆须蜜集序》,却说婆须蜜是佛的及门弟子,佛死后他教化周妒国,槃奈国。此说似不可信。婆须蜜是很通行的印度名字,而萨婆部大师世友大概是纪元前二三世纪的人。

胁比丘,梵言波奢(Parsva);他晚年出家,刻意苦修,胁不至席,故有此名。

据鸠摩罗什译出的《马鸣菩萨传》(《藏》九),胁比丘是马鸣之师;僧祐所记萨婆多部两种传授表,也都说马鸣直承胁比丘。《付法藏传》则说胁比丘传富那奢,富那奢传马鸣。

马鸣是佛灭度后500年时人,当西历第1世纪。他先是外道沙门,后归佛教。他有文学天才,为大乘佛教的大诗人。

鸠摩罗陀,亦作鸠摩罗逻多,译言童首,亦言童受。僧叡序《成实论》云:

> 《成实论》者,佛灭度后八百九十年,罽宾小乘学者之匠鸠摩罗陀上足弟子诃梨跋摩之所造也。

玄畅作《诃梨跋摩传》(《出三藏记》十一),说与此同。诃梨跋摩既是佛死后890年时人,则罗陀是4世纪人,或生于3世纪,而死于4世纪。

我们现在可以把古代传说里的禅学传授者,列为一个总表如下：

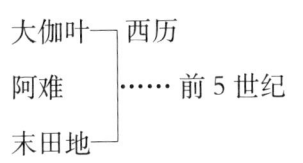

```
        大伽叶 ┐  西历
        阿难  ├─ …… 前5世纪
        末田地 ┘
```

优婆崛……前4世纪
婆须蜜……前2、3世纪
胁比丘……纪元前后
马鸣……1世纪
僧伽罗刹……2世纪
鸠摩罗陀……3、4世纪

```
     达摩多罗  富若蜜多罗 ┐
                        ├ …… 4世纪
     婆陀罗    富若罗   ┘
```

```
                    ┌ 佛陀跋罗陀［死于429（年）］
     佛大先……4世纪末尚存│ 智严
                    └ 沮渠京声［死于455（年）以后］
```

十七年七月
（《胡适文存》第三集，卷四）

楞伽宗考

一、引论

在5世纪的晚期,北方有两个印度和尚提倡两种禅学,开辟了两个伟大的宗派。一个是跋陀,又译作佛陀;一个是菩提达摩。佛陀弟子道房传授"止观"禅法给僧稠(480—560),僧稠成为北齐的大师,撰《止观法》两卷,道宣《续僧传》称其书"昧定之宾,家藏一本"。止观禅法是南岳天台一派的主要教义;虽然南岳慧思(514—577)和他的弟子天台智𫖮都远攀马鸣龙树做祖宗,而不肯明说他们和佛陀、僧稠有渊源,我们可以推测佛陀、僧稠是南岳天台一宗的远祖。

菩提达摩教人持习《楞伽经》,传授一种坚忍苦行的禅法,就开创了楞伽宗,又称为"南天竺一乘宗"。达摩死后两百年间,这个宗派大行于中国,在8世纪的初年成为一时最有权威的宗派。那时候,许多依草附木的习禅和尚都纷纷自认为菩提达摩的派下子孙。牛头山法融一派本出于三论宗,讲习的是《大品般若经》和《大集经》,道宣作《法融传》,凡2 433字,无一字提到他和楞伽宗有关系。但是牛头山的后辈居然把法融硬派作菩提达摩的第四代子孙,成了楞伽宗的忠实同志了。还有岭南韶州曹溪的慧能和尚,他本是从《金刚般若经》出来的，也和"楞伽"一派没有很深的关系，至多他不过是曾做过楞伽宗弘忍的弟子罢了。但是慧能的弟子神会替他的老师争道统，不惜造出种种无稽的神话，说慧能是菩提达摩的第四代弘忍的"传衣得法"弟子。于是这一位"金刚般若"的信徒也就变成"楞伽"的嫡派了。后来时势大变迁，神会捏造出来的道统伪史居然成了信史，曹溪一派竟篡取了楞伽宗的正统地位。从此以后，习禅和尚又都纷纷攀龙附凤，自称为曹溪嫡派，一千多年以来的史家竟完全不知道当年有个楞伽宗了。

我们看了楞伽宗史迹的改窜与湮没，忍不住有一种打抱不平的慨叹，所以现在决定要重新写定菩提达摩一派的历史。

道宣（死在667年）在7世纪中叶编纂《续僧传》，很明白僧稠和达摩两派的旨趣和倾向的不同，他在"习禅"一门的叙论里说：

> 然而观彼两宗，即乘之二轨也。稠怀念处（念处即印度禅法的四念处），清范可崇；摩法虚宗，玄旨幽赜。可崇则情事易显，幽赜则理性难通。

当7世纪中叶，道宣当然不能预料以后六七十年中的楞伽宗变化升沉的历史。然而，正因为他不知道8世纪以后争道统的历史，他的《续僧传》里保存的一些楞伽宗史料是最可靠的记载，可以供给我们考订那个奇特的宗派的早期信史，可以使我们用他的记载来和8世纪以后伪造的史迹相参证比较，考证出后来种种作伪的痕迹来，同时从头建造起一段可信的中国禅宗史来。

道宣的记载之外，近年敦煌出现的古写本和日本保存的古写本，都供给我们重要的史料。

二、菩提达摩

关于菩提达摩的种种传说,我曾有《菩提达摩考》,我现在把我的结论摘记在这里:

菩提达摩是南天竺婆罗门种,他从海道到中国广州,大约在刘宋晚年(约470—475年),但必在宋亡(479年)之前。证据有二:

(1)《续僧传》说他"初达宋境南越,末又北渡至魏",可证他来在宋亡之前。

(2)《续僧传》(卷十九)①的僧副传中说僧副是太原祁县人,从达摩禅师出家,为"定学"之宗,"后乃周历讲座,备尝经论,并知学唯为己,圣人无言。齐建武年间(494—497)南游杨辇,止于钟山定林下寺。……卒于开善寺,春秋六十有一,即梁普通五年(524)也。"依僧副的一生看来,他从达摩出家必是在他二十多岁时,约当萧梁②的初期(485年左右),因为建武元年(494)僧副只有三十岁,已离开北方了。

旧说,达摩曾见梁武帝,谈话不投机,他才渡江北去。见梁武帝的年代,或说是普通元年(520),或说是普通八年(527)。这都是后起的神话,并非事实。证据甚多:

(1)《续僧传》全无此说。

(2)僧副一传可证梁武帝普通元年达摩在北方至少已住了三四十年了。

(3)杨衒之《洛阳伽蓝记》(成书在547年)记达摩曾游洛阳永

---

① 应为卷十六,疑误。——编者注
② 485年应为萧齐初期,疑误。——编者注

宁寺，此寺建于北魏熙平元年（516），达摩来游正当此寺盛时，约当516至526年之间。

（4）不但7世纪的道宣不记达摩见梁武帝之事；8世纪沙门净觉作《楞伽师资记》（敦煌写本），其中达摩传里也没有此事。

（5）这段神话起于8世纪晚期以后，越到后来，越说越详细了，枝叶情节就越多了。这可见这个神话是逐渐添造完成的。旧说他在中国只住了九年，依我们的考据，他在中国差不多住了五十年。他在北方最久，"随其所止，诲以禅教"。道宣说他"自言年一百五十余岁，游化为务，不测于终"。我们推算他在中国的时间，上可以见刘宋之亡，下可以见永宁寺的盛时，其间大约有五十年。印度南部人身体发育甚早，所以少年人往往显出老态，很容易被人认作老人。达摩初到中国时，年纪虽轻，大概已被中国人误认作老头子，他也乐得自认年高。后来他在中国久了，真老了，只好"自言年一百五十岁"了。（《洛阳伽蓝记》说他自言一百五十岁。）

《续僧传》说达摩在北方所传弟子，除僧副早往南方之外，有道育、慧可两人。慧可传中说：

> 达摩灭化洛滨，可亦埋形河涘。……后以天平（534—537年）之初，北就新邺，盛开秘苑。

这可见达摩死在东魏天平以前，所以我们假定他死在西历530年左右，那时他的弟子僧副已死了六年了。

道宣记达摩的教旨是简单明白。8世纪中叶，沙门净觉作《楞伽师资记》（有巴黎、伦敦两本，朝鲜金九经先生有排印本），记达摩的教旨也和道宣所记相同，可以互相印证。我们用《续僧传》作底本，遇必要时，用净觉的记载作注释。《续僧传》记达摩教义的总纲云：

> 如是安心，谓壁观也，如是发行，谓四法也。如是顺物，教护讥嫌。如是方便，教令不着。然则入道多途，要惟二种，谓理行也。

壁观是达摩的禅法，即是下文说的"凝住壁观"。四法即是下文说的"四行"。安心属于"理"。发行属于"行"，下文分说：

> 借教悟宗，深信含生同一真性。客尘障故（《师资记》作"但为客生妄覆，不能显了"），令舍伪归真，凝住壁观。无自无他，凡圣等一，坚住不移，不随他教（《师资记》作"更不随于言教"），与道冥符，寂然无为，名"理入"也。

这是从"理入"安心的路。虽然不废"凝住（巴黎本《师资记》作'凝注'）壁观，"但注重之点是"含生同一真性""无自无他，凡圣等一"的理解，所以称为"理入"的路。

> 行入者，四行（适按，"四行"皆是头陀行。此一点，我当初还不曾了解），万行同摄：初，报怨行者，修行苦至，当念往劫舍本逐末，多起爱憎；今虽无犯，是我宿作，甘心受之，都无怨怼。……
>
> 二、随缘行者，众生无我，苦乐随缘；纵得荣誉等事，宿因所构，今方得之，缘尽还无，何喜之有？得失随缘，心无增减，违顺风静，冥顺于法（《师资记》作"喜心不动，冥顺于法"）也。

三、名无所求行。世人长迷,处处贪著,名之为"求"。道士悟真,理与俗反,安心无为,形随运转。三界皆苦,谁而得安?经曰,有求皆苦,无求乃乐也。

四、名称法行,即性净之理也。(《师资记》说第四条稍详,云:"性净之理,因之为法。此理众相斯空,无染无著,无此无彼。……智若能信解此理,应当称法而行。法体无悭于身命,则行檀舍施,行无吝惜。……檀度既尔,余五亦然。为除妄想,修行六度,而无所行,是为称法行。")(《师资记》说不误。"六度"之中,禅定一度包括"头陀"行。道世在668作《法苑珠林》,其述禅定,特别详述头陀行。可见在7世纪时,"禅"的定义实色头陀,似是楞伽造成的风气?适之——一九五二、七、卅、一。)

道宣叙述达摩的教旨,是有所根据的。他说:

识真之士从奉归悟,录其言语,卷流于世。

净觉也说:

此四行是达摩禅师亲说,余则弟子昙林记师言行集成一卷名曰《达摩论》也。

昙林也许就是《续僧传》中达摩传附记的林法师。传中说林法师当"周灭法时(577年),与可(慧可)同学,共护经像。"

道宣生于596年,死于667年,他用的材料是六七世纪的材料，比较最近古，最可信。我们看8世纪前期净觉的《楞伽师资记》的达摩传，还可以看出那时的人还尊重道宣所记，不敢妄加材料。到了8世纪以后，有许多伪书出现，如《圣胄集》、《宝林传》等书，大胆地捏造伪史，添出了无数关于达摩的神话（《宝林传》久已失传，近年日本发现了一卷，中国又发现了六卷，共有七卷，不久将刊入《宋藏遗珍》内）。北宋和尚道原在11世纪初年编纂《景德传灯录》，尽量采纳了这些伪造史料，最不可信。后人看惯了那部11世纪的《传灯录》，习非成是，竟不认得7世纪中叶道宣《续僧传》的史料真可宝贵了。

三、慧可

菩提达摩的弟子，现在可考的，有这些人：僧副、慧可、道育、昙林。

（1）僧副 《续僧传》有传，传末说梁湘东王萧绎（后为梁元帝）曾奉令作僧副碑文，此碑今不存了，道宣所记似是根据碑文。僧副是太原祁县人，从达摩出家后，曾"周历讲座，备尝经论"。齐建武年间，他游南方，住钟山的定林下寺，他

> 行逾冰霜，言而有信。三衣六物，外无盈长。应时入里，道俗式瞻。加以王侯请道，颓然不忤。咫尺宫闱，未尝谒近。既行为物览，道俗攸属。梁高（武帝）素仰清风，雅为嗟赏。乃命匠人考其室宇，于开善寺以待之。副每逍遥于门，负杖而叹曰，"……宁贵广厦而贱茅茨乎？"……乃有心岷岭，观彼峨眉。

会西昌侯萧渊藻出镇蜀部,于是即拂衣附之。……遂使庸、蜀禅法自此大行。久之还金陵,复住开善。……不久卒于开善寺,春秋六十有一,即普通五年(524)也。……疾亟之时,有劝修福者,副力疾而起,厉声曰,"货财延命,去道远矣。房中什物,并施招提僧。身死之后,但弃山谷,饱于鸟兽,不亦善乎?勿营棺垄以乖我意。"门徒涕泪,不忍从之。

依此传看来,他虽然和帝王贵人交通往来,但仍保持他的生死随缘的态度,不失为达摩的弟子。

(2) 道育　事迹无可考。《续僧传》说达摩在北魏传授禅学,

于时合国盛弘讲授,乍闻定法,多生讥谤。有道育、慧可,此二沙门,年虽在后,而锐志高远。初逢法将,知道有归,寻亲事之,经四五载,给供咨接,达摩感其精诚,诲以真法。

(3) 慧可　又名僧可,俗姓姬氏,虎牢人。他是一个博学的人,"外览坟索,内通藏典"。《续僧传》说他"年登四十,遇天竺沙门菩提达摩游化嵩洛;可怀宝知道,一见悦之,奉以为师,毕命承旨,从学六载,精研一乘,理事兼融,苦乐无滞"。这似乎在达摩的晚年,达摩已很老了,慧可只有四十岁,所以上文说"年虽在后,而锐志高远",本不误。《楞伽师资记》误作"年十四",《历代法宝记》(敦煌出土,有巴黎、伦敦两本,现收入《大正大藏经》第五十一卷)作"时年四十",可证《续僧传》不误。

慧可颇通中国典籍,所以他能欣赏达摩的简单教义。达摩的四行,很可以解作一种中国道家式的自然主义的人生观:报怨行近

于安命，随缘行近于乐天，无所求行近于无为自然，称法行近于无身无我。慧可是中国文人出家，传中说他能"发言入理，不加铅墨；时或缵之，乃成部类，具如别卷"。据此可见慧可似有文集流传于后世，道宣还见着这部集子，后来失传了。《续僧传》说，有向居士，幽遁林野，于天保（550—559）之初致书通好，书云：

> 影由形起，响逐声来。弄影劳形，不知形之是影，扬声止响，不识声是响根。除烦恼而求涅槃者，喻去形而觅影；离众生而求佛者，喻默声而求响。故迷悟一途，愚智非别。无名（适按，此是无名，假名之说）作名，则是非生矣；无理作理，则诤论起矣。幻化非真，谁是谁非？虚妄无实，何空何有？将知得无所得，失无所失。未及造谈，聊伸此意，想为答之。

慧可答他道：

> 说此真法皆如实，与真幽理竟不殊。
> 本迷摩尼谓瓦砾，豁然自觉是真殊。
> 无明智慧等无异，当知万法即皆如。
> 愍此二见之徒辈，申词措笔作斯书。
> 观身与佛不差别，何须更觅彼无余？

我们看这两位通文墨的佛教徒的酬答，可见达摩的简单教义在那第一代已得他们的了解与接受。我疑心这种了解和魏晋以来的老庄思想不无关系。向居士的"迷悟一途，愚智非别"；慧可的"无明智慧等无异？""观身与佛不差别"，固然即是达摩的"无自无他，凡圣等一",可是中国文士所以能容易接受这样一种显然不合常识的教义,也许是因为他们久已听惯了中国道家"齐是非""齐万物"的思想,不觉得他的可怪了。

在实行的方面,达摩一派是"奉头陀行"的。《续僧传》说:"可常行,兼奉头陀。"头陀(Dhuta)是佛教中的苦行方面,原义为"抖擞",即是"抖擞烦恼,离诸滞著"。凡修头陀行的,在衣食住三方面都极力求刻苦自己,须穿极少又极简单的衣服;须乞食,又不得多食,住宿须"阿兰若",即是须住在远离人家的荒僻处,往往住在树下或坟墓之中,又须常趺坐而不横卧。达摩的教义本来教人"苦乐随缘",教人忍受苦痛,都无怨怼。头陀苦行自是训练自己忍受苦痛的方法。

《续僧传》说慧可在邺宣传"情事无寄"的教义,深遭邺下禅师道恒的嫉妒,

>恒遂深恨,谤恼于可,货赇官府,非理屠害。[可]初无一恨,几其至死,恒众庆快。

末句不很明白,大概应解作:慧可受屠害,初不怨恨,只希望自己的一死可以使道恒一党庆快。但慧可并不曾被害死。传中下文说:

>可专附玄理,如前所陈,遭贼斫臂,以法御心,不觉痛苦。火烧斫处(这是消毒的方法),血断帛裹,乞食如故,曾不告人。

这个故事,因道宣原文不很明白,就被后人误解作慧可被人害死了。如《传灯录》(卷三)慧可传说他

> 于筦城县匡救寺三门下，谈无上道，听者林会。时有辩和法师者，于寺中讲《涅槃经》，学徒闻师阐法，稍稍引去。辩彝不胜其愤，兴谤于邑宰翟仲侃，仲侃惑其邪说，加师以非法，师怡然委顺。识真者谓之偿债。时年一百七岁，即隋文帝开皇十三年癸丑岁(593)三月十六日也。

《传灯录》全抄袭《宝林传》(卷八)伪书，《宝林传》改窜《续僧传》的道恒为辩和，改邺下为筦城县，又加上"匡救寺三门下"，"邑宰翟仲侃"，"百七岁"，"开皇十三年三月十六日"等等详细节目，看上去"像煞有介事"，其实全是闭眼捏造。7世纪中叶的道宣明说慧可不曾被害死，明说"可乃从容顺俗，时惠清猷，乍托吟谣"，然而几百年后的《宝林传》却硬说他被害死了！7世纪中叶的道宣不能详举慧可的年岁，而几百年后的《宝林传》却能详说他死的年月日和死时的岁数，这真是崔述说的"世愈后而事愈详"了！

《传灯录》又根据《宝林传》，说达摩在嵩山少林寺终日面壁而坐，神光(《宝林传》捏造慧可初名神光)朝夕参承，莫闻诲励。

> 其年十二月九日夜，天大雨雪，光坚立不动，迟明积雪过膝。……光潜取利刀，自断左臂，置于师前。师知是法器，乃曰："诸佛最初求道，为法忘形。汝今断臂吾前，求亦可在。"师遂因与易名曰慧可。

这也是《宝林传》的闭眼瞎说。道宣明明说是"遭贼斫臂"，而《宝林传》妄改为自断其臂。自从《传灯录》采此伪书妄说，九百年来，断臂求法之说就成为公认的史实了，我们引此两段，略示传说演变的痕迹，使人知道道宣《续僧传》的达摩、慧可两传是最干净而最可靠的最早史料。

《宝林传》与《传灯录》记慧可死在开皇十三年（593），这是完全无据之说。慧可初见达摩时，年已四十；跟他五六年，达摩才死。我们假定达摩死在魏永安三年（530）左右，其时慧可年约四十五六。《续僧传》说：

林法师……及周灭法，与可同学，共护经像。

北周毁佛法在武平五年（574），但慧可在齐都邺下，邺都之破在北齐承光元年正月（577），齐境内毁佛法即在此年（齐境内毁法事，详见《续僧传》卷八的慧远传，但传中误记此事在承光二年春，承光无二年，当是元年之误）。其时慧可已九十二岁了。如果"与可同学"一句不作"与慧可的同学共护经像"解，那么，慧可大概就死在邺都灭法之后不久（约577年），年约九十二岁。

慧可的死年在灭法时期，大概不误。《续僧传》卷七的慧布（摄山三论宗的六师）传中记慧布：

末游北邺，更涉未闻。于可禅师所，暂通名见，便以言悟其意。可曰："法师所述，可谓破我除见，莫过此也。"布乃纵心讲席，备见宗领，周览文义，并具胸襟。又写章疏六驮，负还江表，并遗朗公（开皇寺的法朗，也是三论宗的大师，死在581年），令其讲说。因有遗漏，重往齐国，广写所阙，赍还付朗。

慧布死在陈祯明元年（587），年七十。传中说他"末游北邺"，又说他"重往齐国",可见他和慧可相见,当在北齐建国(550年)之后,灭亡(577年)之前。看"末游"之句,可见他两次北游已在晚年,当在邺都破灭之前不久。所以《续僧传》记慧可活到邺都灭法之时,大概是可信的。

(4)林法师　林法师也附见慧可传下,也许就是那位记录《达摩论》的昙林。他也是一位博学的和尚,起初本不是楞伽宗,《续传》说他

> 在邺盛讲《胜鬘》,并制文义,每讲人聚,乃选通三部经者,得七百人,预在其席。及周灭法,与可同学,共护经像。

如此说来,林法师不是达摩的"楞伽"一派,只在避难时期才和慧可同学,共护经像。《续传》又说:

> 慧可……遭贼斫臂,……曾不告人。后林又被贼斫臂,叫号通夕。可为治裹,乞食供林。林怪可手不便,怒之。可曰:"饼食在前,何不自裹?"林曰:"我无臂也,可不知耶?"可曰:"我亦无臂。复何可怒?"因相委问,方知有功。故世云"无臂林"矣。

这更可见林法师与慧可平素不相识,到此方有同患难的交谊;也许林法师从此变成楞伽宗的信徒了。

四、楞伽经与头陀行

慧可传中说:

初达摩禅师以四卷《楞伽》授可曰："我观汉地,惟有此经。仁者依行,自得度世。"

这是楞伽宗的起源。《楞伽》即是《楞伽阿跋多罗宝经》,或译为《大乘入楞伽经》(Lankā Vatāra Sū tra)。此经凡有四种译本:

(1) 北凉时中天竺沙门昙无忏(Dharmaraeslha)译四卷本(约在412至433年之间)。此本不传。

(2) 刘宋时中天竺沙门求那跋陀罗(Gunalhadra)译四卷本(在元嘉二十年,443)。此本存。

(3) 北魏时北天竺沙门菩提流支(Bodhiruci)译十卷本(在延昌二年,513)。此本存。

(4) 唐武后末年(704)于阗沙门实叉难陀(siks hā nanda)译七卷本。此本存。

此书的十卷本和七卷本,分卷虽然不同,内容是相同的,同是前面有一篇请佛品,末了有一篇陀罗尼品,和一篇总品。这三品是四卷本所没有的,显然是晚出的。菩提达摩提倡的《楞伽经》是四卷本,大概即是求那跋陀罗的译本。净觉的《楞伽师资记》承认求那跋陀罗为楞伽宗的第一祖,达摩为第二祖,可证此宗所传是求那的译本。

慧可传中说:

每可说法竟,曰:"此经四世之后,变成名相,一何可悲!"

这是一种"悬记"(预言)。道宣在《续僧传》的"习禅"一门总论里曾说:

> 属有菩提达摩者,神化居宗,阐导江洛,大乘壁观,功业最高。在世学流,归仰如市。然而诵语难穷,厉精盖少。审其所慕,则遣荡之志存焉。观其立言,则罪福之宗两舍。

这可见道宣的时候,达摩的派下已有"诵语难穷,厉精盖少"的风气,慧可的"悬记"就是指这种"诵语"的信徒。

但这一派里也有很多修头陀苦行的风气。慧可的苦行,我们已说过了。他的弟子那禅师,那禅师的弟子慧满,都是头陀苦行的和尚。

那禅师也是学者出身,

> 年二十一,居东海讲《礼》《易》,行学四百。南至相州,遇可说法,乃与学士十人出家受道。诸门人于相州东设斋辞别,哭声动邑。

他出家之后,就修习头陀行:

> 那自出俗,手不执笔及俗书,惟服一衣,一钵,一坐,一食。以可常行兼奉头陀,故其所往不参邑落。

这正是头陀戒行。

慧满也是一个头陀行者。

> 慧满者,荥阳人,姓张。旧住相州隆化寺,遇那说法,便受其道,专务"无著"(无著是不执着)。一衣一食,但畜二针,冬

则乞补,夏便通舍,覆赤而已。自述一生无有怯怖,身无蚤虱,睡而不梦。住无再宿。到寺则破柴造履;常行乞食。

贞观十六年(642),于洛州南会善寺侧宿柏墓中,遇雪深三尺。其旦入寺,见昙旷法师,怪所从来。满曰:"法友来耶?"遣寻座处,四边五尺许雪自积聚,不可测也。

故其闻(宋、元、明藏作间)有括访,诸僧逃隐,满便持衣钵周行聚落,无可滞碍。随施随散,索尔虚闲。有请宿斋者,告云:"天下无人。方受尔请。"

故满每说法,云:"诸佛说心,令知心相是虚妄法。今乃重加心相,深违佛意。又增议论。殊乖大理。"……

后于洛阳无疾坐化,年可七十。

这是一位更严格的头陀行者。这都可见楞伽宗的初期信徒,虽然也有"诵语难穷"的风气,其中很有几个苦行的头陀,能维持慧可的苦行遗风。

以上所记达摩一宗的初期信徒都见于《续僧传》的卷十九(高丽藏本卷十六)。道宣撰《续僧传》,(按《唐书·经籍志》有道宣的《续高僧传》二十卷、《续高僧传》三十卷。又按《新唐书·艺术志》有道宣的《续高僧传》二十卷(注:起梁初,终贞观十九年)、《后集续高僧传》十卷。又另有道宗《续高僧传》三十二卷。疑是道宣之讹。适按,此最足证明道宣原书本分两期写成,原分二集。后人合为一集,故其分合编制多可议之点。适之——三十二、二、十八。)自序说"始距梁之初运,终唐贞观十有九年(645),一百四十四载。包括岳渎,历访华夷。正传三百四十人(宋、元、明藏作331人),附见一百六十人"。这是他的初次写定时的自序。但道宣在自序写成后,还多活了二十二年,直到高宗乾封二年(667)才死。他在这二十二年中,仍旧继续搜集《僧传》的材料,继续添补到他的原书里去。即如玄奘,当贞观十九年《续僧传》初稿写定时,他刚回国,直到高宗麟德元年(664)才死。现今玄奘的传占了《续僧传》卷四、卷五这两卷,必是道宣后来补作的。在玄奘传末,道宣自叙他和玄奘同事翻译时,他对于玄奘的人品的观察,娓娓百余字,可证此传不是后人补作,乃是道宣晚年自己补入的。《续僧传》的最后定本,所收正传与附见的人数,超过自序所记数目,约有一百九十人之多。附见的人,姑且不论。有正传的人数,多出的共有146人:

道宣自序	高丽藏本	宋元明藏本
正传340人	414人	486人
	多74人	多146人

我们检查《续僧传》的各传,有许多事实是在贞观十九年以后的,但没有道宣死后的事实。最迟的不过到麟德与乾封之间(664—666年)。例如"感通"门新增的法冲传末云:"至今麟德,年七十九矣。"这都可见道宣老年继续工作,直到他死时为止。

这一段考据《续僧传》的年代,与我们考证楞伽宗历史的工作,颇有关系。因为道宣叙述这一派的历史,起初显然感到材料的缺乏,后来才收得一些新材料;越到他晚年,材料越多了。我们在上文所用的材料,见于"习禅"门的第一部分(卷十九)。在达摩和慧可的两传里,道宣曾说慧可

　　　　　道竟幽而且玄,故未绪卒无荣嗣。

这是说慧可门没有"荣嗣"。

下文又说：

> 时复有化公、廖公和禅师等，各通冠玄奥，吐言清迥，托事寄怀，闻诸口实。而人世非远，碑记罕闻；微言不传，清德谁序？深可痛矣！

这是很沉痛的感叹这一派的史料的难得。但道宣每收到一些新材料，他就陆续加进慧可传里去。所以这一篇传的后半，很显出随时涂乙增加的痕迹。有些材料是硬挤进一个写成的本子上去的，经过不小心的传写，就几乎不成文理了！例如下面的一段：

> 初达摩禅师以四卷《楞伽》授可，曰："我观汉地，惟有此经。仁者依行，自得度世。"

此下应该紧接

> 每可说法竟，曰："此经四世之后，变成名相，一何可悲！"

然而今本在这两段之间，硬挤进了慧可斫臂和林法师斫臂的两段故事，共110个字，文理就不通了。又如此传之末附慧满小传，其末云：

> 故满每说法，云："诸佛说心，令知心相是虚妄法。今乃重加心相，深违佛意；又增议论，殊乖大理。"故使那满等师常赍四卷《楞伽》以为心要，随说随行，不爽遗委。后于洛阳中无疾

坐化，年可七十。

这一段文理大不通！"故使那满等师"，是谁"故使"呢？应该是慧可了？决不是慧满了吧？然而下文"无疾坐化，年可七十"的又是谁呢？又像是说慧满了。

这些地方，都可见作者随时添插的痕迹，不幸被传写的人捣乱了，割裂了，就不可读了。我疑心"初达摩禅师以四卷《楞伽》授可"一段29字，"每可说法竟"一段20字，和"故使那满等师常赍四卷《楞伽》"一段29字，——这三段本是一大段，添注在原稿的上方，是最后加入的。传写的人不明白这三节是一段，抄写时，就各依添注所在，分别插入本文，就割裂成三处，成为不通的文理了。今试将此三节写在一处：

初，达摩禅师以四卷《楞伽》授可，曰："我观汉地，惟有此经。仁者依行，自得度世。"每可说法竟，曰，"此经四世之后，变成名相，一何可悲！"故使那满等师常赍四卷《楞伽》，以为法要。随说随行，不爽遗委。（"故使"之"使"字疑是衍文。因为慧满死在642年，不会与慧可同时。也许"使"但作"使得"解，而不作"使令"解。《景德传灯录》卷三引此文，无"使那满等师"五字。）

这一大段的恢复，很重要，因为这是"楞伽宗"所以得名的缘起。道宣早年还不知道达摩一派有"楞伽宗"之名，所以他在达摩传中和"习禅"总论里都不曾提起这一派是持奉《楞枷经》为法典的。达摩传授四卷《楞伽》之说，仅仅插在慧可传末附见部分，可见道宣知道此事已在晚年添补《续僧传》的时期，其时他认得了楞伽宗的健将法冲，又知道了这一派的大师道信的历史（详见下节）。他才明白达摩、慧可一派并非"末绪卒无荣嗣"，所以他才添注这一段达摩传授《楞伽》的历史。但道信等人的历史只好另立专传了。法冲的长传似乎写定最晚，已在道宣将死之前，所以不及改编，竟被编入"感通"门里去了！

五、法冲所记楞伽师承

道宣后来所撰的楞伽宗大师法冲、道信，以及道信的弟子法显、玄爽、善伏、弘忍（附见道信传）诸人的传，都是高丽藏本《续僧传》所无。我想这不是因为高丽藏本有残缺。只是因为传入高丽的《续僧传》乃是道宣晚年较早的本子，其时还没有最后写定的全本。

我们先述法冲（《续僧传》卷三十五）。法冲姓李，父祖历仕魏、齐，故他生于兖州。他少年时，与房玄龄相交二十四岁做鹰扬郎将，遇母丧，读《涅槃经》，忽发出家之心，听讲《涅槃》三十余遍。

> 又至安州暠法师下，听《大品》《三论》《楞伽经》，即入武都山修业。

安州在今湖北孝感县，暠法师即慧暠，《续僧传》卷十五有他的传：

> 慧暠，安陆人。……初跨染玄纲，希崇《大品》(《大品般若

经》)。……承苞山明法师,兴皇(寺名)遗属,世称郢匠,……因往从之,……遂得广流部帙,恢裕兴焉。年方登立(三十岁),即升法座。……然以法流楚服,成济已闻,岷洛三巴,尚昏时罔,便以……隋大业(605—616)年,泝流江峡;虽遭风浪,厉志无前。既达成都,大宏法务。或达绵梓,随方开训,……无惮游涉,故使来晚去思。

这个慧暠是一位大传教师,他在成都、绵、梓一带传教,很得人心,引起了别人的猜忌。

时或不可其怀者,计奏及之,云,"结徒日盛,道俗屯拥,非是异术,何能动世?"武德(618—626)初年,下敕穷讨。事本不实,诬者罪之。暠……乃旋途南指,道出荆门,随学之宾又倍前集。既达故乡,荐仍前业。……避地西山之阴,屏退成闲,陶练中观。经逾五载,四众思之,又造山迎接,……还返安州方等寺,讲说相续。以贞观七年(633)卒于所住,春秋八十有七。

这正是法冲传中所称"安州暠法师"。暠传中不曾说他是楞伽宗,但说他的老师苞山明法师是"兴皇遗属"。"兴皇"指兴皇寺的法朗,是摄山一派三论宗的大师,(死在581年,传在《续僧传》卷九。)讲的应该是《大品般若》与《三论》。法冲传里也说他在暠法师处听《大品》《三论》《楞伽》。但暠传中又说:

自暠一位僧伍,精励在先,日止一餐,七十余载,随得随噉,无待营求。不限朝中,趣得便止。……旦讲若下,食唯一碗,自余饼菜,还送入僧。

可见他也是一位修头陀苦行的。

以上叙法冲的早年师承。他年三十行至冀州;贞观初年下敕:有私剃度者,处以极刑,而法冲不顾,便即剃落为僧。传中说:

> 冲以《楞伽》奥典沉沦日久,所在追访,无惮险夷。会可师(慧可)后裔盛习此经,冲即依师学,屡击大节;其师便舍徒众,任冲转教,即相续讲三十余遍。又遇可师亲传授者,依"南天竺一乘宗"讲之,又得百遍。
>
> 冲公自从经术,专以《楞伽》命家,前后敷弘,将二百遍。……师学者若请出义,乃告曰:"义者,道理也。言说已粗,况舒在纸,粗中之粗矣。"事不获已,作疏五卷,题为私记,今盛行之。

这一段说他从开皇寺三论宗转到"专以《楞伽》命家"。我们从这一段里又可以知道当年达摩一派曾自称"南天竺一乘宗"。这个宗名起于《楞伽经》。楞伽是印度南边的一个海岛,有人指为锡兰岛,今虽不能确知其地,但此经的布景是在南天竺的一岛,开卷便说,"一时佛在南海滨楞伽山顶",故此经名《大乘入楞伽经》。经中(卷四)有云:

> 如医疗众病,无有若干论,以病差别故,为设种种治。我为彼众生,破坏诸烦恼,知其根优劣,为彼说度门。非烦恼根

异,而有种种法。唯说一乘法,是则为大乘。(此依宋译。魏译末句云,"我唯一乘法,八圣遭清净。")

这是"南天竺一乘宗"的意义。

法冲是北方中兴《楞伽》的大师,他的魄力气度都很可观。传中说他到长安时,

> 弘福润法师初未相识,曰:"何处老大德?"答:"兖州老小僧耳。"又问何为远至,答曰:"闻此少'一乘',欲宣'一乘'教纲,漉信地鱼龙,故至。"润曰:"斯实大心开士也!"

这是何等气魄?传中又说:

> 三藏玄奘不许讲旧所翻经。冲曰,"君依旧经出家,若不许弘旧经者,君可还俗,更依新翻经出家,方许君此意。"奘闻遂止。

玄奘是当代最尊崇的伟人,也还压不倒这个"兖州老小僧",所以道宣称他为"强御之士,不可及也"。他是偷剃度的和尚,不肯改属官籍。到近五十岁时,兖州官吏强迫他"入度",属兖州法集寺。但他始终不受拘束,"一生游道为务,曾无栖泊"。仆射于志宁赞叹他道:"此法师乃法界头陀僧也,不可名实拘之。"

法冲与道宣同时,道宣作传时,法冲还生存,"至今麟德(664—665)年七十九矣。"他生年约在隋开皇六年(586)。

法冲传中详说《楞伽经》的历史和楞伽宗的师承,是我们研究

此宗的重要史料：

其经（《楞伽》）本是宋代求那跋陀罗三藏翻，慧观法师笔受，故其文理克谐，行质相贯，专唯念慧，不在话言。于后达摩禅师传之南北，忘言忘念无得正观为宗。后行中原，慧可禅师创得纲纽，魏晋文学多不齿之。领宗得意者时能启悟。今以人代转远，纰缪后学。可公别传略已详之。今叙师承，以为承嗣，所学历然有据：

达摩禅师后，有慧可、慧育（达摩传作道育）二人。育师受道心行，口未曾说。

可禅师后：璨禅师、惠禅师、盛禅师、那老师、端禅师、长藏师、真法师、玉法师。（已上并口说玄理，不出文记。）

可师后：善老师（出抄四卷），丰禅师（出疏五卷），明禅师（出疏五卷），胡明师（出疏五卷）。

远承可师后：大聪师（出疏五卷），道荫师（抄四卷），冲法师（疏五卷），岸法师（疏五卷），宠法师（疏八卷），大明师（疏十卷）。

不承可师，自依《摄论》（《摄大乘论》）：迁禅师（出疏四卷），尚德律师（出《入楞伽疏》十卷）。

那老师后：实禅师、惠禅师、旷法师、弘智师。（名住京师西明，身亡法绝。）

明禅师后：伽法师、宝瑜师、宝迎师、道莹师。（并次第传灯，于今扬化。）

这一份《楞伽》师承表里，达摩以下凡28人，其不承慧可之后而依

《摄大乘论》治《楞伽》者二人，共30人。其所著疏钞（钞是疏之疏）共70卷之多。此30人中，达摩、慧可、那老师、法冲，均已详见上文。那老师之后凡举四人，而慧满不在内，甚可怪。那师后四人中有旷法师，似是慧满传中提及的昙旷法师。可师后的明禅师也许就是慧暠传中的苞山明法师，也许他先从慧可，后来到南方又成了"兴皇遗属"了。

那位"不承可师，自依《摄论》"的迁禅师，即是《续僧传》卷二十二有长传的"隋西京禅定道场释昙迁；"他本是太原人，研究《华严》《十地》《维摩》《楞伽》等经；因北周灭法，他到南方，兼学"唯识"义，后得《摄大乘论》，"以为全如意珠"；他后来北归，就在北方创开《摄论》，兼讲《楞伽》等经，《起信》等论，成为一代大师。隋文帝的大兴佛教，遍地起舍利塔，昙迁是一个主谋的人。他死在大业三年（607），有《摄论疏》十卷，又有《楞伽起信》等疏。

余人之中，最可注意的是可禅师后的璨禅师。后来楞伽宗推崇僧璨为慧可传法弟子，尊为第三祖。但《续僧传》不为立传，所可依据的只有法冲传的七个字！此外只有卷十三辩义传中有这样一条：

> 仁寿四年（604）春，辩义奉敕于庐州独山梁静寺起塔。初与官人案行置地，行至此山，……处既高敞，而恨水少，僧众汲难。本有一泉，乃是僧璨禅师烧香求水，因即奔注。至璨亡后，泉涸积年。及将拟置塔，一夜之间，枯泉还涌。

这里的僧璨，好像就是楞伽宗慧可的弟子璨禅师。关于僧璨，史料最少，只有上文引的两条。净觉的《楞伽师资记》的璨禅师一传也是毫无材料的胡诌；其中有根据的话也只有引《续僧传》《法冲传》的"可后璨禅师"一句！《师资记》中的璨传，因为是8世纪前期的作品，值得抄在这里：

> 第四隋朝舒州思空山璨禅师，承可禅师后。其璨禅师，罔知姓位，不测所生。按《续高僧传》曰："可后璨禅师。"隐思空山，萧然净坐，不出文记，秘不传法。唯僧道信奉事璨十二年，写器传灯，一一成就。璨印道信了了见性处，语信曰："《法华经》云，'唯此一事实，无二亦无三。'故知圣道幽通，言诠之所不逮；法身空寂，见闻之所不及，即文字语言徒劳施设也。"
>
> 大师云："余人皆贵坐终，叹为奇异。余今立化，生死自由。"言讫，遂以手攀树枝，奄然气尽，终于皖公山，寺中见有庙影。（此下引"《详玄传》曰"一长段，乃是妄增篇幅。《详玄传》即《详玄赋》，作者为北周禅僧慧命，他的著作甚多，"文或隐逸，未喻于时。有注解者，世宗为贵。"《续僧传》卷二十一有长传。《详玄赋》久佚，今在净觉书中保存原文及注的一部分，虽是妄加之文，也可宝贵。）

思空山（又作司空山）在安徽太湖县西北，皖公山在安徽潜山县西北，两山紧相连。独山在庐江县西北，即是在皖公山之东。皖公山现有三祖寺。这一带是僧璨故事的中心，似无可疑。辩义传中所记的独山的僧璨，即是那皖公山和司空山的僧璨，也似无可疑。《师资记》也苦于没有材料，只好造出一段禅门常谈，又造出"立化"的神话，还嫌太少，又抄上了一大段《详玄赋》和注解这样枯窘的杂凑，至少可以证明关于僧璨的材料的实在贫乏了。

六、道信与弘忍

后来的传说都说：慧可传僧璨，僧璨传道信。道信传弘忍，是为蕲州黄梅双峰山的"东山法门"；道信又传法融，是为牛头山支派。但在《续僧传》里，僧璨承慧可之后是见于法冲传的；僧璨与道信的关系却没有明说。道信传弘忍是明说的；道信与法融的关系也没有提起。（牛头山的传法世系是法融→智严→惠方→法持→智威→玄素，见于李华所作《玄素碑铭》。此世系甚不可靠。《续僧传》卷二十五有智严传，他是一个隋末武将；武德四年——西历621——他四十多岁，弃官入舒州皖公山，从宝月禅师出家。宝月或与僧璨有关系；《宝林传》卷八记慧可弟子八人，一为宝月，"有一弟子名曰智严，后为牛头第二祖师也。"智严修头陀苦行，晚年住石头城疠人坊，为癞人说法，吮脓洗濯。永徽五年——654——终于疠所，年七十八。法融死在其后三年，年仅六十四。后人称法融为第一祖，智严为第二祖，不但师承不同，年岁也倒置了。《传灯录》改智严死年为仪凤二年——677——竟是移后二十三年，但这又死在道宣死后十年，不应该入《续僧传》了！）

《续僧传》卷二十六有道信传，说：

> 释道信，姓司马，未详何人。初七岁时，经事一师，戒行不纯；信每陈谏，以不见从，密怀斋检；经于五载，而师不知。又有二僧，莫知何来，入舒州皖公山静修禅业；（信）闻而往赴，便

蒙授法；随逐依学，遂经十年。师往罗浮，不许相逐。但于后住，必大弘益。国访贤良，许度出家，因此附名，住吉州寺。

此传但说两个来历不明的和尚"入舒州皖公山静修禅业"，而不明说其中一个就是僧璨。皖公山虽然和僧璨传说有关系，但我们不能证实那山里修禅业的和尚就是僧璨。此传中又有"师往罗浮"之说，后人因此就说往罗浮的也是僧璨。如敦煌本《历代法宝记》说：

> 璨禅师……隐皖公山十余年。……璨大师遂共诸禅师往罗浮山隐三年。

我们对于僧璨和道信的关系，现在只能说：据7世纪道宣的记载，道信曾在皖公山跟着两个不知名的和尚学禅业；但后来的传说指定他的老师即是僧璨。其说出于道信门下，也许有所根据；道信与他的弟子弘忍都住蕲州黄梅的双峰山，其地离皖公山、司空山不远，他们的传说也许是可靠的。

道信传中说他从吉州欲往衡山，

> 路次江州，道信留止庐山大林寺；虽经贼盗，又经十年。蕲州道俗请度江北黄梅。县众造寺；依然山行(适按，"依然山行"，似是说他不管县众造寺，他还要寻山水)遂见双峰有好泉石，即住终志。……自入山来三十余载，诸州学道无远不至。刺史崔义玄闻而就礼。
>
> 临终语弟子弘忍："可为吾造塔，命将不久。"又催急成。

又问中(日中)未,答欲至中。众人曰,"和尚可不付嘱耶?"曰,"生来付嘱不少。"此语才了,奄尔便绝。……即永徽二年(651)闰九月四日也,春秋七十有二。

此传似是根据碑传材料,虽有神话,大致可信。如道信死日,我试检陈垣的《二十史朔闰表》,永徽二年果闰九月。即此一端,可见此传可信的程度。又如道信临终无所付嘱,这也是"付法传衣"的神话起来之前的信史,可证此派原来没有"付法传衣"的制度。

道信在当时大概确是长江流域的一位有名大师。《续僧传》里,道信专传之外,还有三处提到他:

(1) 荆州神山寺玄爽传(卷二十五)

玄爽,南阳人,早修聪行,见称乡邑。……既无所偶,弃而入道。游习肆道,有空(有空与空宗)俱涉。末听龙泉寺璇法师,欣然自得,覃思远诣,颇震时誉。又往蕲州信禅师所,伏请开道,亟发幽微。后返本乡,唯存摄念。长坐不卧,系念在前。……以永徽三年(652)十月九日迁神山谷。

看此传,可知黄梅道信一派的禅法。

(2) 荆州四层寺法显传(卷二十五)

法显,南郡江陵人,十二出家四层寺宝冥法师,服勤累载,咨询经旨。……有顗禅师(智顗,即天台宗巨子),……隋炀征下,回返上流,于四层寺大开禅府。……(显)遂依座筵,闻所未悟。……顗师去后,更求明、智、成、彦、习、皓等诸师,皆升堂睹奥，尽□磨之思。及将冠具，归依皓师，诲以出要之方，示以降心之术。因而返谷静处闲居。……属炎灵标季，荐罹戎火，馁残相望，众侣波奔。显独守大殿，确乎卓尔，旦资蔬水，中后绝浆。贼每搜求，莫之能获。……自尔宴坐道安梅梁殿中三十余载。贞观之末，乃出别房。……梦见一僧威容出类，曰，"可往蕲州见信禅师。"依言即往双峰，更清定水矣。而一生染疾，并信往业，受而不治，衣食节量，柔顺强识。所往之寺五十余年，足不出户。……永徽四年（653）正月十一日午时迁化，时年七十有七。

(3) 衡岳沙门善伏传（卷二十六）

善伏，一名等照，常州义兴人。……五岁于安国寺兄才法师边出家，布衣蔬食，日诵经卷，目睹七行，一闻不忘。贞观三年（629）窦刺史闻其聪敏，追充州学。因尔日听俗讲，夕思佛义。……后逃隐出家，……至苏州流水寺璧法师所，听四经三论；又往越州敏法师所，周流经教，颇涉幽求；至天台超禅师所，示以西方净土观行。因尔广行交、桂、广、循诸州，遇综会诸名僧，咨疑请决。又上荆、襄䔡部，见信禅师，示以入道方便。又往庐山，见远公（晋时的慧远）净土观堂。还到润州严禅师所，示以无生观。后共晖、才二师入桑梓山，行慈悲观。……常在伏牛山，以虎豹为同侣，食（饲）蚊虻为私行。视前六尺，未曾顾眄；经中要偈，口无辍音。……显庆五年（660），行至衡岳，……端坐而终。

213

像善伏这样一位终身行脚，游遍诸方的苦行和尚曾到过黄梅见道信，当然不足奇怪。但像法显那样"五十余年足不出户"，也居然赶到双峰去见道信，这可见黄梅教旨在当时的重要地位了。

道信有弟子弘忍，见于《续僧传》的道信传。弘忍死在高宗咸亨五年（674），在道宣死后七年，故《续僧传》无弘忍传。宋赞宁续修的《高僧传》成于宋太宗端拱元年（988），已在道宣死后二百二十一年，其中的弘忍传（在卷八）已受了8世纪以下的传说的影响，不很可信了。敦煌本《楞伽师资记》成于8世纪的前半，其中弘忍一传全采玄赜的《楞伽人法志》，时代更早，比较的是最可信的史料。我们现在抄玄赜此传于下：

> 大师俗姓周，其先寻阳人，贯黄梅县也。父早弃背，养母孝鄣（彰？），七岁奉事道信禅师，自出家处幽居寺，住度弘憨，怀抱贞纯；缄口于是非之场，融心于色空之境；役力以申供养，法侣资其（具？）足焉。调心唯务浑仪，师独明其观照。四议皆是道场，三业咸为佛事。盖静乱之无二，乃语嘿之恒一。时四方请益，九众师□；虚待实归，月逾千计。生不属文而义符玄旨。时荆州神秀禅师伏膺高轨，亲受付嘱。玄赜（《楞伽人法志》的作者自称）以咸亨元年（670）至双峰山，恭承教诲，敢奉驱驰。首尾五年，往还三觐。道俗齐会，仿身供养，蒙示《楞伽》义，云，"此经唯心证了知，非文疏能解。"咸亨五年（674）二月，命玄赜等起塔，与门人运天然方石，累构严丽。月十四日，问塔成未，奉答已了。便云，"不可同佛涅槃之日。"乃将宅为寺。又曰："如吾一生，教人无数，好者并亡。后传吾道者，只可十耳。我与神秀论《楞伽经》，云（玄？）理通快，必多利益。

资州智诜,白松山刘主簿,兼有文性;华州智藏,随州玄约,忆不见之;嵩山老安深有道行;潞州法如,韶州慧能,扬州高丽僧智德,此并堪为人师,但一方人物。越州义方,仍便讲说。"又语玄赜曰,"汝之兼行,善自保爱。吾涅槃后,汝与神秀当以佛日再晖,心灯重照。"其月十六日……中,面南宴坐,闭目便终。春秋七十四。

《宋高僧传》说他死在上元二年(675)十月二十三日,与此传相差一年零九个多月(咸亨五年八月改元上元)。玄赜自称当日在弘忍门下,他的记载应该可信(《唐书》一九——《神秀传》也说弘忍在咸亨五年,与《师资记》同)。玄赜死年已不可考,但净觉于《楞伽师资记》自序中说中宗景龙二年(708)敕召玄赜入西京,其时弘忍已死三十四年了,神秀已死二年了。玄赜必已是很老了。《楞伽人法志》成于神秀死(706)后,大概作于708年左右。

玄赜所记弘忍传,有一点最可注意,就是弘忍临死时说他的弟子之中有十人可传他教法,那十人是:

(1) 神秀

(2) 资州智诜(死在702,敦煌本《历代法宝记》有传,见《大正大藏经》二〇七五)

(3) 白松山刘主簿

(4) 华州惠藏

(5) 随州玄约

(6) 嵩山老安

(7) 潞州法如

(8) 韶州慧能

（9）扬州高丽僧智德

（10）越州义方

如果这段记载是可靠的，它的重要性是最可注意的。因为这11人（加玄赜）之内，我们已见着资州智诜和韶州慧能的名字了。智诜是成都净众寺和保唐寺两派的开山祖师，又是马祖的远祖。慧能是曹溪"南宗"的祖师，后来他的门下神会和尚举起革命的大旗，推翻了神秀一宗的法统。当玄赜著《人法志》的时候，曹溪、净众、保唐三派都还不曾大露头角，法统之争还不曾开始，所以玄赜的记载应该是最可信的。大历（766—779）以后，保唐寺一派所作《历代法宝记》（《大正大藏经》二〇七五，182页）有弘忍传，全采《楞伽师资记》的材料，也有这传法弟子11人，但因时代不同，曹溪一宗已占胜利，故《法宝记》把这11人的次第改过了，成了这个样子：

> 又云：吾一生教人无数，除慧能，余有十尔：神秀师、智诜师、智德师、玄赜师、老安师、法如师、惠藏师、玄约师、义方师刘主簿，虽不离我左右，汝各一方师也。

这里把慧能提出，是已承认慧能真是传衣得法的冢子了。

我们看8世纪初年玄赜的记载，至少可以承认这一点：当8世纪之初，楞伽宗的大师神秀在北方受帝王和民间的绝大崇敬的时候，楞伽宗的玄赜在他的《楞伽人法志》里，正式记载韶州慧能是弘忍的11个大弟子之一。但我们同时也可以承认：在那时候，并没有袈裟传信的法统说，也没有神秀与慧能作偈明心，而弘忍半夜传衣法与慧能之说。

净觉所记,除全引玄赜的弘忍传之外,他自己还有几句话值得我们的注意。净觉说:

> 其忍大师萧然静坐,不出文记,口说玄理,默授与人。在人间有《禅法》一本,云是忍禅师说者,谬言也。

这是很谨严的史家态度。《续藏经》(第二编,第十五套,第五册)有弘忍的《最上乘论》一卷;巴黎所藏敦煌写本中有"蕲州忍和尚道凡趣圣悟解脱宗修心要论一卷",即是《最上乘论》。这大概就是净觉在8世纪所否认的忍大师"禅法一本"了。

七、神秀

弘忍死在高宗咸亨五年(674)。这时候,蕲州黄梅双峰山的一门,有道信、弘忍两代大师的继续提倡,已成为"楞伽"禅法的一个大中心,人称为"东山净门",又称为"东山法门"。弘忍死后,他的弟子神秀在荆州玉泉寺(天台大师智𫖮的旧地)大开禅法,二十五六年中,"就者成都,学来如市"。则天皇帝武后的久视元年(700),她下诏请神秀到东京;次年(大足元年,701)神秀到了东京。宋之问集中有《为洛下诸僧请法事迎秀禅师表》,可以使我们知道神秀在当时佛教徒心目中的崇高地位。表文中说:

> 伏见□月□日敕遣使迎玉泉寺僧道秀(即神秀)。陛下载弘佛事,梦寐斯人;诸程指期,朝夕诣阙。此僧契无生至理,传

东山妙法,开室岩居,年过九十,形彩日茂,弘益愈深。两京学徒,群方信士,不远千里,同赴五门;衣钵鱼頔于草堂,庵庐雁行于邱阜。云集雾委,虚往实归。隐三楚之穷林,继一佛而扬化。栖山好远,久在荆南,与国有缘,今还豫北。九江道俗恋之如父母,三河士女仰之犹山岳。谓宜缁徒野宿,法事郊迎;若使轻来赴都,逶迤失望。威仪俗尚,道秀所忘:崇敬异人,和众之愿。……谨诣阙奉表,请与都城徒众将法事往龙门迎道秀以闻。轻触天威,伏深战越。(《全唐文》二四〇)

看这表文,可见神秀名誉的远播,和北方佛教徒对他的热诚欢迎。张说的《大通禅师碑铭》说:

久视年中,禅师春秋高矣,诏请而来,跌坐觐君,肩舆上殿;屈万乘而稽首,洒九重而宴居。传圣道者不北面,有盛德者无臣礼,遂推为两京法主,三帝(武后、中宗、睿宗)国师。仰佛日之再中,庆优昙之一现。……每帝王分座,后妃临席,鹓鹭四匝,龙象三绕;时炽炭待矿,故对默而心降;时诊饥投味,故告约而义领。一雨溥露于众缘,万籁各吹于本分。

这是帝后宫廷方面的隆礼。其实这时候的神秀已是太老了。碑文中说他"久矣衰惫,无他患苦;魄散神全,形遗力谢"。他北来才六年,就死在神龙二年(706)。张说碑文中说:

盖僧腊八十矣。生于隋末,百有余岁,未尝自言。故人莫审其数也。

张说也曾拜在神秀门下,故他撰此碑文,很用气力。他叙述神秀是陈留尉氏人,

> 少为诸生,游问江表。老庄玄旨,《书》《易》大义,三乘经论,四分律仪,说通训诂,音参吴晋。……逮知天命之年(五十岁),自拔人间之世。企闻蕲州有忍禅师,禅门之法胤也。自菩提达摩东来,此法传慧可,慧可传僧璨,僧璨传道信,道信传弘忍,继明重迹,相承五光。乃不远遐阻,翻飞谒诣。虚受与沃心悬会,高悟与真乘同彻。尽捐妄识,湛见本心。……服勤六年,不舍昼夜。大师叹曰:"东山之法尽在秀矣!"命之洗足,引之并坐。于是涕辞而去,退藏于密。仪凤中(676—678)始隶玉泉,名在僧录。寺东七里,地坦山雄,目之曰:"此正楞伽孤峰,度门兰若,荫松藉草,吾将老焉。"

他虽属玉泉寺,而另住寺东的山上,这也是头陀行的"阿兰若处"的生活。宋之问表文中也说他"开室岩居",与此碑互证。因为他住在山岩,来学的人须自结茅庵,故宋之问表文有"庵庐雁行于邱阜"之语。

张说的碑文说达摩以下的师承世系,只是神秀自叙他的蕲州东山一派的师承。我们看了《续僧传》的达摩、慧可、法冲各传,应该明白达摩以下,受学的人很多,起自东魏、北齐,下至初唐,北起邺下,南至岭南,东至海滨,西至成都、绵、梓,都有达摩、慧可的后裔。单就慧可的弟子而论,人名可考者已有十二三人。僧璨一支最少记载,而他的派下道信与弘忍两代继住黄梅,就成为一大宗派。神秀所述世系只是这僧璨、道信、弘忍一支的世系。而后来因

为神秀成了"两京法主,三帝国师",他的门下普寂、义福、玄赜等人又继续领众,受宫廷与全国的尊崇——因为这个缘故,天下禅人就都纷纷自附于"东山法门",就人人都自认为僧璨、道信一支的法嗣了。人人都认神秀碑文中的法统,这正是大家攀龙附凤的最大证据。南北朝的风气,最重门阀,故碑传文字中,往往叙门第祖先很详,而叙本身事迹很略,和尚自谓出世,实未能免俗,故张燕公的《大通禅师碑》的达摩世系就成了后来一切禅宗的世系,人人自称是达摩子孙,其实是人人自附于僧璨、道信一支的孙子了!

张说的碑文中有一段说神秀的教旨:

> 其开法大略,则慧念以息想,极力以摄心。其人也,品均凡圣,其到也,行无前后。趣定之前,万缘皆闭;发慧之后,一切皆如。持奉《楞伽》,递为心要。过此以往,未之或知。

此段说得很谨慎,在这里我们可以看见道宣所述达摩教旨的大意还都保持着。这种禅法,虽然已很简单了,但仍然很明显的是一种渐修的禅法。《楞伽》一宗既用《楞伽经》作心要,当然是渐修的禅学。《楞伽经》(卷一)里,大慧菩萨问:

> 世尊,云何净除一切众生自心现流?为顿为渐耶?

佛告大慧:

> 渐净,非顿。如庵罗果,渐熟非顿,如来净除一切众生自心现流,亦复如是,渐净非顿。譬如陶家造作诸器,渐成非顿,

> 如来净除一切众生自心现流,亦复如是,渐净非顿。譬如大地渐生万物,非顿生也,如来净除一切众生自心现流,亦复如是,渐净非顿。譬如人学音乐书画种种技术,渐成非顿,如来净除一切众生自心现流,亦复如是,渐成非顿。

这是很明显的渐法。楞伽宗的达摩不废壁观,直到神秀也还要"慧念以息想,极力以摄心",这都是渐修的禅学。懂得楞伽一宗的渐义,我们方才能够明白慧能、神会以下的"顿悟"教义当然不是楞伽宗的原意,当然是一大革命。

《楞伽师资记》有神秀传,也是全采玄赜的《楞伽人法志》,大旨与张说碑文相同,但其中有云:

> 其秀禅师,……禅灯默照,言语道断,心行处灭,不出文记。

这也是重要的史料。张说碑文中也不提起神秀有何文记。后来宗密(死在841)在《圆觉大疏钞》(卷三下)里述神秀的禅学,提起《北宗五方便法门》一书。巴黎所藏敦煌写本中有《北宗五方便法门》两本,即是此书,大概是8世纪中叶以后的作品,不是神秀所作。

八、楞伽宗的被打倒

张说《大通禅师碑》文中的传法世系,依我们上文的考据,若单作僧璨、道信一系的谱系看,大致都有7世纪的史料作证明,不是没有根据的。此碑出后,这个谱系就成为定论。李邕作《嵩岳寺碑》和《大照禅师(普寂)碑》(《全唐文》二六二至二六三),严挺之作《大证禅师(义福)碑》(《全唐文》二八〇),都提到这个谱系。义福死在开元二十年(732),普寂死在开元二十七年(739),在8世纪的前期,这一系的谱系从没有发生什么疑问。

但普寂将死之前五年(734),忽然在滑台大云寺的无遮大会上,有一个南方和尚,名叫神会,出来攻击这个谱系。他承认这谱系的前五代是不错的,但第六代得法弟子可不是荆州的神秀,乃是韶州的慧能。神会说:

> 达摩……传一领袈裟以为此信,授与慧可,慧可传僧璨,璨传道信,道信传弘忍,弘忍传慧能,六代相承,连绵不绝。

这是新创的"袈裟传法"说,自道宣以来,从没有人提起过这个传法的方式。但神会很大胆地说:

> 秀禅师在日,指第六代传法袈裟在韶州,口不自称为第六代。今普寂禅师自称第七代,妄竖和尚为第六代,所以不许。

这时候,神秀久已死了,死人无可对证,只好由神会去捏造。神会这时候已是六十七岁的老和尚。我们想象一位眉发皓然的老和尚,在那庄严道场上,大声指斥那个"名字盖国,天下知闻"的普寂国师,大声地喊道:

> 神会今设无遮大会,庄严道场,大为功德,为天下学道者

定宗旨,为天下学道者辨是非。

这个惊人的控诉,这种大胆的挑战,当然是很动人的。从此以后,神秀一支的传法谱系要大动摇了,到了后来,竟被那个南方老和尚完全推翻了。

这段很动人的争法统的故事,我在我的《荷泽大师神会传》(《神会遗集》卷首)里已说得很详细,我现在不用复述了。简单说来,神会奋斗了二十多年(734—760)的结果,神秀的法统终于被推翻了。8世纪以后,一切禅学史料上只承认下列的新法统:

达摩→慧可→僧璨→信→弘忍→慧能

一千一百年来大家都受了这个新法统史的迷惑,都不相信张说、李邕、严挺之几支大手笔在他们的大碑传里记载的神秀法统了。

我们这篇考证,只是要证明神秀碑文内所记的世系是有历史根据的楞伽宗的僧璨一支的道信一派的世系。在我们现在所能得到的可靠史料里,我们没有寻到一毫证据可以证明从达摩到神秀的两百年中,这一个宗派有传袈裟为传法符信的制度。所以我们的第一个结论是:袈裟传法说完全是神会捏造出来的假历史。

神会攻击神秀、普寂一派"师承是傍,法门是渐"(用宗密的《禅门师资承袭图》的话)。依我们的考证,神秀是弘忍的大弟子,有同门玄赜的证明,有7世纪末年南北大众的公认,是无可疑的。至于慧能和弘忍的关系,我们也有玄赜的证明,大概在7世纪的末年、8世纪的初年,慧能的教义已在南方稍稍露头角了,所以玄赜把他列为弘忍的十大弟子之一。所以我们的第二个结论是:神秀与慧能同做过弘忍的弟子,当日既无袈裟传法的事,也没有"傍""嫡"的分别。"师承是傍"的口号不过是争法统时一种方便而有力的武器。

至于"法门是渐"一层,我们在七八世纪的史料里,只看见达摩一宗特别注重《楞伽经》,用作本宗的"心要"。这部经典的禅法,不但不曾扫除向来因袭的"一百八义"的烦琐思想,并且老实主张"渐净非顿"的方法。所以我们的第三个结论是:渐修是楞伽宗的本义,这一宗本来"法门是渐"。顿悟不是《楞伽》的教义,他的来源别有所在。

最后,我们的第四个结论是:从达摩以至神秀,都是正统的楞伽宗。慧能虽然到过弘忍的门下,他的教义——如果《坛经》所述是可信的话——已不是那"渐净非顿"的"楞伽"宗旨了。至于神会的思想,完全提倡"顿悟",完全不是楞伽宗的本义。所以神会的《语录》以及神会一派所造的《坛经》里,都处处把《金刚般若经》来替代了《楞伽经》。日本新印出来的敦煌写本《神会语录》(铃木贞太郎校印本)最末有达摩以下六代祖师的小传,其中说:

(1) 达摩大师乃依《金刚般若经》,说如来知见,授与慧可。

(2) 达摩大师云:"《金刚经》一卷,直了成佛。汝等后人,依般若观门修学。……"

(3) 可大师……奉事达摩。经于九年,闻说《金刚般若波罗经》,言下证如来知见。……

(4) 璨禅师奉事可大师,经依《金刚经》说如来知见,言下便悟。……

(5) 信禅师奉事璨禅师,师依《金刚经》说如来知见,言下便证无有众生得灭度者。……

(6) 忍禅师奉事信大师,依《金刚经》说如来知见,言下便证最上乘法。……

（7）能禅师奉事［忍大师］，师依《金刚经》说如来知见，言下便证若此心有住则为非住。……

（8）能大师居曹溪，来住四十年，依《金刚经》重开如来知见。……

我们看这八条，可知神会很大胆地全把《金刚经》来替代了《楞伽经》。楞伽宗的法统是推翻了，楞伽宗的"心要"也掉换了。所以慧能、神会的革命，不是南宗革了北宗的命，其实是一个般若宗革了楞伽宗的命。

一九三五，四，十二

（《胡适论学近著》第一集，卷二）

禅宗史的一个新看法[1]

我不敢当向各位老同事、老同学作学术讲演。今天早晨八点钟出席司法节纪念会,要我说话,我便提出严重的抗议,我说:"自从回到祖国来,差不多两个月了,天天被剥夺不说话的自由,希望保障我不说话的自由,也是自由了。"刚才朱骝先院长讲到大陆上今天有许多朋友、同事、同学感到精神上的苦痛。我那天在北大同人茶会上说:我们看到大陆上许多北大的同仁要写坦白书,老朋友钱端升自白书有这样一段话:"除了宣告胡适之的思想为敌人的思想外,还要进一步清算蔡元培的思想。"蔡先生(今天大陆上不敢称蔡先生直呼其名)的思想,是怎样的呢?一个是思想自由,一个是学术平等。这种思想,大家认为是天经地义的,不料今天大陆上列在清算之列。

今天我很高兴参加蔡先生八十四岁诞辰纪念会。朱先生要我作一个学术讲演。在匆忙中,不容易想到一个题目。多少年来钻牛角尖,作《水经注》考证;但这个问题,在民国三十八年蔡先生的纪念会上曾经讲过——整理四百年来《水经注》成绩的小史——不能再讲了。临时想了一个题目——禅宗史的一个新看法。客中没有带书;年纪大了一点,记忆力又差,说得不对的地方,还希望诸位先生改正。

---

[1] 本文为1953年1月11日胡适在蔡子民先生八十四岁诞辰纪念会的演讲,原载1953年1月12日台北《中央日报》。——编者注

禅宗史的一个新看法

禅宗史的一个新看法，也是二十多年前常常想到的一个题目。禅宗史，从前认为没有问题；等到民国二十五年以前，我写《中国思想史》，写到禅宗的历史时，才感觉到这个问题不是那样简单。有许多材料，可以说是不可靠，寻找可靠的材料很困难。前次在台湾大学讲治学方法时曾提到在民国二十六年前到处去找禅宗史料一段故事。民国二十五年以来，禅宗史料慢慢出来了。大部分出自敦煌，一小部分出于日本，因为日本在唐朝就派学生，尤其是佛教的学生，到中国来求学。由唐到五代，到宋，到元、明，每代都派有学生来。当时交通不方便，由中国拿回去的书籍，称为舶来书，非常宝贵，保存得格外好。我搜求禅宗史料，在法国巴黎、英国伦敦图书馆看到敦煌出来的材料，许多是8世纪同9世纪的东西，里面有神会和尚语录一卷。我把这材料印出来以后，日本学者乃注意这个问题，搜求材料，也发现一种神会的语录，还有很重要的楞伽宗的材料。我曾经发表几篇长文章，在《"中央研究院"季刊》中发表的是《楞伽宗考》。这个宗派是从梁（南北朝）到唐朝中叶很大的一个宗派，是禅宗的老祖宗。在南方，禅宗最早的一个，是广州一个不识字的和尚慧能，大家称为六祖。《六祖语录》《坛经》从敦煌石室出来的，可算是最古的本子，唐朝年间写的。我看到这个本子不久，收到日本学者印的48尺长的卷子本。这个卷子本是日本翻印中国本子的。现在中国的那个原本没有了；日本翻印本也只有一本在和尚庙中保存着。这两个本子都是古本；拿来与现在通行的《坛经》比较，大有出入。现在通行的《坛经》是根据一个明朝的版，有22 000字，最古本的《坛经》只有11 000字，相差一倍。这多出来的一半，是一千年当中，你加一段，我加一段，混在里面的。日本发现的本子，是北宋初年的，14 000字，已比唐朝的本子增加

227

了3 000字。我发现这些新的材料,对于禅宗就有一个新的看法。我们仔细研究敦煌出来的11 000字的《坛经》,可以看出最原始的《坛经》,只有6 000字,其余都是在唐朝稍后的时候加进去的。再考这6 000字,也是假的。

所谓新看法与老看法有什么不同?老看法说:印度有二十八个祖师,从释迦牟尼起。释迦牟尼有一天在大会场上,拿了一枝花说话。大家不懂什么意思。其中有一个大弟子大迦叶懂了,笑了一笑。释迦牟尼看到他笑,便说大迦叶懂了我的意思。禅宗就是这样开始的,由释迦牟尼传给大迦叶,一代一代传下去;传到菩提达摩,变成了中国禅宗第一祖。每一代都有四句五言秘密传话偈。不但如此,二十八代以前还有七代佛,一代一代传下去;也是一样有四句七言偈。菩提达摩到在中国后,传给慧可,慧可传僧璨,僧璨传道信,道信传弘忍。弘忍是第五祖。当第五祖弘忍将死的时候,把他的一班弟子叫来说:你们中真正懂得我的意思的,可以写个偈语给我看,如果我觉得对了,就把我的法传给他,而且还要把多少代祖师传法的袈裟给他,作为传法的证件。于是弘忍最著名的弟子神秀在墙壁上题了一偈。大家看了,都说我们的上座(大弟子)答对了。但是那个时候有一个不认识字的和尚,在厨房中舂米。他听到神秀的传心偈,就跑出来说,我们的上座没有通,我通了。于是那个不认识字的厨房小和尚——大家称为"獦獠"的——慧能,也做了一首偈,请人家写在墙上。老和尚一看,就说也没有通,把它擦掉了(怕他被人杀害)。但是到了半夜,把窗子遮起来,把他叫来,秘密地把法传给他,并且把袈裟也传给他。慧能因此就成为禅宗的第六祖。神秀后来到北方去,成为禅宗的北宗;慧能在南方广州韶关一带传道,为禅宗的南宗。

慧能传了很多弟子；当中有两个最重要的，一是江西吉州青原山的行思，一是湖南南岳的怀让。后来的禅宗五大宗派，便是从怀让与行思二人传下来的。从来没有提到神会和尚，这个传统的老看法的禅宗史是很简单的。从印度二十八代一代一代地传下来，每一代到老的时候就写了偈语，传了法，又传了袈裟。这样整整齐齐的每代都做了四句五言诗，甚至在几万年前老佛祖传世时也做四句七言诗；这很可以使人怀疑。我想这是不可靠的。新的看法，禅宗是一个运动，是中国思想史、中国宗教史、佛教史上一个很伟大的运动，可以说是中国佛教的一个革新运动，也可以说是中国佛教的革命运动。

这个革新运动的意义是什么呢？佛教革命有什么意义？这个可以分为两层来说。第一个意义是佛教的简单化、简易化；将烦琐变为简易，将复杂变为简单，使人容易懂得。第二个意义是佛教本为外国输入的宗教，而这种外来的宗教，在一千多年是佛教本为外国输入的宗教，而这种外来的宗教，在一千多年中，受了中国思想文化的影响，慢慢地中国化，成为一种奇特的、中国新佛教的禅学。这两个意义在公元8世纪初，唐朝武则天末年开始。简单说，从公元700至850年，在这一百多年中，包括盛唐和中唐，是禅宗极盛的时期。这在中国佛教中是一个大的运动，可以说是佛教内部革新的运动。这个新的佛教，在印度没有。这是中国佛教中革新运动所成就的一种宗教，叫作禅宗，也叫作禅门。

中国佛教革新运动，是经过很长时期的演变的结果；并不是广东出来了一个不认识字的和尚，做了一首五言四句的偈，在半夜三更得了法和袈裟，就突然起来的，它是经过几百年很长时期的演变而成。这个历史的演变，我现在打算把它简单地叙述出来。

首先，我们应该知道中国禅与印度禅的不同。在未说印度禅之前，我要将我们中国宗教的情形略作叙述。我们古代宗教是很简单的。在春秋战国时代，我们虽然已有很高的文化，在道德、伦理、教育思想、社会思想、政治思想各方面，我们已有很高的水准，——但是宗教方面却非常简单。当时只相信一个"天"，或许是高高在上的天，或许是上帝。这苍苍之天与主宰的上帝，是第一个崇拜的对象。其次是崇拜自然界的大力量。认为日月天地都有一种神的存在。第三是崇拜祖先。第四是在宗教崇拜下善有善报、恶有恶报的报应观念。在佛教传入以前我们的祖宗没天堂与地狱的观念，宗教原是非常简单的。印度教传入以后，他的宗教不但表"天"，而且有三十三重天；不但有地狱，而且有十八层地狱，甚至有十六乘十六、再乘十六层的地狱，一层比一层可怕。这样复杂的情形，的确可以满足人民对于宗教的欲望的。结果，我们原有简单的宗教，与它比较以后，就不免小巫见大巫，崇拜得五体投地了。崇拜到什么程度呢？佛教中人把印度看作西天，看作极乐的世界，都是由于佛教的崇拜。

中国和尚看到这样复杂的宗教，便想到：是不是有法子找出一个扼要的中心呢？于是，头一个运动就是把佛教的三个大部门"戒""定""慧"中的"定"特别提出。"戒"就是规律，有五百戒，五千戒，是很烦琐的。"定"就是禅示中的"禅"，就是怎样控制心，也就是"定心息虑"。"慧"就是智慧，是理解。中国佛教徒将佛教三个大部门中的"定"拿出来，作为佛教的中心，包括"戒""慧"以及一切在内。因为打坐的时候，可以控制人的呼吸，然后跟着呼吸控制到身体，然后控制心灵的活动，到了欲望来的时候，或且想到人生许多快乐的事情，就要靠"智慧"来帮助。譬如说：想到男女爱情的时候,要想到她并不是漂亮的,而是一袭漂亮的衣服中,一块皮包着206块骨头,以许许多多的骨节接连起来的,以及肉和血等;到了死了以后,流出了血、脓、蛆。一个漂亮的女人也不过是很难看的一堆骨、血、蛆。这样一想,什么欲望都没有了。这是以"慧"助"定",来控制"不净观"。还有是以"空观"来控制的,譬如说:两个人互相咒骂。挨骂了,生气了,要懂得"空"的哲学(佛教的根本哲学),把一切看作地水火风的偶然凑合。"骂"是一种声浪,是地水火风暂时凑合发出的声浪,分散了便归乌有。骂的人和被骂的人,都是这四大凑合,如果都是"空",没有他,没有我。作如是想,便不会生气了。

把"禅"包括"戒""定""慧",而以"禅"为佛教中心,是把印度佛教简单化的第一时期的方式。

不久,仍旧觉得这个"印度禅"还是烦琐的。如坐禅要做到四禅定的境界,要做到四无色定的境界,最后要能达到最高的目标——六神通:神足通,天眼通,天耳通,他心通,宿命通,漏尽通。能游行自在,能见千里外的事物,能闻千里外的声音,能知他人的心思,能知过去未来,等等。这些烦琐的所谓最高境界,拆穿西洋镜,却是荒唐的迷信。于是进一步地革新到"净土"的"念佛"法门。

5世纪初期,庐山高僧慧远,开始接受印度中亚细亚传入的《阿弥陀佛经》;不要一切烦琐的坐禅仪式,只要你心里相信,有"净土"的存在。"净土"是天堂,天堂里有四季不谢之花,有八节长青之草,琉璃世界,有无量寿,有无量光。

以后慢慢演化到念南无阿弥陀佛(南无即崇拜的意思)。只要你念千万遍,在临死前你必能看到净土的美丽世界,必有人来接引你到这美丽的世界里去。

5世纪中叶，苏州有一个道生和尚，他对中国古代老庄的思想，特别有研究。他头一个提出"顿悟"的口号。不要念经，不要坐禅，不要持斋拜佛，以及一切烦琐的步骤，只要有决心，便可以忽然觉悟。这与欧洲宗教的重大改革，由间接地与上帝接触，变为直接地回到个人的良知良心，用不着当中的媒介物一样。到过苏州的人，都知道虎丘有一个生公说法台，有"生公说法，顽石点头"的传说。这个顿悟的学说，是以中国古代道家的思想提出的一个改革。我们看看道生的书，就可以看出他有很浓厚的道家的思想了。

从5世纪末叶到6世纪初年（公元470—520年），是印度高僧菩提达摩渡海东来，在中国传教时期。传说他到广州是梁武帝时代；经我考证，不是梁武帝时代来的，而是刘宋明帝时来的。有人说他到中国九年就回国，或死了；实际他是由宋经齐梁，在中国居住了五十年之久。他是印度人，年轻时就有很多胡须，所以冒充一百五十岁。他到中国创立一个宗派——楞伽宗，认为用不着佛教许多的书，只要4卷《楞伽经》就够了。这是印度和尚把佛教简单化的一个改革。他提倡"理入"和"行入"。"理入"承认人的本性是善的，凡是有生之物，都同样含有善的、完美的本性——含有同一真性。"行入"是苦行和忍，作众人所不能忍受的苦修。"一衣、一钵、一坐、一食，但蓄二针，冬则乞补，夏便通舍，覆赤而已。"睡则卧于破烂的古墓中。自达摩建立楞伽宗，其中有很多"头陀苦行"的和尚。（头陀是佛教苦修的名称，即自己毁坏自己的意思。在唐代的诗文中，常可看到描述和尚苦修的情形。）

武则天久视元年（公元700年），下诏召请一个楞伽宗的有名和尚神秀到京城来。他那时已九十多岁了。他是全国闻名的苦修和尚。他由湖北经洛阳，到两京时，武则天和中宗、睿宗都下跪迎接,可见其声望之大。他在两京住了六年就死了(公元706年)。在那个时期里,他成了"两京法主,三帝国师"。死后,长安城万人痛哭,送葬僧俗,数逾千万。当时的大名人张说给他写碑,叙述他是菩提达摩的第六代。神秀死后,他的两个大弟子普寂、义福继续受帝后尊崇。这个时期,是楞伽宗的极盛时期。

开元二十二年(公元734年),忽然有一个在河南滑台寺的南方和尚神会,出来公开指斥神秀、普寂一派"师承是傍,法门是渐"。指明达摩第六代是慧能不是神秀,慧能才是弘忍的传法弟子。而慧能和神会是主张顿悟的,有人对神会和尚说:"现在是神秀、普寂一派势焰熏天的时候,你攻击他,你不怕吗?"神会回答说:"我为天下定宗旨,辨是非;我不怕!"那时神会和尚已经八十多岁了。从公元734年到755年,这二十多年间,神会敢出来和全国最崇敬的湖北神秀和尚挑战,说出许多证据,攻击为帝王所尊重的宗派,并且为人佩服:这是为他可以举出弘忍半夜传给他老师的袈裟为证的缘故,那时神秀已死了,他的两个大弟子普寂(死于739年)、义福(死于732年)又先后死了,没有人和他反辩。反对党看他的说法很动人,却害怕起来,于是告他聚众,图谋不轨。经御史中丞卢奕提出奏劾,皇帝乃将神会贬逐南方。最初由洛阳贬逐到江西弋阳,以后移到湖北武当、襄阳、荆州等地。三年中贬逐四次。可是反对党愈压迫,政府愈贬逐,他的声望愈高,地位愈大!

公元755年,安禄山造反,由河北打到两京(洛阳、长安),唐明皇狼狈出奔,逃往四川。他的儿子肃宗出来收拾局面。由郭子仪、李光弼两将军逐步收复两京。这时神会已经回到洛阳,正值政府打仗需款,他就出来帮助政府筹款。当时政府筹款的方法是发行度牒。但是推销度牒有二个条件:一是必须有人做和尚;二是必须有人花钱买度牒和尚。这都需要有人出来传道劝说。神会既有口才,且有甚多的听众,遂由他出来举行布道大会,推行"救国公债"。结果大为成功,善男信女都乐意舍施,购买度牒。皇帝以神会募款有功,敕令将作大匠日夜加工,为神会兴建寺院。不久,神会圆寂,时在上元元年(760),神会年九十三岁,敕谥为"真宗大师"。神会死后六年(德宗真元十二年),皇帝派太子主持一个委员会,研究禅宗法统问题。经许多禅师考虑的结果,承认神会为七祖,也就是承认他的老师慧能为六祖,解决了这个法统之争。而神会这一派遂得到革命的大胜利。

这七十年来,在没有正式承认神会为七祖以前,社会上的知识阶级,已经受到神会的影响,杜甫的诗有"门求七祖禅"的话;那时虽未正式承认七祖,已承认七祖禅了。在神会最倒霉的时候,杜工部的朋友王维,应他的请求作了《能大师碑》,明认慧能为弘忍传法弟子,得了"祖师袈裟"。王维所写的这个碑,后来被收在《唐文粹》中。杜王二人的文字都可以证明当时社会里已有这个新禅宗的看法。

当神会说法时,曾经有人问他:"菩提达摩是第一祖,由菩提传到慧能是第六祖;那么在印度又传了多少代呢?"关于这件事,现在文件中发现所谓二十八祖,固然是个笑话,就是神会的答复,也是一个大笑话。他说:"在印度传了八代。"传一千多年,只传八代,是不可能的事。因为他不懂梵文,把菩提达摩和达摩多罗两个人弄成了一个人,所以说出八代。究竟有几代?说法不一。有说二十四代,有说二十五代,有说二十六代,有说二十七代,甚至有说五十一代的;这都是他们关起门捏造出来的祖宗。这些材料,都不可靠。我所以说这个故事,就是要说他的老师慧能。半夜得到的袈裟究竟是第几代传下的,这是一个不能解决、无法审问的千古疑案。

最后,我们看一看,神会革命胜利成功的禅宗是什么?为什么要革新?为什么要革命?从我在巴黎发现的敦煌材料,和以后日本学者公布的材料(这两个材料比较起来,我的材料前面多,日本的材料后面多)看起来,我们知道神会的学说主张"顿悟"。"顿悟"是一个宗教革命。藉个人的良知,可以毁掉种种烦琐仪式和学说,即所谓"迷即累劫,悟即须臾"。譬如"一缕一丝,其数无量;若合为绳,置于木上,利剑一斩,一时俱断"。人也是这样。"发菩萨心人,亦复如是。"一切入定出定的境界,都是繁于心。只要发愿心就可以"豁然晓悟,自见法性本来空寂。……恒沙妄念,一时顿尽"。

神会学说的第二个主张是无念,"不作意即是无念"。一切"作意住心,取空,取净,乃至起心求证,菩提涅槃,并属虚妄。但莫作意,心自无物"。譬如商朝的傅说,和周朝的太公,一个是泥水匠,一个是在水边钓鱼的人,一时机会来了,一个贫苦的人一跳而为政治上的重要人物,担负国家的重任:这叫作世间的不可思议事,出世的宗教也有不可思议事;所谓顿悟,就是一日豁然顿悟。中国有一句话说:"放下屠刀,立地成佛。"用不着苦修! 这是神会积极的思想。

消极方面,神会是反对坐禅,反对修行的。他说:"一切出定入定的境界,不在坐禅。""若有出定入定及一切境界,祸福善恶,皆不离妄心。"凡是存着修行成佛的思想,就是妄想。"众生若有修,即是妄心,不可得解脱。"

神会的这种宗教革命思想,在当时所以能很快地成功,不是神会一个人打出来的,神会只是当时的"危险思想"的一部分。但神会的功劳特别大。因为神会是宗教家,同时又是政治家和财政家,可说是个革命家;他懂得用什么武器打击敌人,使他的宗教革命运动得到成功。

总结一句话，禅宗革命是中国佛教内部的一种革命运动，代表着他的时代思潮，代表 8 世纪到 9 世纪这百多年来佛教思想慢慢演变为简单化中国化的一个革命思想。这种佛教革命的危险思想，是最值得我们参考比较的，就是在《唐文粹》这部书中，有梁素《天台通义》的一篇文章，痛骂当时的危险思想，说这样便没有佛法，没有善，没有恶了。从这反对党的说话中，我们可以看出当时的危险思想，的确是佛教中一种革命的思想。

还有一种材料值得我们注意的。9 世纪中叶（西元 841 年），宗密和尚搜集了一百多家禅宗和尚《语录》。可惜这些材料大部分都散失了，只存留一篇序文，长达万字，讲到从 8 世纪到 9 世纪中的多少次佛教革命的危险思想。宗密把当时佛教宗派分为禅门三宗。一是息妄修心宗，二是泯绝无寄宗，三是直显心性宗。二、三两宗，都是革命的；其中包括社会许多人士，在宗密和尚的《禅源诸诠集都序》里，我们可以看出，除了神会以外，还有许多革命思想的宗派。现在佛教中，还有一部《圆觉经》。这部经大概是伪造品，是宗密自己作的。这只有一卷的经，他却作了很多的注解，叫作《圆觉经大疏钞》。这里面有很多禅宗历史的材料。

刚才讲的是佛教内部的革命。最后要讲经过外面摧残的史实。唐武宗会昌五年（西元 845 年），是摧残佛教最厉害的一年。唐朝学者——不很高明的思想家——韩愈在《原道》一文中，倡说"人其人，火其书，庐其居"的口号，是公元 824 年的事情；经过二十一年，到武宗时竟实现。当时毁寺四千六百余区，毁招提兰若（私造寺）四万余区，迫令僧尼 26 万多人还俗。佛教经典石刻都被毁弃：这是历史上最可惜的文化毁坏。后来武宗死了，他的兄弟做皇帝,信仰佛教,却是没有办法恢复旧观,因为经过这样大的变化以后,寺院的几千万顷田产被没收,十多万男女奴隶被解放;要恢复堂皇的建筑,没有钱怎样能做到? 在这个环境下,只有禅宗派不要建筑。在9世纪中叶,佛教出了两个了不得的和尚:南部湖南出了一位德山和尚,北方河北出了一位灵济和尚。我们看他的语录,充满了"呵佛骂祖"的气味。举例说:古时一位秀才到庙里去,和尚不大理会招待;府台大人到了,和尚却率领徒众欢迎。等到府台走了,这位秀才问他:佛教是讲平等的,为什么这样对我? 和尚回答说:我们是禅门,招待就是不招待,不招待就是招待。这位秀才捆了他一掌。和尚问他,你怎么打人。他回答也是说:打了就是不打。从敦煌所保留的《语录》看来,才晓得真正呵佛骂祖时代,才知道以后的《禅宗语录》百分之九十九是假的。

佛教极盛时期(公元700—850年)的革命运动,在中国思想史上、文化史上是很重要的。这不是偶然的。经过革命后,把佛教中国化、简单化后,才有中国的理学。

佛教的革新,虽然改变了印度禅,可是仍然是佛教。韩退之在《原道》1790个字的文章中,提出大学、诚意、正心、修身,不是要每一个人做罗汉,不是讲出世的;他是有社会和政治的目标的。诚意、正心、修身,是要齐家、治国、平天下,而不是做罗汉,不是出世的。这是中国与印度的不同。韩文公以后,程子、朱子的学说,都是要治国平天下。经过几百年佛教革命运动,中国古代的思想复活了,哲学思想也复兴了。这段故事,我个人觉得是一个新的看法。

(《胡适演讲集》,载《胡适文集(12)》,北京大学出版社1998年版。)

禅宗史的真历史与假历史

假历史

世尊在灵山会拈花示众，人天百万悉皆不解，独大迦叶微笑。佛云，我有正法眼藏，涅槃妙心，分付迦叶了。

大迦叶传阿难，以下递传，共廿八代，每一代只有一人。第廿八代菩提达摩东来，是为东土禅门初祖。〔11世纪的契嵩有《传法正宗记》，又有《传法正宗定祖图》，《碛砂藏》587，588（约法）把六祖画出像来！〕

师子比丘以后的几代：

宗密所记	《宝林传》
（古本《坛经》）	《传灯录》
日本所传	契嵩所图
(23)师子	(7)婆须密
(24)舍那婆斯	(24)师子
(25)优婆崛	(25)婆舍斯多
(26)婆须密	(26)不如蜜多
(27)僧迦罗刹	(27)般若多罗
(28)菩提达摩	(28)菩提达摩

菩提达摩到广州，在梁武帝普通八年(527)(《传灯录》)。契嵩考订为普通元年(520)。北去至魏，行化九年而死。

达摩带了传法袈裟东来。传于慧可，以下传授世次：

① 达摩

② 慧可

③ 僧璨

④ 道信

⑤ 弘忍

⑥ 慧能

六代相传，皆"传一领袈裟，以为法信。"

第五代弘忍和尚，在蕲州黄梅双峰山行化时，有上座神秀"众所宗仰"。又有南方新州来的一个不识字的獦獠，姓卢，在碓房里作工。弘忍和尚要传法，命他的弟子各作一偈，表示各人的见解。神秀作偈曰，

> 身是菩提树，心如明镜台。
> 时时勤拂拭，莫使惹尘埃。

弘忍看了，不很欣赏。过了几天，那个不识字的卢行者也编了一首偈，请人写在壁上。其词是：

> 菩提本无树，明镜亦非台。
> 本来无一物，何处惹尘埃！

五祖和尚看了大喜，后来在三更唤他去，秘密传授心法并传袈

袋给他,叫他赶快南归。是为南宗的"六祖"。

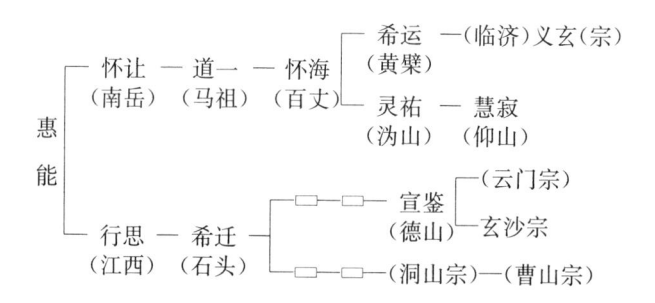

```
         ┌ 怀让 ─ 道一 ─ 怀海 ┬ 希运 ─ (临济) 义玄 (宗)
         │ (南岳) (马祖) (百丈)│ (黄檗)
         │                    └ 灵祐 ─ 慧寂
惠能 ─┤                      (沩山) (仰山)
         │                           ┌──── (云门宗)
         │                    ┌ 宣鉴 ┤
         └ 行思 ─ 希迁 ┤      (德山) └──── 玄沙宗
           (江西) (石头)│
                        └──── (洞山宗) ─ (曹山宗)
```

真历史

全无一点经典上的根据。佛教内容有戒、定、慧三部分。其中"定"是禅定,来源甚古。

① 印度人最缺乏历史观念,故佛教没有更传,更没有可信的史传。印度记佛教宗派的史书,如《异部宗轮论》《十八部论》并无此说。

② 中国有历史记载的习惯,故初期以后即有史籍可稽,如僧祐的《出三藏记集》,慧皎的《高僧传》,道宣的《续高僧传》,都没有佛法传授世系的话。

③ 8 世纪的神会和尚始提出"菩提达摩复承谁后,又经几代?"他的答案是"西国以菩提达摩为第八代。""据何得知?""据《禅经序》中具明西国代教。"

④ 八代说根据的《禅经》,是东晋末年庐山译出的《达摩多罗禅经》,他把 Dharma trata 译作 Bodlndharma 了!

⑤ 八代说显然是太少了。旧说佛生于周昭王时(前 11 世

纪),到达摩东来(旧说在梁武帝时),一千六百年中,岂止七八代?所以8世纪下半,起了许多说法。

有廿三代说,廿四代说,廿八代说,廿九代说,五十一代说。最后渐渐归到廿八代说。

其实都是伪造的法统世系!五十一代说是根据《出三藏记》的一张表的。廿三代与廿四代,都是根据一部很可疑的《付法藏传》,此书明说第廿三代师子比丘被杀,"相付法人于是便绝"了,如何又有付法的人呢?所以有添造几代的必要。

添造的三四代有唐、宋的大区别,如上表。

其实添来减去(包括五十一代说),其中关键仍是认达摩多罗与菩提达摩为一个人!

①《高僧传》明说他"初达宋境南越",宋亡在479。他达宋境应在479以前,可能在470。

②《洛阳伽蓝记》记他曾见永宁寺的极盛时(516—526)。

③《高僧传·僧副传》又说僧副在北方从达摩出家,到"齐建武年(494—497),南游杨辇,止于钟山定林下寺"。

可见他在5世纪后期到中国,在中国住了约五十年,故能传授弟子多人,成一个宗派。

所有5、6、7世纪的史传,都没有"传衣"之说。"传衣之说",是神会和尚造出的。

事实是这样的。

达摩一派是修"头陀"行(Dhuta)的苦修和尚。从5世纪晚年以后,习禅之风大行。当时所谓"禅",一面侧重坐禅,一面又注重修头陀行。

北方有佛陀——僧稠一支,又有达摩一支,都是禅学。僧稠在

6世纪中叶,已受高齐皇帝的尊崇,已不是山林苦修的头陀了。

北方又起来了慧里一支,也是禅学,后来转到南岳。他的弟子智顗又转到天台山,故称为南岳天台的禅学。

达摩一系,奉四卷《楞伽》为法要,故后来称楞伽宗。此宗经过三百年,能保持苦修的头陀行不变。

此宗有神秀和尚,在荆州玉泉寺东的山上"开室岩居,年逾九十,形彩益茂"。他的名誉远播,武则天皇帝请他来(700),他于701年到京。备受宫廷及人民的崇拜,称为"两京法主,三帝国师"。他死在706年。死后,张说作碑铭,始载此世系。

达摩—可—璨—道信—弘忍—神秀。

当时神秀的弟子普寂、义福等继续受朝廷与人民的崇奉。故各宗派都纷纷攀龙附凤,自附于达摩派下。

如牛头山法融一支,与达摩一支毫无关系,其后人也称法融是"四祖"道信的弟子!慧能大概是弘忍的十一个弟子之一,见于《楞伽人法志》(玄赜作的)。

开元二十年(732),南阳龙兴寺的神会和尚忽然在大会场上指斥北方势焰最大的普寂和尚的法统是旁支,法门是错误的渐教。他说,弘忍半夜传法传衣,传的是那韶州的不识字的卢行者慧能,他是的的正传,他的教义是单刀直入的顿教!

证据?"其袈裟今现在韶州!"(《集刊》29本:845)此外尚有别的伪故事:(848)。

长安三年(703)秀和尚说:"传法袈裟今见在韶州能禅师处。"

神会的《菩提达摩南宗定是非论》当日传播甚远。敦煌一地出来了三个本子。日本求法僧圆行在开成三年(838)带了一本回日本。

神会又请当日的大文人写了一些碑传：

房琯的《三祖璨禅师碑》（存在《宝林传》里）宋鼎的《六祖能禅师碑》（欧赵均记录）王维的《六祖能大师碑》（存）

《神会语录》（问答杂征义）

敦煌出了四个本子（我的校本）（英国存本。Stein6557）（日本石井光雄本），日本圆仁带去了一本（847），日本圆珍带去三本（854，857，858）。

日本永超在1094还著录此。

《神会语录》后来加上了"六代大德"的传记（石井本），其中《能禅师传》是最早的《坛经》底本。

《六祖大师法宝记檀经》，（敦煌本）（西夏译本）（1071）

日本保存的兴圣寺翻1153刻本，其底本为967（乾德五年）惠昕本。

日本出的大乘寺福元钞1116刻本。

在《神会语录》（石井本）的《能大师传》里，只提及弟子二人（玄楷、智本）。有临终"预言"，明指神会"我灭度后，卅年外，竖立宗旨者，即是"。

在《坛经》三个最古本里，提到弟子10人，有神会而无行思、怀让。有"悬记"明指神会。

《坛经》的元明本都是经过契嵩（11世纪）及以后人改窜增加的。故弟子之中，有行思、怀让、玄觉（永嘉大师）诸人。又都删去了关于神会的"悬记"。

发现了神会的许多文件（《定是非论》《语录》《坛语》等），又发现《坛经》的三个最古本，我们还没有发现真历史，只发现了假历史的制造人们，只发现了假历史如何造成的来历与经过。

神会是制造禅宗（南宗）假历史的第一好手。他制造了：

（1）传衣传法的假历史

（2）中土六代祖师的传记与碑版

二祖可大师碑（法琳）（《宝林传》）

三祖璨禅师碑（房琯）（《宝林传》）

四祖碑（杜正伦）（未发现）

五祖（闾丘均）（未发现）

六祖两碑（宋鼎、王维）

"六代大德"小传（？）可能作于他身后？

宋僧传：会于洛阳荷泽寺崇树能之真堂，兵部侍郎宋鼎为碑焉。会叙宗脉，从如来下西域诸祖外，震旦凡六祖，尽图绩其影。太尉房琯作《六叶图序》。

（3）用《金刚经》来代替了《楞伽经》

用"顿教"来替代了"渐修"的禅法。

反对坐禅，佛教的革命的运动

（4）造出"西国八代"的传法说，引起8世纪的无数禅门西土祖师传法世代说。

神会的天才，毅力，奋斗精神——他实行了"一句假话，只要反复说了一百万遍，就成为真话"的宣传大原则。天宝十二年（753）御史中丞卢奕奏劾神会"聚徒，疑萌不利，"（《僧传》），宗密记他"被谮聚众"！敕黜弋阳郡，又移武当。十三年（754），量移襄州，七月，又敕移荆州开元寺。

他的宣传手段，确是了不得！他的《定是非论》里说：

神会今设无遮大会，……为天下学道者定宗旨，为天下学道者辨是非。

有人问他：

> 普寂禅师名字盖国，天下知闻。……如此相非斥，岂不与身命有关？

他侃侃地回答：

> 我自料简是非，定其宗旨。我今为弘扬大乘，建立正法，令一切众生知闻，岂惜身命！

这种为宗教奋斗，为"料简是非"奋斗的气魄，是可以号召很大的群众的。所以，卢奕弹劾他，说他"聚众，疑萌不利"。他因此受四次贬谪，受罪。他真成了一个"建立正法""岂惜身命"的殉道大好汉了！神会的著作当时传播甚远——西北到敦煌北庭，南到台州越州，东到日本高丽——必是为了当时民众确实崇拜他，信仰他。

当他在前后贬谪地区时，——天宝十四年十一月（755），——安禄山造反了。次年（756）洛阳长安都失陷了。唐明皇仓皇逃奔到四川了。太子即位于灵武，代宗（太子）、郭子仪收复两京（757）。政府的军队缺乏军饷，于是不能不发行一种"救国证券"——僧尼道士的度牒，每张"百缗"，用来助军饷。

度牒是要有施主出钱买的。于是有劝买度牒的布道大会。这时候，许多大国师的徒子徒孙，靠拢的也有，投降的也有。而政府四次贬逐的神会老和尚居然跑回洛阳来了！于是大家要利用他动人的口才，"聚众"的号召力，请他主持劝买度牒的大会。"所获财帛，顿支军费。代宗、郭子仪收复两京，会之济用，颇有力焉"。（《宋僧传·科分六学传》）

于是新皇帝"诏入内供养，敕将作大匠并力齐功为造禅宇于荷泽寺中"。《高僧传》接着说：

> 会之敷演，显发能祖之宗风，使秀之门寂寞矣。

但神会已是九十三岁的老人，在肃宗废除年号的元年五月十三日，他死了（760）。

皇帝敕谥曰"真宗大师"，塔号"般若"焉。这已是承认他是"真宗"了。

据宗密的记载，德宗皇帝贞元十二年（796）（神会死后三十四年）敕皇太子集诸禅师楷定禅门宗旨，搜求传法旁正，遂有敕下，立荷泽大师为第七祖。这当然是正式追认慧能为第六祖了。神会的假历史大胜利了，他用假历史来革命，完全成功了。

宪宗皇帝元和十年（815），下诏追谥六祖慧能为大鉴禅师，塔曰灵照之塔，广东的佛教徒请当时的大文学家柳宗元作第一碑，刘禹锡作第二碑。这是神会死后的第五十三年。

为什么这样一位革命成功的大功臣——神会——居然会被历史埋没了一千多年呢？为什么禅宗史书（如《传灯录》、《五灯会元》等）的百分之九十九以上的地位全给怀让、行思两个不见于《坛经》、不见于当时史迹的和尚的子孙占据了呢？

这难道是制造假历史的报应吗？

假历史造得太过火，是一个原因。

如西土祖师八代说，是必定被推翻的。

传法"一代只许一人，终无有二。纵有千万学徒，只许一人承后。"这是大众不能容许的假历史。

假历史是人人可以制造的。神会生前与死后，各家都在造假历史了。

① 神会一派造作《坛经》。

② 8世纪晚年，9世纪初年，出来了无数假历史。

《五明大集》

《续法记》

《圣胄集》

《历代法宝记》成都保唐寺无住一派。此派的世系：

弘忍—智诜（资州）—处寂—无相（成都净众寺）—无住（成都保唐寺）—

他们造出"袈裟被女子将了去也"的假历史。

集大成的《宝林传》十卷（日本出来了第六卷，山西赵城广胜寺出来了一、二、三、四、五、八卷）。

神会一系被埋没的最重要原因是：在他大胜利之后，全国的佛教宗派（除了天台一系）又都纷纷造历史，造传法世系表，来做攀龙附凤的工具了！

① 成都净众，保唐两派的假袈裟故事。

② 马祖道一出于成都净众寺一系，但他到了湖南，就自称是能大师弟子怀让的弟子。

③ 行思—希迁—一系的世系也是很可疑的。

④ 玄觉与"证道歌"的故事。

⑤《坛经》的改造与加添。

(a)《曹溪大师别传》作于建中二年(781)有新的悬记:吾去七十年,有二菩萨从东方来,一出家,一在家,同时兴化,建立吾宗。

(b) 加入行思、怀让、玄觉……

(原载《胡适手稿》第七集,上册,
　　选编时参考了《禅学指归》。)

论禅宗史的纲领

一、汤用彤教授来书

适之先生：

　　前在《现代评论》增刊中见尊作《菩提达摩考》，至为钦佩。兹寄上旧稿一段，系于前年冬日在津所草就。其时手下书稿极少，所作误略至多，今亦不加修正。盖闻台端不久将发表"禅宗史"之全部，未见尊书，不能再妄下笔。先生大作如有副稿，能寄令先睹，则无任欣感。

　　达摩"四行"非大小乘各种禅观之说，语气似婆罗门外道，又似《奥义书》中所说。达摩学说果源于印度何派，甚难断言也。

汤用彤七月十六日（1928年）

二、胡适答汤用彤教授书

用彤先生：

　　7月16日的手书，已读过了。

　　《中国佛教史略》中论禅宗一章，大体都很精确，佩服之至。先生谓传法伪史"盖皆六祖以后禅宗各派相争之出产品",此与鄙见完全相同。我在巴黎伦敦发现了一些禅宗争法统的史料,影印带回国。尚未及一一整理。先生若来上海,请来参观。

此项史料皆足证明禅宗法统至8世纪之末尚无定论,与我数年前所作《二十八祖考》完全相印证。但9世纪禅宗所认之二十八祖,与宋僧契嵩以后所认之二十八祖又多不相同,尤其是师子以下的4人。其作伪之迹显然,其中有许多笑柄,去年我在科学社年会讲演,曾略述之。

我的《禅宗史》稿本尚未写定,大部分须改作,拟于今夏稍凉时动手改作。有所成就当寄呈乞正。

今将我的大纲略述于此,不能详也。

(一)禅有印度禅,有中国禅。自《安般经》以至于达摩多罗《禅经》,皆是印度之禅。天台一派,《续僧传》列入"习禅"一门,其人皆承袭印度禅,而略加修正,"止观"即旧禅法的两个阶级,天台始以为禅之要旨。故天台是过渡时期。达摩一宗亦是一种过渡时期的禅。此项半中半印的禅,盛行于陈、隋之间,隋时尤盛行。至唐之慧能、道一,才可说是中国禅。中国禅之中,道家自然主义的成分最多,道一是最好代表。

(二)菩提达摩一宗在当时名为楞伽宗。其传法系统见于道宣《续僧传》"感通门"之《法冲传》中。巴黎伦敦有敦煌本《楞伽师资记》,是此宗的重要史料。

(三)"顿悟"之说起源甚早。《僧传》与《续僧传》中可以寻得许多线索。

(四)慧能在当日确有革命之功;现发现敦煌本《坛经》,我有影本,可以考见他的思想。

（五）慧能在当时并不出名，其人不过南方一派的大师而已。至神会北上，与正统派挑战，自称正统，并说其师有传衣为信，于是始有法统之争。北宗神秀已死，死无对证，而神会之才辩又足以夺人，故北宗的权威大摇动，不得已乃出于压迫的手段，故有卢奕的弹劾。神会放逐三次，名声更大，安史乱后，北宗遂倒，神会遂成第七祖。

（六）神会著作散失，我在巴黎发现两卷他的语录，最可宝贵。又在伦敦发现他的《显宗记》古本。

（七）8世纪下半，各派争造法统伪史，其多不可胜记。有七世说（楞伽宗北宗），有十三世说（神会最早之语录），有二十四世说，二十五世说，……二十八及二十九世说，甚至有五十一世说（《白香山集·传法堂碑》）。杂见于《全唐文》，敦煌残卷中。

（八）《续法记》、《宝林传》皆当时法统伪史的一部分。

（九）唐代所出传法之说的根据为(1)达摩多罗《禅经》序，(2)《付法藏传》。师子以下之诸人则出于捏造，无所依据。

（十）故宋僧契嵩出而修正之，有"正宗""定祖"的大议论，其说以僧祐《出三藏记集》为据，后来竟为正统的法统说。

今比较唐宋之世系如下：

唐（宗密　日本书　敦煌卷子）	宋以后
第23 师子	第7 婆须密
24 舍那婆斯	24 师子
25 优婆掘	25 婆舍斯多
26 婆修蜜	26 不如密多
27 僧伽罗刹	27 般若多罗
28 菩提达摩多罗	28 菩提达摩

（十一）8世纪下半至9世纪上半的禅宗派别，应以宗密《圆觉大疏钞》卷三之下及《禅源诸诠集都序》所述为最可信的史料。《大疏》分七家，《都序》分十室，我们向来不很了解，今在敦煌发现新史料之中，有许多史料可补充，于是十室之中可得七八了。你所引的《北山录》作者神清即出于七家之一——金和尚——其世系如下：

弘忍—智诜—处寂—无相（金和尚）—神清

他出于北宗，故多抨击当时的伪法统史。

（十二）南宗成为正宗之后，北宗门下又多捏造世系自附于正统。故保唐寺一派（七家之一），本出于金和尚门下，也自附于南宗。马祖、道一也出于金和尚门下，因为有怀让的关系，遂成为南宗宗子了！

（十三）神会一派不久便衰歇。道一门下不久成为正统。"中国禅"至此始完全成立。

以上略述纲要，似乎能成一个有线索的故事了。材料太多，一时不及整理。将来也许有随时更动之处。所以先写呈此纲领者，正欲得先生的指示教正耳。千万请勿吝珠玉为盼。

又《付法藏传》之为伪作，自不待言，但其书作于何时，亦有考证之价值。鄙意此书是天台一派造出的，其内容引见智者之《摩诃止观》，及湛然之《止观辅行传弘决》等书。故自迦叶至师子世系，本是天台一派所认之世系，后来乃被"南宗"攘为宗谱。此意不知有当否，也请指教。

又来书疑达摩四行说："似婆罗门外道，又似《奥义书》中所说。"此意似不误。杨衒之说达摩是波斯胡，道宣说他是南天竺婆罗门种。他又提倡《楞伽经》,此经是南方佛教徒所造无疑,"大乘入楞伽"似是史实。大概佛教行到南天竺,与锡兰,与外道教义结合,成此新经,达摩即是此南方新佛教的产儿。

印度之"南宗"后来竟成中国之"南宗",也是有趣的偶合。

胡适敬上

十七,七,廿一

(1928.7.21)

(《胡适文存》第三集,卷四)

与柳田圣山讨论禅宗史的纲领[①]

柳田先生：

去年夏天，承先生寄赠 The Genealogy of the To Histories（《灯史之系谱》）的 Mr.Leon Hurwity English Translation（英译本）及《唐末五代之河北地方与禅宗兴起之历史的社会情形》、《存奖》、《南院慧颙》各拔刷本，我真十分感谢！

那时候我要出国远行，所以我没有回信道谢，千万请先生恕罪！

先生的《灯史之系谱》我已仔细读完了。我很佩服先生的功力，很高兴我有机会得读这一篇一百多页的大文！英文的日本名词译音，往往很不易认识，故我读此文颇费力，——如 Sōsei 与 Sosei，Kōnan 与 Konan，如 Gi（魏）与 Sei（齐），甚至于不认得我自己的姓名（Ko Teki）。我得益不少，我很感谢先生的好意！我已托朋友在京都代觅大文的日本文原文了。

我近年来也研究《宝林传》，已写了几篇备自己参考的笔记，——如《惟白和尚关于〈宝林传〉、〈圣胄集〉的记载》、《〈宝林传〉里的唐碑》、《神会与〈宝林传〉》，等等，但都未敢发表。将来也许写副本请先生指教。

先生似是一位佛教信徒，似是一位禅宗信徒，而我是一个中国思想史的"学徒"，是不信仰任何宗教的。所以我与先生的根本见

[①] 原标题为《与柳田圣山讨论禅宗史纲领的信》。——编者注

解有些地方不能完全一致。

但我很高兴，先生的大文的一部分结论是与我大致相同的。例如，先生说，中唐与晚唐有许多伪书与假历史，都成了《景德传灯录》的原始资料，这完全是我赞同的。

又如，先生说"二十八代祖师"之说最早出现于《历代法宝记》，我也同意。(《大正大藏经》的《历代法宝记》，金九经韩国人排印本《历代法宝记》，都有无数错误。我将来要出版一部校定的《历代法宝记》，也许可以抬高此书的历史价值。)

又如，先生重视我的《神会和尚遗集》，我也很感觉荣幸。贵国的学人，如宇井伯寿先生的《禅宗史研究》，至今不肯接受我在三十年中指出的神会的重要，我颇感觉诧异。根本的不同，我想是因为他们是佛教徒，而我只是史家。例如宇井先生引用中宗召慧能的诏书，他依据《全唐文》十七，他岂不知道此诏是出于宋以后修改的《六祖坛经》! 他若比勘《曹溪大师别传》里的"高宗"神龙元年正月十五日召慧能的诏书——此时"高宗"已死了二十二年了! ——他就可以知道此中宗诏书完全是伪造的了!《全唐文》是政府大官编的书，不记出各篇的来源，故往往不可信任。宇井先生因此相信"神秀……推举了比他自己更高明的慧能; 由此可知, 神秀与慧能对立之说是乌有之谈"(宇井伯寿《禅宗史研究》, 196); 他不知道神会《南宗定是非论》说的神秀"临发之时……云, 韶州有大善知识, 元是忍大师付嘱, 佛法尽在彼处。"也都是信口妄语, 全无历史根据!

所以我看了先生此文里大体承认我关于神会的研究成果, 我很高兴!

但我觉得先生大概没有看见我的其他研究, 如《楞伽宗考》《菩提达摩考》《白居易时代的禅宗世系》(研究白居易的《传法堂碑》)

一类的文字。所以我想向先生陈述我对于禅宗"西土二十八祖"的传说的一些见解。我今日的看法是：

（1）菩提达摩来中国,是在刘宋晚年,他在中国北方住了五十年左右,故他建立了一派"禅学",有道宣的《续高僧传》的《达摩传》《僧副传》《法冲传》,及《习禅》总论可以作证。

（2）菩提达摩建立的宗派,用"四卷楞伽"为"心要",故后来称为"楞伽宗"。参看我的《楞伽宗考》及净觉的《楞伽师资记》。

（3）这个"楞伽宗"是注重"头陀"苦行的,自达摩至神秀,自470左右至700年,都还是一个山林苦修的头陀禅。（看道世的《法苑珠林》的"六度"的"禅宗"一门。）

（4）武后久视年中(700)诏请神秀入宫供养,使神秀成为"两京法主,三帝国师",于是山林的头陀苦行的楞伽宗,成为都市的、宫廷的、朝野尊崇的国教了。这就根本改变了楞伽宗的性质——正如智者大师受陈、隋二代帝王的尊崇,就根本改变了南岳天台一系禅门的性质一样。

（5）但神秀门下的大师,如普寂,如义福,以及神秀同门的和尚,如法如,如降魔藏,如老安,如玄赜,甚至于韶州的慧能——都还不曾抛弃楞伽宗的传统思想。他们还没有完全抛弃头陀苦行的禅法。

（6）但楞伽宗在8世纪的"气焰熏天",当然引起了无数和尚的歆慕。所以在8世纪的前半,已起了一些"攀龙附凤"的法统之争。最可注意的是牛头山一支自称是出于道信门下！道宣的《续僧传》的《法融传》,共有2 433字,无一字提及法融一系与道信有任何关系。然而牛头山的后人都承认道信教化法融了！这是自附于北宗的"趋炎附势"运动。

(7) 在开元盛世,忽然有"异军突起",即是神会在滑台的大挑战,他采用了神秀碑文里的菩提达摩一系的传授世系,但他说,其中第六代不是神秀,乃是慧能！他指斥神秀——普寂一系"师承是傍,法门是渐"。他伪造了"袈裟传法"的法统说。当时谁肯走到韶州去验看那件本来没有的传法袈裟呢！

(8) 神会奋斗了三十年,得到了王维、房琯、宋鼎诸人的有力支持;更重要的,他遭遇到政治势力的打击,如卢奕的奏劾,以及神会的三度被贬谪,就使他成为一个为宗教受摧残压迫的"殉道者"了。国人的同情心更大了,更有力了。在安史大乱里,神会又建立了帮助政府推销度牒的大功。于是一个三度贬谪的和尚居然成了新皇帝(肃宗)的宫廷供养的大师了。他死在"元年"建午月十三日(762)。

(9) 神会创立"西国八代,菩提达摩在西国为第八代"的传统说。先生指出我的错误,说神会晚年似没有修改"八代"为"二十八代"。这个错误,我早已修改了。先生指出《宝林传》卷八《僧璨传》有房琯的《三祖璨大师碑》,其中有"自迦叶至大师,西国有七,中土三矣"之语。这是我去年也曾指出的。我还可以为先生添三证：(一)此碑"铭"文有"迦叶至我兮圣者十人,貌殊心一兮相续一身",这也是神会的"八代说"。(二)房琯此碑的建立,是在"元年建辰月",见于赵明诚《金石录》卷七的第1 378件的注文："唐山谷寺璨大师碑;房琯撰,徐浩八分书,元年建辰月。"神会死在"元年建午月",此可证神会死时尚未修改他的"八代说"。(看我的《新校定的敦煌写本神会和尚遗集两种》——《"中央研究院"历史语言研究所集刊》第29本,页873—875。)

(10) 神会的奋斗成功了,胜利了。据宗密的说法,"贞元十二年(796),敕皇太子集诸禅师楷定禅门宗旨,搜求传法傍正,遂有敕下,立荷泽大师为第七祖。"宗密的孤证未必完全可信任,但元和十年(815)诏书追褒第六祖慧能,谥曰大鉴,是无可疑的。神会为"南宗定是非"的奋斗是成功了。

神会的数十年奋斗,在当时必曾震动全国。贵国入唐求法的大师,如圆行、圆仁、圆珍,请去的佛典皆侧重密教,然而他们都带了神会的语录(《南阳和尚问答杂征义》)、《南宗定是非论》《荷泽和尚禅要》等件回国去。这些写本又都是他们在唐土南北各地收集的,北至五台山,南至浙江的温州永嘉,这一点最可以使我们推想神会的著作传播之广远。

(11) 从大历到元和(766—820),这五六十年是"南宗"成为禅门正统,而各地的和尚纷纷作第二度的"攀龙附凤"大运动的时期。这些"攀龙附凤"的各派和尚抢着自认是韶州慧能的儿孙,或自认是慧能同学兄弟的儿孙,或自认是荷泽神会的同学兄弟的儿孙。白居易在道一弟子惟觉死(元和十二年,817)后作的《传法堂碑》,有这一段文字:

> 有问师之道属。曰:自四祖以降,虽嗣正法,有冢嫡,而支派者,犹大宗、小宗焉。以世族譬之,即师与西堂藏,甘泉贤,勒潭海,百岩晖,俱父事大寂,若兄弟然。章敬澄,若从父兄弟。径山钦,若从祖兄弟。鹤林素、华严寂,若伯叔然。当山忠、东京会,若伯叔祖。嵩山秀,牛头融,若曾伯叔祖。推而序之,其道属可知矣。

这就把嵩山、牛头、荷泽、江西各支都牵合作一个大家族了。

这是元和末年的形势。但在大历初期，北宗普寂门下的弘正一支势力还很大，还有压抑能大师一支的企图。大历七年（772），独孤及作《舒州山谷寺三祖镜智禅师碑》（即僧璨），其中说：

……弘忍传慧能神秀，能公退而老曹溪，其嗣无闻焉。（以上12字，《唐文粹》本无之，《文苑英华》本有之，《毗陵集》本有之。）秀公传普寂，寂公之门徒万，升堂者六十有三，得自在慧者一，曰弘正，正公之廊庑，龙象又倍焉，或化嵩、洛，或之荆吴，自是心教之被子世也，与六籍侔盛……

这山谷寺正是房琯受神会请求作"三祖碑"之地，房琯碑建于神会死前两个月（元年建辰月，即762），而神会死后十年（772）弘正门下惠融等请独孤及撰新碑，就说"能公退而老曹溪，其嗣无闻焉"了！

但神会奋斗十年的力量，那个简单而直截的"顿悟"教义的力量，那个"袈裟传法"伪史的宣传力量，实在太大了。民众是站在这个"新禅"的一边的，多数的和尚们也都纷纷地"赶热闹"，抢着要挤进"南宗""新禅"的队伍里去了。

《历代法宝记》记净众寺与保唐寺的两系——宗密"七家"中之第二及第三家——即承认慧能为第六代，又造出袈裟由智诜传到蜀中之传说，就是好例子，可以看出时代的风气。

马祖道一也是成都净众寺金和尚（无相）的弟子，出蜀之后，本是独立的，后来才自称（或者他的门下说他自身）是怀让的弟子。（怀让的碑文见于《唐文粹》六二，是张正甫在元和十八年受惟宽、怀晖之请托写的。元和十八年，可能是元和八年，813，已在怀让死后十七年了。怀晖死在元和十年，惟宽死在元和十二年。故此碑文中"元和十八年"当改正。据此碑文,怀让是一位律师。他若自认是曹溪门下,那就是"攀龙附凤"的一例子。)

道一死在贞元四年(788),到元和三年(808),四年(809),道一的弟子惟宽、怀晖都受宪宗皇帝的尊敬,问法于麟德殿。此外,西堂智藏、甘泉志贤、泐潭惠海,都见于白居易的《传法堂碑》。在那个时期,马祖的一系已大兴盛,可以同神会一系对立了。

试看贾𫗧在宝历元年(825)作扬州华林寺大悲禅师灵坦的碑文。灵坦(《全唐文》误作云坦)是神会弟子,死在元和十一年(816)。碑文中说:

> 自大迦叶亲承心印,二十九世传菩提达摩,始来中土。代袭为祖,派别为宗。故第六祖曹溪慧能始与荆州神秀分南北之号。曹溪既没,其嗣法者神会怀让又析为二宗。初师子比丘以遭罹大难,恐异端之学起,故传袈裟以为信。迨曹溪,凡十世。而其间增上慢者,绚名忘实,至决性命以图之。故每授受之际,如避仇敌。及曹溪将老,神会曰,"衣所以传信也。信苟在法,衣何有焉?他日请秘于师之塔庙,以熄心兢"。传衣由是遂绝。……

这是神会的一个大弟子的碑文上的记载。此文提出一个新见解,就是承认南北二宗可以和平共存,南宗分出的神会、怀让二宗也可以和平共存。这个"和平共存"的原则含有两个条件:①"代袭为祖,派别为宗",六祖的地位已得帝王承认了,以下只是"派别为宗",不用争了。(此碑也可见宗密说的"贞元十三年敕立荷泽神会为第六祖"之说未必可全信。)②放弃神会造出的"袈裟传法"的法统说。

此碑文又可见当时"神会怀让又析为二宗"是公认而又互相容忍的事实了。故此碑与白居易的《传法堂碑》都代表元和年间的各宗派和平共存的容忍气氛。白氏碑文"虽嗣正法有冢嗣,而支派者,犹大宗小宗焉",其意正同于贾氏碑文"代袭为祖,派别为宗"。

石头希迁一支更后起。所谓"青原行思",可能也只是"攀龙附凤"的运动里的一种方便法门而已。

(12) 从神会提出"两国八代,菩提达摩为第八代"之说以后,七八十年中(762—841)禅宗各派先后撰出了许多种修正案,从"八代"到"五十一代",后来才渐渐地集中到两种大同小异的"二十八代"说。

综合那个时代提出来的西土传法世系,总共有这些比较根本不同的说法:

(甲) 用《续法藏传》作根据的二十四代说,或二十五代说(加末田地为二十五代)

(例一) 刘禹锡《牛头山第一祖法融新塔记》:"摩诃迦叶……至师子比丘,凡二十五叶,而达摩得焉。"

(例二) 独孤及《舒州山谷寺三祖镜智禅师碑铭》的铭辞有:

"二十八世,迭付微言。"《唐文粹》本与《文苑英华》本皆有双行小注云:"自摩诃迦叶……至师子比丘,凡二十五世。自达摩大师至(璨)禅师又三世,共二十八世。"

(乙) 混合《续法藏传》的二十四代或二十五代说与神会的八代说中之后四代,成为二十八代或二十九代之说。

(例一)《历代法宝记》的二十九代说(有末田地,又有弥遮迦)。

(例二) 宗密的二十八代说(删末田地)。

（例三）敦煌本《坛经》的二十八代说（有末田地。而误脱了弥遮迦）。这个（乙）说里，师子比丘以下的四代是这样的：

（宗密）	敦煌《坛经》	《法宝记》
师子	师子	师子
舍那婆斯	舍那婆斯	舍那婆斯
优婆掘	优婆掘	优婆掘
婆修蜜	僧伽罗刹	须婆蜜
僧迦罗刹	须婆蜜多	僧迦罗刹
达摩多罗	菩提达摩	菩提达摩多罗

敦煌本《坛经》的僧伽罗刹与须婆蜜二名似是误倒了，须婆蜜当依庐山禅经作"婆须蜜"。

（丙）道一门下的惟宽依据《出三藏记集》里的佛大跋陀罗所传萨婆多部世系而提出的五十一代说。

白居易的《传法碑记》记道一、惟宽的世次，有云：

> 释迦如来……付摩诃迦叶，传至马鸣，又十二叶，传至师子比丘；又二十四叶，传至佛驮先那；先那传圆觉达摩。……

此中"又二十四叶"似是"又二十八叶"之误。因为此碑的"铭辞"说的最明白："佛以一印付迦叶，至师五十有九叶，故名师堂为传法。"我作《白居易时代的禅宗世系》一篇短文（见于《胡适文存》第三集），曾指出惟宽的世系是依据《出三藏记集》的萨婆多部世系，自大迦叶到佛驮先那（佛大先）为第五十，达摩多罗为第五十一。慧能第五十六，马祖第五十八，故惟宽正是"五十有九叶"。

八代太少了，五十一代又太多了。惟宽之说终于被后世忘了。但日本入唐求法的圆珍大师目录里有白舍人《传法堂碑》，可见此碑在当时受人重视。不知贵国五山大寺之中尚保存圆珍请去的《传法堂碑》的唐拓本否？

（丁）后来的修正的二十八代说。——即《宝林传》《祖堂集》以及《景德传灯录》采用的二十八代说。这个修正的新二十八代说，含有三个要点：

① 定师子比丘为第二十四代，菩提达摩为第二十八代（有弥遮迦而除去末田地）。

② 旧说（神会八代说与旧二十八九代说）里的婆须蜜或须婆蜜多，改正为婆须蜜，移前为第七代。

③ 删去旧说里的舍那婆斯、优婆掘、僧伽罗刹三人。另补入了下列三人：

第二十五　　婆舍斯多
第二十六　　不如蜜多
第二十七　　般若多罗

这三个名字都是随便捏造的，都没有经典的根据。

大概是因为修正的世系表换上的三人都是无据的捏造，这个新的二十八代说颇受有知识的禅僧的轻视，所以经过了很长的时期未能得禅宗的一致承认采用。直到《景德传灯录》已经被宋真宗皇帝下诏令文臣刊修，并由印经院模印颁行了数十年之后，契嵩和尚在嘉祐六年（1061）还有"宗不明，祖不正"的忧虑，还有"推一其宗祖，与天下学佛辈息诤释疑"的雄心。契嵩的考据也是很可怜可笑的！

附 记

先生与我都很注意李华的《左溪大师碑》所记的各宗传法系统。此碑现存各本均有误字、脱字——《全唐文》本与《唐文粹》本,与《文苑英华》本都不免脱误。故其中"此后相承,二十九世,至梁魏间,有菩萨僧菩提达摩禅师传楞伽法"一句,可能有误改之字;"二十九世"可能原是"二十四世"或"二十五世"? 此碑文曾经"通人"误校误改,不可信任。如其中叙左溪一系云:"……灌顶传缙云威大师,缙云传东阳(威)大师,左溪是也"。(《文苑英华》本,《全唐文》本有下"威"字,《唐文粹》本无下"威"字。)此句当作"缙云传东阳威大师,东阳传朗大师,左溪是也。"东阳威,时称"小威",梁肃《智者大师碑》可证。我不信天台宗的碑传里肯容许"二十九世"之说。我颇信左溪死时,李华作碑时,"二十九世"之说尚未起。

又,先生大文里采用《唐中岳沙门法如禅师行状碑》(第 22—26 页),此碑确甚重要。我要请先生注意两点:①此碑引慧远《禅经序》中"达节善变……"一长句,而以为"即南天竺三藏法师菩提达摩",此是最早一次误认《禅经》作者达摩多罗即是菩提达摩。②此碑已说达摩"入魏传可,可传璨,璨传信,信传忍,忍传如。"我曾指出,神会《南宗定是非论》曾指斥普寂"修《法宝纪》,又立如禅师为第六代"。巴黎的敦煌写本杜朏《传法宝纪》于弘忍之下,先列法如,后列神秀。此皆可与《法如碑》及神会指斥之言互相印证。我见严挺之作义福的碑,李邕作普寂的碑,都说此二人先去参法如,因为法如死了,才去参神秀,故我曾指出嵩山法如在当时声名之大，地位之高。但我当时未见此碑，今见先生引此碑。始检阅《菩提达摩嵩山史迹大观》，始得读《法如碑》。这是我要感谢先生的一点。将来我修改《楞伽宗考》，一定要给法如一个重要地位。

（13）从开元时代到唐末（713—960），是许多伪史——禅宗伪史——陆续出现的时代。《南宗定是非论》的独孤沛序已说他有一本《师资血脉传》。石井光雄本《神会录》末尾有"六代大德"的略传，可能就是神会的《师资血脉传》。《曹溪大师别传》《六祖坛经》，都是这一宗派造出来的伪史。

日本入唐求法的几位大师的目录实在可以用作考证这些伪史造成及流行年代的最好资料。

最澄目录作于贞元二十一年（805），他已请去了三种伪史：《西国付法记》《曹溪大师别传》《达摩宗系图》（神会造的□可看《宋僧传·慧能传》）。

圆仁的三录作于836—847，他已请去了这些伪史：《西国付法藏传》一卷（即最澄录的《西国付法记》）、《大唐韶州双峰山曹溪宝林传》十卷，《曹溪山第六祖慧能大师说见性顿教直了成佛决定无疑法宝记檀经》一卷。故《宝林传》与《檀经》的造成可能在最澄入唐之后，圆仁入唐之前？惠运的目录（847）也有：《西国佛祖代相承传法记》一卷，《禅宗脉传》一卷，《师资相承法传》一卷。

圆珍的五录（大中七年至大中十二年，853—858）也有这些著录：《达摩宗系图》《禅宗七祖行状碑铭》（第二录总题如此，第四及第五录有详细子目，共十五本合一册子）：

a.南宗祖师谥号一本；b.达摩尊者行状一本；c.菩提达摩碑文一本（梁武帝）；d.中岳少林寺释慧可本状一本；e.可和尚碑文一本（琳）；f.舒州皖公山释智璨事迹一本；g.璨禅师碑文一本；h.蕲州双峰山释道信踪由一本；i.信禅师碑文一本；j.杜正伦送双峰山信禅师碑

文一本；k.蕲州东山释弘忍议(？仪)行一本；l.忍禅师碑文一本；m.荆州玉泉寺大通和尚碑文一本；n.韶州曹溪释慧能实录一本；o.韶州广果寺悟佛知见故能禅师之碑文一本(上十五本合册子)。

以上十五件之中，现存之《宝林传》收有(c)、(e)、(g)三碑，我们可以推知(i)、(j)、(l)、(m)、(o)，五碑必也收在《宝林传》卷九、十之中。我们也可以猜测(b)、(d)、(f)、(h)、(k)、(n)六件所谓"行状""踪由""实录"，大概也都成了《宝林传》八、九、十卷的叙述部分。

圆珍诸录里也有《曹溪能大师檀经》一卷的记录。

故我们可以说：《宝林传》的内容可分为三大部分：

第一部分为释迦如来传，用《四十二章经》作材料。(其前似未有"六佛"？)

第二部分为《西国二十八祖传》，用的资料很复杂，幼稚，无稽，但大致是杂用所谓《五明集》《圣胄集》以及最澄、圆仁、惠运诸入唐求法大师所见之《西国付法藏传》等伪史。

第三部分为《东土传法六代祖师传状》，其取材大概用神会的《师资血脉传》《达摩宗系图》及圆珍所请去的《禅宗七祖行状碑铭》十五件，等等。

这是我想象的"禅宗的系谱"也就是"禅宗史"的第一次大规模的结集。匆匆写出一个大纲要，请先生恳切指教，不胜盼望之至！

此信是分几日写成的，写得太长了，千万请先生原谅。并请塚本、入矢诸先生指教。

胡适　敬上

(原载《胡适手稿》第七集，上册，
　　选编时参考了《禅学指归》。)

胡适论禅法

中国禅学之发展[1]

本校于民国二十三年(1934)十二月邀请北大文学院长胡适之先生来校作学术讲演,讲演题为《中国禅学的发展》。讲演计分四次:(一)《印度禅》,(二)《中国禅宗的起来》,(三)《中国禅宗的发展和演变》,(四)《中国禅学的方法》。首次讲演时,本校文学院长黎锦熙先生曾作简单之介绍词,大致谓:"今天本校举行第五次学术讲演,请胡适之先生来讲这《中国禅学的发展》。胡先生大家都知道,用不着我来介绍。今天所讲的题目,为《印度禅学》,此题不但与哲学和宗教有关,对于中国文化史和社会研究都有关系。胡先生前几年在欧洲得到很多关于佛教的新材料,像巴黎图书馆、伦敦博物馆所藏的敦煌石室写本中,对于中国的禅学都有新的发现;胡先生还有新的批判。希望同学们注意!"按,胡先生讲演,原分四次,惟首次讲演,实包含导言和印度禅两部分。兹为清醒眉目计,吾将胡先生全部讲演词,分为五项,汇志于下。

导　言

黎先生,各位同学！今天兄弟是来还债的。以前李校长和黎

---

[1] 本文为1934年12月胡适在北京师范大学的演讲,吴奔星笔记,原载1935年4月30日《师大学报》第18期,今据《现代佛教学术丛刊》(大乘文化出版社1978年版)录,小标题据《禅学指归》而加。——编者注

先生同我说了多次，叫我来讲演，我因为功课忙，时间不容许，虽然答应了，终没有办到，所以欠下这债来。到了这学期，定要我来讲四次，除了一次是原本，其余三次，好像是加了三倍利息似的，所以这一回，我可以说是受到黎先生的重利盘剥了！

关于这回所讲的问题，预备分作四次讲，因为问题所包，很不简单，分作三四次讲，或者比较详细或有趣味一点。

"中国禅学之发展"这个题目，中国从来没有人很清楚地研究过。日本有许多关于禅学的书，最重要的，要推忽滑谷快天所著的《中国禅学史》，因为就材料而言，它在东方堪称为最完备、最详细的。这书前几年才出版。

凡是在中国或日本研究禅学，无论是信仰禅宗，或是信仰整个的佛教，对于禅学，大都用一种新的宗教态度去研究。只是相信，毫不怀疑，这是第一个缺点。其次则缺乏历史的眼光，以为研究禅学，不要注意它的历史，这是第二个缺点。第三就是材料问题。禅宗本是佛教一小宗，后来附庸蔚为大观，竟替代了中国整个佛教，不时髦的竟变成了时髦的。不过中国现在所有关于禅宗的材料，大都是宋代以后的；其实禅宗最发达的时代，都当西元7世纪之末到11世纪——约从唐武则天到北宋将亡的时候，这四百年中间，材料最重要，可是也最难找；正统派的人，竟往往拿他们的眼光来擅改禅学的历史。我十几年前研究禅宗，只能得到宋以后的材料，唐代和唐代以前的很难得到。我想：想得到唐以前的材料，只有两种方法：（一）从日本庙寺中去找，因为日本还保存着一部分唐代禅学。（二）从敦煌石室写本中去找，因为三十年前所发现的敦煌石室里，有自晋到北宋佛教最盛时代的佛经古写本。现在这些古写本，世界上有三个地方保存着：一部分在北平图书馆，一部分在巴黎图书馆,一部分在伦敦图书馆。在北平图书馆的,都是不重要的东西,是人家不要的东西;重要的东西,还是在伦敦和巴黎两处。从前的人,对于材料的收集,都不注意,这是第三个缺点。

我研究禅宗,不能说完全没有上述的缺点;不过民国十五年(1926)我到巴黎,即存心搜集材料,我在那里发现了一些新的东西,从晋到北宋这一部分材料,都曾经找到,非日本与中国图书馆所能及。回国后七八年,我所找到的材料,只有一部分整理出版。当时日本人很注意研究禅学的,对于搜集材料方面,也走上这条道路。近几年来,日本也发现许多材料。所以现在研究禅宗,比较便利多了。

这个禅宗的问题,我也曾在北大及燕大讲过,不过都不是有系统的演讲。将中国禅学的发展,作有系统的整个的演讲,此还是第一次。

从前许多大师,对于禅宗的材料,都爱做假。所以经我揭穿之后,有许多人不高兴。不过我不是宗教家,我只能拿历史的眼光,用研究学术的态度,来讲老实话。

关于这个总题目——《中国禅学之发展》,我分作四次讲:

(一)印度禅;(二)中国禅宗的起来;(三)中国禅宗的发展和演变;(四)中国禅学的方法。现在先说印度禅。

一、印度禅

我何以讲印度禅呢?禅学来自印度,虽然中国禅学与印度不同,不过要懂得中国禅,须知印度禅。所以先讲印度禅,做一个引论。

关于研究印度禅的书籍,有以前香港大学校长 Sir Charles Eliot 所著的 Hinduism and Buddhism,但是不幸书还没有完成,他就死了。至中国方面,我几年前有一篇文章,即《从译本里研究佛教的禅法》,收在《胡适文存三集》中。

在禅宗未起以前,印度便有"瑜伽",梵文为 yoga。此字是印度文与日耳曼文的混合语,在英文中,为牛轭,引伸(申)[①]起来,是管束的意思。即如何才能管束我们的心,训练我们的心,使心完全向某一方面走,而能于身体上、精神上和知识上发生好的结果。

在印度未有佛教以前,即两千五百年前,已有许多人做这种"瑜伽"。释迦牟尼想到名山去学道的时候,遣人出外导道者二人,即为瑜伽师。古代"瑜伽"的方法,在印度很流行,佛家苦修,即用"瑜伽"的方法。后来佛教走上新的道路——智的道路,于是"瑜伽"遂变成了佛教的一部分。但无论任何修行的人,都免不了"瑜伽"的方法。后来佛家给以名字,便是"禅"。

"禅"字起源很早,在小乘大乘以及各种小说里,都有"禅"字。记得小的时候,看《水浒》,看见花和尚鲁智深打了一根八十二斤的禅杖,禅读作单,后来才知道是读错了,其实并没有错。因为禅字的原文,是 Dhyana,音近单。(按:"禅"纽字古音多读入"定"纽。)

佛教有三大法门:(一)"戒",(二)"定",(三)"慧"。"戒"是守戒,最低限度为十戒(按,根本五戒,沙弥加五为十戒),后又有和尚戒(比丘僧具足二百五十戒),尼姑戒(三百五十戒),居士戒(即菩萨戒,重十,轻四十八)等。从戒生律,于是成为律宗。所谓"定",就是禅,也就是古代"瑜伽"传下来的方法,使我们必能定住,不向

[①] 原本作"伸",今据文意改。——编者注

外跑。第三部分为"慧",所讲"慧",就是了解,用知识的了解,帮助我们去定。从表面上看,禅在第二,其实不然,禅实在能包括定慧两部分。如果说禅是打坐,那禅很浅,用不着多说。因为要用慧来帮助定,定来帮助慧,所以有人合称慧定。在中国禅宗,慧包括定,慧的成分多,并且还包括戒,在印度,则定包括慧,定的成分多。

现在讲印度禅,先讲方法,后讲目的。

安般法门

关于印度禅的方法,计有五种:第一个法门最浅显,便是"调息",佛书中叫作"安般"法门,"安"是"入息","般"是"出息"。"安般"的意思,就是用一定的方式——手和脚都有一定的方式,如盘膝打坐,使人坐着舒服,以调和呼吸。这种调息的方法,又可分为四项:(一)"数",就是从一到十地来回地数着自己的呼吸,以避免四围环境的扰乱,使心能够专一。(二)"随",便是心随鼻息跑,所谓"念与息俱",使心不乱。(三)"止",就是看鼻息停止在什么地方,中国道家向有所谓"祖息丹田",即此。(四)"观",就是客观一点,把自己的元神提出来,看看自己到底怎样。比方牛在吃草,牧童却站在旁边看;又好像一个人站在门口,对于过路的人,某是张先生,某是李小姐,都能认识。总括一句,以上都是安般法门,共方法有"数""随""止""观"。

如果一天到晚老是打坐,容易出乱子。譬如在打坐的时候,忽然想到某人欠我的债,或恋爱的事情,或可恶的人与可恶的事,心更不定了,在这个时候,非数息所能为力,所以还要旁的方法来帮助,即靠慧——智识——来帮助。

第二个法门,叫作"不净观",所谓"不净观",就是用智慧想到一切都不干净。譬如当我们想到某某漂亮的小姐的时候,我们可以想到她身上如何的不洁净,鼻子里都是鼻涕,嘴里都是唾沫,肚子里都是腥血不洁之物;并且到她死后,桃色的脸庞也瘦成白皮颊腮了,乌云般的头发也干枯了,水汪汪的眼睛也陷落了;到了尸体烂了之后,更是怎样的腐臭,怎样的变成骷髅。如此,我们也就不想她了。漂亮的小姐、金钱、地位,都是如是观,自然都会消除净尽。

第三个法门,叫作"慈心观"。所谓"慈心观",便是训练你自己,不但要爱朋友,还要爱仇敌;不但爱人,还要爱一切物。如当不安定的时候——生气的时候,一作"慈心观",便会不生气了。但有时还不能制止,所以又有第四种方法。

第四个法门,就是"思维观",就是凭我们理智的了解力,来解决一切。常言道:"无常一到,万事皆休",由此,我们可以知道,任何物件,都是不能永久存在的;人不过是九十几种元素所凑成,将来也要还为元素的。比方有人骂我是反动派,反革命,走狗,当我们听到,自然很生气,非要和他拼命不可。要是拿我们的思维力来一分析,骂到底是什么呢?不过是由空气传来的一种音浪,对于音浪,何必生气?至于骂我的人呢?依着化学的分析,也不过是几分之几的氢气氧气……等等的化合物。而被骂的我呢?也是和骂我的人一样,几种元素的化合物而已,等到死后,大家都物还原所。如此,则所有骂詈,不过是一种气体的流动,两个机关打无线电而已,有什么了不得?到此地步,就无人无我,四大皆空了。

以上均就智识略高的人说,至于智识太低的人,怎么办呢?

就有一种"念佛法",即第五法门。

所谓念佛法,就是想到佛三十二种庄严相。"念"便是"想",后来又念出声来,变成"念书"的"念",从心中想到口头上念。

从最低的数息,到最高的无常哲学,都是方法;一大部分属于慧。用慧补助定,用定帮助会,便是"瑜伽"。

上述五种方法,都是禅学的方法。现在讲印度禅的目的,即禅学的境界。此种境界,由各人自己去认识,其实都不一样;至于印度禅的究竟,谁也没有做到。

四禅定与四念处

记得清初有一个大学者颜习斋,是保定府人,最初当蒙馆先生,学做圣人。他有一篇《柳下坐记》,叙述他自己在柳下打坐的情形。300年前的圣人,在保定府打坐,到底到了什么境界呢？他说,在一个夏天,他坐在柳树之下,看着那柳叶,直变成了美丽的绿罗,太阳光从绿罗似的柳叶透过来,都成了一颗一颗的珍珠。他听到苍蝇嗡嗡的声音,就好像听到尧舜时代所奏的九韶之乐一样。像他这样,可算到了他自己的理想境界,却是到不了印度禅的究竟境界。

印度禅的境界,到底怎样呢？计算起来,略有几种:

第一是"四禅",也叫作"四禅定";即最初用种种法门帮助你消除种种烦恼欲望,到无忧无欲的境界,便是初禅。但初禅还有思想,还要用脑,再把一切觉观都除去,自然得到一种欢喜,便是第二禅;但第二禅还有欢喜,连欢喜也不要,只有一种心平气和,舒舒服服的"乐"的境界,便是第三禅;到了舒舒服服的乐都没有了,即得"不动处",只是一种"调",即安稳调适,便到第四禅。

第一禅还用思想,第二禅还要高兴,第三禅还觉舒服,第四禅则只有调和,要如何便如何,驾驭我们的心,好像马师之驭良马,随所指挥,无不调适。

四禅之外,还有四种境界,即"四念处"。此四处:

(一)为"空无边",就是想到空处。如眼是空的,鼻是空的,一一的想,想到只有空,譬如藕,只想其孔,越想越大,全不见白的藕了。想到全世界,也作如是观。

(二)为"识无边"。"空无边"还有想,便是一种印象,想到未了,不但是空,连这空的印象都没有了,便到"识无边"处。

(三)是"无所有",一切皆无所有了。

(四)是"非想非非想"。既到"无所有"处,你也没有了,我也没有了,连想都没有了,连"没有想"也没有了,此名为"非想非非想"处。常言说,"想入非非",不是想,也不是非想,此理难说,只可意会,不可言传。

四禅是一种说法,四念处又是一种说法,并不是先经四禅,而后到四念处。

五神通

所谓四禅和四念处,都是解放人的心灵,以便得到神通。神通计有五种,合称"五神通"。所谓"五神通":

(一)天耳通——就是顺风耳。比方在南京开的五中全会,我们在这里就可以听到,可不是用无线电。

(二)天眼通——就是千里眼。上观三十三天,下观一十八层地狱,一切都可看见。想到那里就看到那里。

（三）如意通——就是想变什么就变什么，好像孙悟空的七十二变一样。

（四）他心通——就是他人心里所想的，都可以知道。

（五）宿命通——不但知道现在和未来，而且知道过去无量劫前生的事。

总起来说，印度的禅，不过如此。此是粗浅的说法。从数息到空无边处，都是"入定"，都是用一种催眠方法，达到"入定"。

定·慧

再讲两个故事。

印度相传有一个很有趣的故事，在西历纪元3世纪（晋朝），即已有人译成中文。这个故事的目的，在教人专心致志做一件事情。故事是这样的：

> 某时代，有一个国王，想找一个宰相，后来找到一个可以当宰相的人。先说要杀他，经人解说，于是要他用一个盘子，盛上满盘子油，从东城捧到西城，不准滴出一滴，否则即杀头。这个条件，很不容易做到。他走到路上，有他的父母妻子哭他，他没有看见。有顶美的女人，从他身边走过，看的人不知有多少，他没有看见。后来忽然又来了一个疯象，吓得满街的人，乱跑乱跳，可是他一心一意在盘子上，仍然没有看见。不久又遇到皇宫失火，一时救火抢火，闹得纷乱不堪，并且在殿梁上的一窠蜂子，被火烧出，到处飞着蜇人，这人虽然被蜇了几下，可是始终没有感觉到，仍然专心致志地捧着油盘往前

走。最后，他竟到达了目的地，一滴油也没有滴下来，于是国王便拜他做宰相，以为一个人做事，能够这样专心，便是喜马拉雅山，也可以平下来，何况其他？

在 11 世纪时，中国的法演和尚，也曾经讲了一个故事。其目的在教人自己找办法。故事是这样的：

> 有一个大庙，叫五祖寺，寺中有一个和尚，人问他禅是什么，他说："有两个贼，一个老贼，一个小贼。老贼年纪老了，于是一天他的儿子问他：'爸爸！您老了，告诉我找饭吃的方法吧！'老贼不好推却，便答应了，一到晚上，老贼就把小贼带到一富人家，挖了一个洞，进到屋里。用百宝囊里的钥匙，将一个大柜子的锁开开，打开柜门，叫他儿子进到里边。等他儿子进去了之后，他又把柜子锁了，并且大喊：'有贼了！有贼了！'他便走了。富人家听说有贼，赶紧起来搜查，搜查结果，东西没丢，贼也没有看见，仍然睡去。这时锁在柜子里的小贼，不晓得他父亲什么用意，只想怎样才能逃出去，于是就学老鼠咬衣裳的声音，一会儿，里边的太太听到，就叫丫环掌灯来看衣服。刚一开柜子，这小贼一跃而出，一掌把丫环打倒，把灯吹灭，竟逃走了。富人家发觉后，又派人直追。追到河边，这小贼情急智生，把一块大石头，抛在河里，自己绕着道儿回去了。到得家里，看见他父亲正在喝酒，就埋怨他父亲为什么把他锁在柜子里。他父亲只问他怎样出来的。他把经过说了之后，老贼便捻髯微笑道：'你以后不愁没有饭吃了！'像这小贼能从无办法中想出办法，便是禅了。"

上面两个故事，一个是印度的，一个是中国的。从这两个故事，可以看出印度禅与中国禅的区别。因为印度禅是要专心，不受外界任何影响；中国禅是要运用智慧，从无办法中想出办法来，打破障碍，超脱一切。印度禅重在"定"；中国禅重在"慧"。

二、中国禅宗的起来

往往一个故事，有两个不同的说法。从前有一个裁缝，辛辛苦苦地省下钱来，送他儿子念书，他自己仍旧做工。有一次，儿子寄信回家要钱，裁缝不认识字，请隔壁一个杀猪的看信。那个屠户也只认得几个字。便念道："爸爸，要钱，赶快拿钱来！"裁缝听了很生气，以为儿子从小学念到中学，从中学念到大学，还不知道一点儿礼貌。后来有一位牧师来了，问裁缝为甚生气。裁缝把原委告诉他，牧师说："拿信给我看看！"牧师看了信，便说道："你错了！这信上明明写着：'父亲大人膝下：我知大人辛苦，老是不敢多用钱。不过近来有几种必不可少的书籍和物件要买，我的鞋子也破了，我的袜子也穿了，希望大人能寄给我半镑钱，我很感激，倘若能寄一镑的话，那更感激不尽！"裁缝听了，很高兴，并且问牧师说道："信上真的是这样写的吗？如果是这样，我立刻就寄两镑钱去。"这便是一个故事的两种不同的说法：一种是杀猪的说法，一种是牧师的说法。

现在讲中国禅宗的起来，也有两种说法：

（一）旧说，也可以说是杀猪的说法。相传灵山会上，释迦拈花，只有迦叶微笑，于是释迦将"正眼法藏"传给大迦叶。从大迦叶以后，一代传一代，传到二十八代，便是菩提达摩。达摩在梁武帝时（西元520或526年）到广东。从广东到金陵（南京），见过梁武帝，因为武帝不懂"正眼法藏"，于是达摩渡江而去，并且有"一苇渡江"的传说。渡江后，至北魏，住河南嵩山，面壁九年。当时他有两个弟子，一个叫慧可，达摩很赏识他，于是将法传与他。从达摩起，为东土的第一代，慧可为第二代，再传僧璨为第三代，道信为第四代，至第五代为弘忍。五祖弘忍在湖北黄梅县修行，他门下有两大弟子：一个有学问，叫作神秀；一个没有学问，是广东人，叫作慧能。当时一般门徒，以为传老师衣钵的，一定是班长神秀，对于外来的广东佬，很瞧不起，只叫他做劈柴挑水的工作。一天，弘忍欲传法，召集门徒，令各做一偈，谁做得好，便传衣钵。当时大家都毫无疑问地以为是班长，但神秀也不敢直接交卷，只题一偈于墙上，偈曰：

身是菩提树，心如明镜台，时时勤拂拭，莫使惹尘埃。

五祖看了，觉得也还不错，以为一个人能够这样修行，也可以。当时交白卷的门徒，个个都把神秀所做的偈，念来念去，被厨房里的慧能听见了，也做一偈，请人题在壁上。偈曰：

菩提本无树，明镜亦非台，本来无一物，何处惹尘埃？

五祖看见了，说："不行！"用鞋将偈擦去。但到半夜，五祖竟亲至厨房，将法传与慧能，令他即速逃走，躲过几年，方可传道。

慧能走了之后，大家知道五祖已将法传与广东佬慧能，都很惊讶，就去追他，不过追不到了。

慧能到了广东，躲了许多年，才公然传道。但那时神秀已在北方自称六祖了。慧能只能在南方传道,正好像孙中山先生当时只能在广东一带宣传国民革命一样。

慧能后有二大弟子:一为怀让,一为行思。怀让后又传马祖（道一）,行思后又传石头（希迁）。马祖石头以后,宗派更多,总之,从如来拈花,到南能北秀,南派五宗,这是旧说。

（二）新说:也可以说是牧师的说法。所谓牧师的说法,以为前二十八祖的传说、拈花微笑的故事,都是假的,这些考证,说来很长,我只讲一点儿。

二十八祖之前二十三祖,还有一点根据,因见于《付法藏因缘传》,（按:此书六卷,元魏吉迦夜等译。）这书乃是叙说印度北方罽宾国一个学派的传授,和禅宗并没什么关系。而且印度人对于历史很不重视;印度向来没有历史,所以印度人向来没有历史的眼光,缺乏时代的观念,后来西洋人用希腊的材料（如亚力山大东征等事）,和中国的材料,才勉强凑成一部印度史。因此,《付法藏因缘传》所说的,也不见得可靠。即就该书记载而言,到了二十三代师子和尚,因为国王反对佛教,他被国王杀了,罽宾国的佛法在那时也就绝了,后来讲佛法传授的,因为讲不过去,不得不捏造几代,以便传到达摩;当中加了四代,至达摩便是二十八代。此二十八代,就有两种说法,现在所传的与从前的不同。我上次说过:保存古代禅学史的,一为唐代敦煌的材料,一为日本的材料。从上面两种材料,足以证明现在所传的二十八代,始于北宋杭州契嵩和尚的伪造,（按:契嵩始作《传法正宗定祖图》,定西天之廿八祖,谓《付法藏因缘传》可焚云。）即将原有之二十四五七代改易,将二十六代升上去,并捏造两代。此种说法,曾经宋明宗明令规定（按:嘉祐七年,即1062年,奉旨把《定祖图》收入藏经内）,从《传灯录》一直传到现在。

由此可见佛家连老祖宗都可以作假！

中国禅学的萌芽

我们现在拿敦煌本一看，还可以看出当时禅宗争法统的激烈。大家都知道中国只有六代，至于印度，究竟有多少代呢？有的说八代，但释迦与孔子同时，到梁武帝时约千余年，八代总不够吧？于是有二十八代说。但师子杀头了，于是有二十三代说，二十四，二十五，二十九代说，甚且有五十一代说。优胜劣败，折衷起来，于是采取二十八代说。

关于二十八代说法的变迁，既有敦煌的本子及日本的材料可证，我曾在《记北宋本六祖坛经》那篇文章里，列了一个关于二十八代传法世系的传说异同对照表，可以参看。

如上所说，佛家对于老祖宗都可以作假，其他自可想而知。常言以为达摩未来中国以前，中国没有禅学，也是错误。关于古代禅宗的历史，有两部可靠的书。一是梁慧皎作的《高僧传》（止于公元519年），一为唐道宣作的《续高僧传》（《自序》说："始距梁之始运，终唐贞观十有九年"，即止于645年）。在慧皎著书的时候，达摩还没有来，《高僧传》中已有21个学禅的，可见梁代以前，即有这些个学禅的了。至《续高僧传》中，有133个学禅的，到唐初止。这都有史可考。并且自后汉末至三国，已有许多书谈到学禅的方法，可见中国从2世纪就有了禅学的萌芽。到了晋代（2世纪的晚年），敦煌有名安世高的，译出《道地经》《大安般经》等书，有支曜译出的《小道地经》。3世纪的晚年（西元284年），有竺法护又译出一本大的《修行道地经》。到了晋末,大约是 404 年,长安有一位大师鸠摩罗什,译出大批佛书;这是就北方说,至于南方,当 410 年,庐山也有一位印度和尚名佛驮跋陀罗的,翻译了一本《达摩多罗禅经》,当时慧远还请了许多印度和尚帮助他。顶好笑的,刚才我不是说过菩提达摩吗?《达摩多罗禅经》是 410 年就译出来的,(按:达摩多罗亦古梵僧名:有四人。)菩提达摩是于五百年以后才到中国,乃后来讲禅宗传授的,竟把两个人混作一个,或称为"菩提达摩多罗"!在梵文中,菩提达摩是 Bodhi dharma,达摩多罗是 Dharmatrata,明是两字,岂可混为一谈?总之,我们要知道在达摩以前中国就有人学禅了;说达摩未到时中国没有禅学,那完全是错误的。

佛道通气

上次说过,修了安般法门,可以得到五神通,即天耳通,天眼通,如意通,他心通,宿命通等。当这种调和呼吸修练神通的法门盛行的时候,正是魏晋士大夫崇拜老庄,谈论虚无,梦想神仙的时候。因为佛教最高的境界,是涅槃,是四大皆空,和道家的虚无相似;又有各种方法可以学到顺风耳、千里眼种种神通,也近于神仙之术;所以佛道两教,在当时很能发生关系。3 世纪时,中国最著名的和尚道安便把佛法看作"升仙之奥室",他曾说过,从一数到十,从十数到一,无非期于"无为"和"无欲",以得到最高的"寂"而显神通。例如他《序安般经注》上说:

> 安般寄息以成守,四禅寓骸以成定;寄息故有六阶之差,寓骸故有四级之别。阶差者,损之又损之,以至于无为;级别

者,忘之又忘之,以至于无欲。

既"无为"又"无欲",便可到最高的"寂"。到"寂"以后,便神通广大:

> 举足而大千震,挥手而日月扪,疾吹而铁围飞,微嘘而须弥舞。

后来慧皎也曾说到禅的最高境界,在得神通,仿佛与神仙相似。例如论《习禅》,他说:

> 禅用为显,属在神通。故使三千宅乎毛孔,四海结为凝酥,过石壁而无壅,擎大众而弗遗。

佛教"简化"

当3世纪到4世纪间,时人已有主张整理佛教的了。中国固有的宗教,向无天堂地狱之说,也没有灵魂轮回之说。不过鬼是有的,但鬼也可以饿死。印度方面,则上有三十三天,下有一十八层地狱。所以自印度佛教传入中国以后,中国人好像"小巫见大巫",惊叹佛教的伟大,五体投地地佩服,于是大批翻译佛教的经典,但经典渐渐地太多了,教义太伟大了,又觉得不能完全吞下,于是又想把佛教"简化"起来。上次说过,佛教要义在慧定,慧帮助定,定帮助慧,互相为用。当时人觉得印度禅太烦琐,像什么数息啦,什么四禅定啦,什么四念处啦……因此,江西庐山有一位慧远大师(按:道

安的高足弟子),自创一宗,就是净土宗;并结一社——一个俱乐部,叫作莲社。他以为佛门的精义,惟在"禅智"二字。他尝说:

> 三业之兴,以禅智为宗。……禅非智无以穷其寂,智非禅无以深其照。然则禅智之要,照寂之谓。

不过从前的禅,既觉得过于烦琐,自有简化的必要。当时从印度传入一种《阿弥陀经》,很简单(按:只一千八百余言,人称为《小经》)。上次所说的印度禅,有五种安般法门,其中的念佛观便是净土宗的法门,《阿弥陀经》便是念佛观的经典。此经外,尚有《无量寿经》等。经中说西方有一净土,叫作极乐国。那里有无量福,无量寿,无量光;有阿弥陀佛(按:梵语 Amita,即无量之义);有四时不谢之花,八节长春之草,花鸟都能念经,满地尽是琉璃。欲至其地,惟有念"南无阿弥陀佛"。"南无"两字,梵音读作"哪嘛"(Namah 或 namo),是敬礼的意思。只要一心念"南无阿弥陀佛",便可到极乐世界。何等简单! 这就是当时佛教简单化的运动。

道 生

到 5 世纪前半期,慧远有一个弟子,同时并是鸠摩罗什的弟子,叫作道生(殁于 434 年)。现在苏州虎丘还有一个生公说法台,就是相传"生公说法,顽石点头"的地方。道生很聪明,得南北两派之真传,以为佛教还要简单化,他相信庄子所说的:"得鱼可以忘筌,得意可以忘象",以为只要得到真的意思,只要抓住佛教的要点,则几千万卷半通不通的翻译经典,都可以丢掉。印度佛教变成中国佛教，印度禅变成中国禅，非达摩，亦非慧能，乃是道生！他创了几种很重要的教义，如"顿悟成佛"、"善不受报"、"佛无净土"等。"善不受报"是反对那买卖式的功德说；"佛无净土"是推翻他老师慧远所提倡的净土教；至于顿悟说，更是他极重要的主张，与顿悟相反的是渐修。佛家从数息到四禅定，从四禅定到四念处，都是渐修。只抓住一个要点，"放下屠刀，立地成佛"，便是顿悟，"放下屠刀，立地成佛"，这句话我们听惯了不觉得，其实在当时是一句大逆不道的话！因为如此，十二部大经典完全无用；所有一切仪式，如礼拜、忏悔、念经、念佛，以及寺观佛像，僧侣，戒律，都成废物；佛教起了大的革命！主顿悟的，叫作顿宗；主渐修的，叫作渐宗。那时《涅槃经》从印度输入，尚未完成，仅译成了一半；生公以为《涅槃经》小，说过"一阐提人即不信佛教的皆具佛性"，是更为极端的顿悟说。因此，旧日僧徒便说他"背经邪说，独见忤众"，把他驱逐出去。他临走时，于四众之中，正容起誓道：

若我所说，反于经义者，请于现身，即表厉疾！若与实相不相违背者。愿舍寿之时，据师子座！

后来《大般涅槃经》传入中国，全部译出，果然与生公之说相合。于是生公仍返江南。后来讲经于庐山，据师子座而逝，很光荣。刘宋太祖文帝对于顿悟说，也很赞叹提倡，从此顿宗渐盛。可见禅宗之顿悟说，实始于4世纪后的生公。

菩提达摩

现在要讲到菩提达摩的故事了。

在5世纪(470年左右)刘宋将亡之时,广州来了一位印度和尚,叫作菩提达摩。因达摩由南天竺出发,所以从海道。宋亡于479年。他到宋,宋尚未亡(旧说520年始到,不确。按:520年为梁武帝普通元年),他到过洛阳,曾瞻礼永宁寺,事见杨衒之的《洛阳伽蓝记》,因这书中尝说"达摩到永宁寺(510年造,520年毁),自称百五十岁。"他来中国是470年左右,到永宁寺大约在520年左右,所以他在中国住了五十年。当时一个年少的印度和尚到中国来,道不易行,所以自称150岁,大概由于印度是热带,人多早熟,早生胡须,故自称150岁,以便受人尊敬吧。他到中国后,将中国话学好,四处传道,计在中国五十年,其道大行,尤其是北方。

达摩的教义,有两条路:一是"理入",一是"行入"。"理入"就是"深信含生同一真理,客尘障故,令舍伪归真,凝住壁观,无自无他,凡圣等一。"因人的本性相近,差别无多,只须面壁修行,所以"理入"又叫作"壁观"。所谓"壁观",并非专门打坐,乃面壁之后,悟出一种道理来。至于"行入",就是从实行入的,内中又分四项:

(一)报怨行就是"修行苦至,是我宿作,甘心受之。"意思是说,一切苦痛,都是过去积聚的,必须要"忍",才算苦修。

(二)随缘行——就是"苦乐随缘,得失随缘。"

(三)无所求行——就是一切不求,只有苦修,因为"有求皆苦,无求乃乐。"

(四)称法行——即性净之理。

达摩一派,实为虚无宗派,因为他以为一切经谕都靠不住,靠得住的,只有一部《大乘入楞伽经》,读此一经,即已具足。

达摩一派,主张苦修,凡受教的,只准带两针一钵,修种种苦行,传种种苦行的教义。

达摩一派,后来就成为楞伽宗,也叫作南天竺一乘宗(见《续高僧传》中的《法冲传》);因为楞伽就是锡兰岛,《楞伽经》所代表的,便是印度的南宗(参看唐僧净觉的《楞伽师资记》,民国二十年北平校刻敦煌写本)。

达摩一派,既为一苦修的秘密宗派,故当时很少有人知道,但为什么后来竟成为一大禅宗呢?说来话长,且听下回分解。

三、中国禅学的发展与演变

我们已经讲了两次:第一次讲《印度禅》;第二次讲的是《中国禅宗的起来》,这两种禅法的区别,简单说,印度禅法是渐修,中国禅法重顿悟,二者恰恰相反;前者是从静坐,调息以至于四禅定,五神通,最合魏晋时清谈虚无而梦想走到神仙境界的心理;后者不然,是"放下屠刀,立地成佛"的办法,这是中国的佛学者力求简单化的结果。

原来在3世纪到4世纪时,中国佛学者对印度禅法已表示不满;到5世纪前半期,出了革命的道生和尚,上次讲过:他是慧远的弟子,又曾从罗什受业,肯作深思,把当时输入的佛教思想,综合之,且加以考校,他有几句很重要的宣言:

> 夫象以尽意,得意则象忘,言以诠理,入理则言息,自经典东流,译人重阻,多守滞义,鲜见圆义,若忘筌取鱼,始可与言道矣。

这就是说，到这时候我们中国人可以跳过这些拘滞的文字，可以自己创造了，经论文字，不过是一些达意的符号（象），意义既已得到，那些符号便可扔到茅坑里去了，道生于是创造"顿悟生佛论"，说"善不受报"，"佛无净土"，"一阐提人皆具佛性"，这是革命的教义，一切布施，修功德，念佛求生净土，坐禅入定求得六神通，都经不起"顿悟"二字的威风；这么一来，当时的旧派遂起而攻击道生的邪说，把他赶出建业，于是他只得退居苏州虎丘山，后来大本《涅槃经》全部到了，果然说"一阐提人皆有佛性"，因此，生公的"顿悟成佛论"得着凭证而惹人信赖了，生公这种思想，是反抗印度禅的第一声，后来遂开南方"顿宗"的革命宗派。

达摩禅法

当宋齐之际（约470年），从南印度来了一个和尚菩提达摩，先到广州，后又转到北方，在中国约有四五十年；上次也讲过：他受空宗的影响很大，所以抛弃一切经典，只用南印度的一部小经典《楞伽经》四卷来教人，这是一个苦修的宗派，主张别人打我骂我，我都不要怨恨，所谓"逆来顺受"，认为自己前世造下冤孽。他的禅法也很简单，说一切有情都有佛性，只为客尘所障，故须面壁坐禅，认得凡圣等一，便是得道。故他们在行为方面是"忍"，在理智方面是"悟"。这就是"楞伽宗"，又名南天竺一乘宗，是印度传来的叫花子教，过着极刻苦的生活，如达摩弟子慧可所传的那禅师，"唯服一衣，一钵，一食"，再传的满禅师"一衣，一食，但畜二针，冬则乞补，夏便通舍，覆赤而已。往无再宿，到寺则破柴，造覆，常行乞食"，在贞观十六年（642）满禅师于洛州南会善寺倒宿墓中，遇雪深三尺，有请宿斋者,告曰:"天下无人,方可受尔请!"这个苦行的宗派,不求人知,不出风头,所以不惹人注意,知道的很少。道宣在他的《续高僧传》里对这派曾这样说过:"人非世远,碑记罕闻,微言不传,清德谁序?深为痛矣。"但到7世纪时,此宗风气渐变,刻苦独行的人不多,渐趋于讲诵注疏之学,故道宣又说他们"诵语难穷,励精益少"。他们为一部《楞伽经》做疏或钞(钞即疏的注解),共有12家,70卷之多(也见道宣的《法冲传》),可见这时的楞伽宗,已非往昔苦行头陀的风味了。

到8世纪初,正当慧能在南方独唱顿悟教义的时候,湖北荆州府玉泉寺有个神秀老禅师,声誉甚隆。武后派人请他到长安(约701年,武后晚年)。既来之后,便往来于两京(长安和洛阳)之间,备受朝野尊崇,号称"两京法王,三帝(按:谓则天帝,中宗,睿宗)国师"。他自称为菩提达摩建立的楞伽宗的嫡派,他死在纪元706年(武后死的次年),谥大通禅师,当代大手笔张燕公为之作碑。今日我们知道他的传法世系为:

达摩→慧可→僧璨→道信→弘忍→神秀

第一次便发现于这个碑文里,但与道宣在《法冲传》内所记不同,不过因为神秀地位极高,人都信此法系是正确的了。神秀的二大弟子义福和普寂,也被朝廷尊为国师,气焰熏天。义福死于732年(开元廿年),谥大智禅师,普寂死于739年(开元廿七年),谥大照禅师。严挺之作《大智禅师碑》,李邕作《大照禅师碑》,都用了上列的传法世系,所以从701到739这四十年中,可以说是楞伽宗神秀一派势力的全盛时代。

据最可靠的材料,神秀并未著书;现在伦敦及巴黎所藏敦煌发现的写本中,有《五方便》一种,但非神秀作,乃是神秀一派人所作。

其教义仍接近印度禅的渐修。如玄颐《楞伽人法志》上说："禅灯默照，言语道断，心行处灭，不出文记。"神秀临死时的遗嘱是"屈，曲，直"三字。又如张说所作碑文说："其开法大略，则慧念以息想。极力以摄心，其入也，品均凡圣，其到也，行无后。趣定之前，万缘尽闭；发慧之后，一切皆知。持奉楞迦，递为心要。"这可证明他的禅法仍是近于印度禅。普寂的禅法，据《神会语录》及《坛经》上说："凝神入定（止），住心看净（观），起心外照，摄心内证。"也可证明神秀教义之一部。

当普寂、义福的气焰方张的时候，开元廿二年（734）河南滑台（即今滑县）的大云寺来了一个神会和尚，他居然大声疾呼要打倒伪法统，在大会上宣言：弘忍并不曾传法与神秀，真正的第六代祖师是他的老师岭南慧能。

六祖慧能

原来在7世纪末8世纪初，中国另起了一个浪漫的大运动，使中国佛教起一个大革命，革命的首领就是一个不识字的广东佬，神会口中所说的慧能和尚。自从7世纪晚年，弘忍死后，他的两大弟子，神秀就称为北宗的大师，慧能也成为南宗的大师。慧能是广东新州人（现在新兴县，在高要的西南），他住过广州，后来住在韶州的曹溪山，故后人皆称为"曹溪派"。又因为他在最南方，就称为"南宗"。他所提倡的一种革命的教义，就是"顿悟"。他是个不大识字的人，靠着砍柴过日子，他的成功全靠自己大胆的努力。他死于713年（开元元年），留传下来的只有《坛经》一书。但这书也经过了许多变迁：民国十五年（1926）我在伦敦看见的敦煌唐写本，约

12 000字,可说是最早的一个本子;去年(1933)在日本看见的北宋初(970年,宋太祖开宝间)的《坛经》,分两卷,已加多了2 000字;明本又加多了9 000字,共计约24 000字。但这部法宝《六祖坛经》,除《忏悔品》外,其余的恐就是神会所造的主人赝鼎。慧能的教义可分几点说:

1. **自性三身佛**　他说:向来劝你皈依佛,皈依法,皈依僧;我劝你归依自性三宝,三宝都在你心里:归依觉(佛),归依正(法),归依净(僧)这是自性的三宝。他又说:向来人说三身佛;我今告诉你,三身佛却在你自己色身中:见自性净,即是清净法身佛;一念思量,化生万法,即是自性千万亿化身佛;念念善,即是自性圆满报身佛。他又说:我本性元来清涉,识心见性,自成佛道。——慧能教人,大旨如此。后人所谓"直指人心,见性成佛",即是此意。此意还是源于"凡圣等一",故人人都可以顿悟成佛的。

2. **四弘誓愿**　众生无边誓愿度——自性自度;烦恼无边誓愿断——自心除;法门无边誓愿学——自心学无上正法;无上佛道誓愿成——自悟即佛道成。

3. **无相忏悔**　永断不作,名为忏悔。

4. **摩诃般若波罗蜜法**　"摩诃"之意即是大,所谓"性含万法是大",心量广大,犹如虚空;"般若"之意即智慧,所谓"一切时中,念念不忘,常行智慧";"波罗蜜"之意是到彼岸,所谓"离境无生灭,如水永长流,即名到彼岸"。

5. **反对坐禅**　他说:不用求净土,净土只在你心中;不用坐禅,见你本性即是禅;不用修功德,见性是功,平等是德。他说"一行三昧",就是"于一切时中,行住坐卧,常行一直心";"于一切法上,无有执着,名一行三昧"。"若坐不动是禅,维摩诘不合诃舍利弗宴坐林中。"(这是《维摩诘经》的影响。)

神会北伐

神会，襄阳人，约在710年（睿宗景云元年）到曹溪见慧能。在慧能死后21年即开元廿二年（734），他才到河南滑台传道，到现在1934年我们来讲他，恰好是他整整的一千二百周年纪念。那时他在大云寺大会上当众宣述南宗的宗旨，说当时公认的传法正统是假的，大胆指斥普寂"妄竖神秀为第六代"；他说当初菩提达摩，以一领袈裟为传代法信，授给慧可，慧可传僧璨，僧璨传道信，道信传弘忍，弘忍传慧能，所以我们才是正统，有传法袈裟在韶州为证。他自己称说，他这次在河南设无遮大会兼庄严道场，不为功德，是为天下学道者定宗旨，为天下学道者辨是非；现在普寂妄称自己为第七代，把神秀称为第六代，他要誓死反对！或曰：普寂禅师名望盖世，天下知闻，如此排斥，恐与身命有关。他说："我自料简是非，定其宗旨，岂惜身命？"他更进一步说，神秀在世时，因袈裟在韶州慧能处，所以不敢自认是第六代；乃普寂竟让同学广济于景龙三年（709）十一月到韶州去偷此法衣。当时普寂尚在，但也没有人出来否认。可是神会也闹了一个大笑话：有人问他菩提达摩以前，西国又经几代？他可没有预备，信口答出"八代"，并且还把菩提达摩与达摩多罗误作一人（见前讲）。至天宝四年（745），神会到了东京（洛阳），在荷泽寺继续定南宗宗旨，继续攻击神秀普寂一派为"北宗"的伪法统，定慧能一派为"菩提达摩南宗"的正统。他提倡顿悟，立"如来禅"，破北宗渐教的"清净禅"。其实，平心而论，真正的顿悟是不通的。如姜太公钓鱼，被文王任为宰相；傅说举于版筑之间，乃至李白之斗酒诗百篇，莫不是积了数十年许多零碎的经验，蕴蓄既久，一旦发挥出来，所以"顿悟"云云，往往也须经过"渐修"。不过因他是年过八十的老头儿，状貌奇特，侃侃而谈，就轰动了不少的听众。其实义福、普寂都已死了，在生时似乎是不理他，死后他们的徒子徒孙，眼见他声名日大，而且绘出图像来，宣传他所造作的楞伽宗法统史，公开攻击北宗法统，说来动听感人；于是普寂一派人只好利用政治势力来压迫神会。天宝十二年（753）遂有御史卢奕上奏，弹劾神会，说他"聚徒。疑萌不利"；朝廷就把他赶出东京，黜居弋阳（在江西），又徙武当（在湖北均县），又移襄州（在襄阳），又移荆州开元寺，苦煞了这个八十五六岁的老头儿！

神会被贬逐的第三年（755年，天宝十四年），安禄山造反，两京陷落，明皇出奔，太子即位；至757年（肃宗至德二年）郭子仪等始收复两京，神会也回到东京来了。那时大乱之后，军饷无着；于是右仆射裴冕提出一救济经济的政策，"大府各置戒坛度僧"，"纳钱百缗，请牒剃落，亦赐明经出身"。这就是做和尚先得买执照。本来唐朝做和尚的，须购度牒，有了度牒，就算出家，可以免除租、庸、调诸税。但残破乱离之际，这种公债无法推销，非请一位善于宣传的出来负责发卖不可，于是大家都同意把神会请出来承办劝导度僧，推销度牒，筹措军饷的事。他以九十高年，搭棚设坛，大肆鼓吹，听者感动，男女剃度者极多，这种军用公债果然倾销起来，一百吊办一张，而当时施主也不少，于是为政府增加了大宗的收入，功劳甚大。肃宗皇帝下诏叫他入内供养，并且替他盖造禅院于荷泽寺中，到上元元年（760），神会死，享年九十有三，赐谥真宗大师，建塔洛阳，塔号般若。他死后三十六年，即796（德宗贞元十二年），在内殿召集诸禅师，由皇太子主席，详定传法旁正，于是朝廷下敕立荷泽大师神会为第七祖。由是神会的北伐成功,慧能的南宗遂成为禅宗的正统了。

神会教义要点

关于神会的思想,我不打算细讲,其教义可得而言者,约有五点:

1 顿悟 这就是神会的革命旗帜。他说:"十信初发心,一念相应,便成正觉,于理相应,有何可怪?"以明"顿悟不思议"。简言之,便是"放下屠刀,立地成佛"之意。

2 定慧平等 他说:"念不起,空无所有,名正定,能见念不起,空无所有,名正慧。"即是以"慧"摄"定",最后"戒""定"都可以不管,只要"慧",归到理智主义去。

3 无念 他的禅法以无念为宗。"不作意却是无念。""所作意住心,取空取净,乃至起心求证菩提涅槃,并属虚妄。""无应所住而生其心。"

4 知 他说:"知之一字,众妙之门。"所以中国禅宗,侧重知解,终身行脚,求善知识;且此语实开中国思想界"良知"一派的先河。

5 自然 他说:"修习即是有为诸法。生灭本无,何假修习?"只是自然,只是无为,与中国道家思想相合。

总之,神会倡言为天下学道者定宗旨,为天下学道者定是非,所以他对于神秀一系的旧法统,加以诋斥,建立起自己的新法统来。民国十五年我在巴黎发现了神会的许多材料,后来在日本又发现了一些,因知 8 世纪的前期,普寂盛行的时候,僧人都附于楞伽宗派,所谓"东山法门"。等到8世纪的后期,神会兴起,以至9世纪以来,又都成了南宗门下的信徒了。

"杀猪的"说法(即旧说)就没有神会的地位,因其门下无特出的人物,而继续努力的人,也非同门,所以他的功劳渐渐淹没,过了几百年就完全被人忘记了。

马祖道一

8世纪中,神会北伐成功,当时全国的禅师,也都自称出于菩提达摩,牛头山一派自称出于第四代道信。西蜀资州智诜派下的净众寺一派和保唐寺派,也都自称得着弘忍的传法袈裟。人人依草附木,自称正统。

1 成都净众寺派其法统为:

弘忍、智诜、处寂、无相

所以又称无相派。此派为宗密所分叙的二家,与北宗接近,以"无忆,无念,莫忘"为宗旨。就是说,勿追忆以往,勿预念将来,"当与此志相应,不昏不错,名莫忘"。此宗仍要"息念坐禅"。

2 成都保唐寺派,宗密记此派的世系如下:

弘忍 ┌老安—陈楚章─┐ 无住
     └智诜—处寂—无相┘

无住把净众寺一派的三句改为"无忆,无念,莫妄";"忘"字改成"妄"字,宗旨就大大的不同。无住主张"起心即妄,不起即真",似乎受了神会的影响。且此派更有革命左派的意味:"释门事相,一切不行。礼忏、转读、画佛、写经、一切毁之。所住之院,不置佛事。但贵无心,而为妙极。"此派也想争法统,说慧能的传法袈裟被武则天迎入宫中,转赐与智诜,又递到无住手里。

但是,忽然在江西跳出一个和尚来。名叫道一,又称马祖。他说慧能的传法袈裟又到了他那里,其实这些都是假的。他本是四川人,落发于资中,进具于巴西,是由北宗改入南宗的。他是无相(净众寺派)的弟子,后离蜀赴湖南衡岳跟六祖嫡传怀让修行,才入"顿门",故史家称为慧能的再传,其实他也属于智诜一派。道一这派的宗旨有八个字:"触类是道,任心为修"。他说:"所作所为,皆是佛性;贪嗔烦恼,并是佛性;扬眉动睛,笑欠声咳,或动摇等,皆是佛事。"这叫"触类是道"。既是凡碰到的都是道,就是随时皆为道,随心皆为修行。这个本来就是佛,所以不起心造恶,修善,也不修道,"不断不修,任运自在,名为解脱,无法可拘,无佛可作。"他只教人"息业养神","息神养道"。这叫"任心为修",他殁于786年(唐德宗贞元二年)。

马祖门下有一个大弟子,名叫怀海,就是百丈禅师(殁于814年,即唐宪宗元和九年),建立了禅院组织法,世称"百丈清规"。凡有高超见解的和尚,称为长老,自居一室。其余僧众,同居僧堂。禅居的特点,是不立佛殿,唯立法堂,佛教寺院到此为一大革命,并且他们提倡作工,"一日不作,一日不食",是百丈和尚的格言。以后的禅门大都是从马祖、百丈传下来的。自8世纪以下,禅学代替了佛教,禅院代替了律居,佛教差不多完全变成禅学了。

四、中国禅学的方法

今天是最后一次讲演,黎先生刚才对我说今天功德圆满,其实不过是我的一笔旧债还清了。

这次讲的是中国禅学的方法。上次本来想把中国禅宗的历史讲得更详细一点,但因限于时间,只能将普通书所没有的禅宗的来历,说了一个大概,马祖以后的宗派简直就没有功夫来讲。但不讲也不要紧,因为那些宗派的立场跟方法,大抵差不多,看不出什么显著的区别,所以也不必在分析宗派时多讲方法,现在只讲禅学整个的方法。

中国的禅学,从7世纪到11世纪,就是从唐玄宗起至宋徽宗时止,这四百年,是极盛的黄金时代。诸位是学教育的,这一派人的方法与教学方面多少有点启示,所以大家有一听的必要。

南宗的慧能同神会提倡一种革命思想——"顿悟",不用那些"渐修"的烦琐方法,只从智慧方面,求其大彻大悟,放下屠刀,立地成佛。在当时因为旧的方式过于复杂,所以这种单刀直入的简单理论,感动了不少的人,终于使南宗顿教成为禅宗的正统,而禅宗又成为佛教的正统。这是他们在破坏方面一大成功。可是慧能和神会都没有方法,对于怎样教人得到顿悟,还是讲不出来,到9世纪初,神会的第四代弟子宗密(殁于841年,即唐武宗会昌元年),方把"顿悟"分成四种:

(一)顿悟顿修　顿悟如同把许多乱丝,一刀斩断;顿修如同把一团白丝,一下子丢到染缸里去,红即红,黑即黑。

(二)顿悟渐修　如婴儿坠地,六根四肢顿具,男女即分,这叫顿悟;但他须慢慢发育长大,且受教育,成为完人,这叫渐修。故顿悟之后必继以渐修。

(三)渐修顿悟　这好比砍树,砍了一千斧头,树还是矗立不动,这叫渐修;到了第一千零一斧头,树忽然倒下来了,这叫顿悟。

这并非此最后一斧之力,乃是那一千斧积渐推动之功,故渐修之后自可成顿悟。

（四）渐修渐悟　如同磨镜,古时候,镜子是铜制的,先由粗糙的铜,慢慢地磨,直至平滑发亮,可以照见人影,整理衣冠。又如射箭,起初百无一中,渐渐百可十中,终于百发百中。

这四种中间,第一种顿悟顿修不用方法,讲不通的,所以禅宗后来也有"树上哪有天生的木杓"的话。第二种顿悟渐修,却是可能的;第三种渐修顿悟,尤其可能。这两种"放下屠刀,立地成佛"的例子,在西洋也有很多;如圣奥古斯丁,起初是一个放荡不羁、狂嫖滥赌的人,说重一点就是流氓地痞,一天在街上听了一位教师的讲演,忽然省悟,立志苦修,竟成为中古时代的宗教领袖。这就是顿悟渐修,却也是渐修顿悟,因为他早有种种烦闷,逐渐在变化,一旦下决心罢了。又如三四百年前科学大师伽利略（意大利人）,生而有艺术的天才,但他的父亲是个数学家,送他到大学去习医;他的兴趣不倾向于这方面,而于音乐绘画等倒是弄得不错。有一天,国王请了一位数学家来讲《几何学》,他听了一小时,忽然大彻大悟,就把一切抛开,去发挥他从遗传中得来的数学天才,后来便成了几何学物理学的老祖师。再举一个日常的例子：我们有时为了一个算学或其他的难题,想了几天,总想不出,忽然间在梦里想出来了。这也是慢慢地集了许多经验,一旦豁然贯通。第四种渐修渐悟,更是可能,用不着来说了。

总之,顿悟渐修,渐修顿悟,都是可能的,都是需要教学方法的;渐修渐悟更是普通的方法,只有顿修顿悟是没有教学方法的。

触类是道，任心为修

禅门中许多奇怪的教学方法，都是从马祖（殁于786年）来的。马祖道一，本是北派，又受了南派的影响，所以他所创立的方法，是先承认了渐修，然后教你怎么样渐修，顿悟，顿悟而又渐修。他的宗旨是"触类是道，任心为修"。如扬眉、动目、笑笑、哈欠、咳嗽、想想，皆是佛事。此种方法实出于《楞伽经》。《楞伽经》云："非一切佛国土言语说法，何以故？以诸言说，唯有人心，分别说故。是故有佛国土，直视不瞬，口无言语，名为说法；有佛国土，直尔示相，名为说法；有佛国土，但动眉相，名为说法；有佛国土，唯动眼相，名为说法；有佛国土，笑，名说法；有佛国土，欠呿，名说法；有佛国土，咳，名说法；有佛国土，念，名说法；有佛国土，身，名说法。"又云："如来亦见诸世界中，一切微虫蚊蝇等众生之类，不说言语，共作自事，而得成功。"所以他那"触类是道，任心为修"的方法，是不靠语言文字来解说来传授的，只用许多奇特古怪的动作。例如"有一个和尚问他如何是西来意，他便打，问他为什么要打，他说：'我若不打汝，诸方笑我也。'"又如法会问如何是西来意，他说："低声，近前来！"于是就给他一个耳光。此外如扬眉动睛以及竖拂、喝、踢，种种没有理性的举动，都是他的教学方法。这种举动，也并不是叫对方知道是什么意思，连做的人也没什么意义，就是这样给你一个谜中谜，叫你去渐修而顿悟，或顿悟而渐修。马祖以后，方法更多了，如把鼻、吐舌、大笑、掀床、画圈（圆相）、拍手、竖指、举拳、跷足、作卧势、敲柱、棒打、推倒，等等花样，都是禅机。此外来一两句似通非通的话，就是话头。总之，以不说法为说法，走上不用语言文字的道路，就是他们的方法。

马祖是江西派，其方法在8世纪到9世纪初传遍了中国。本来禅学到了唐朝，已走上语言文字之途，楞伽宗也从事于烦琐的注疏；但是那顿悟派依然顿悟，不用语言文字，教人去想，以求彻悟。马祖以下又用了这些方法，打一下，咳一声，你不知道是什么意思，我也不知道是什么意思，这种发疯，正是方法，但既无语言文字作根据，其末流就有些是假的，有些是捏造的，而大部分是骗人的。

马祖不靠语言文字说法，他的方法是对的，是真的，但是后来那些模仿的，就有些要算作末流了。这里且讲一个故事：有一书生，衣服褴褛走到禅寺，老和尚不理他。后来小和尚报告知府大老爷到了，老和尚便穿上袈裟，走出门，恭敬迎接，招待殷勤。书生看了，一声不响。等到知府大老爷走了，书生说："佛法一切平等，为什么你不睬我，而这样地招待他？"老和尚说："我们禅家招待是不招待，不招待便是招待。"书生听了，就给他一个嘴巴。老和尚问他为什么打人？书生答道："打便是不打，不打便是打。"所以末流模仿这种方式的表示，有一些是靠不住的。

呵佛骂祖

在9世纪中叶，出了两大和尚：南方的德山宜鉴（殁于865年，唐懿宗咸通六年）和北方的临济义玄（殁于866年，同上七年）。他们的语录，都是很好的白话文学；他们不但痛骂以前的禅宗，连经连佛一齐骂：什么释迦牟尼，什么菩提达摩，都是一些老骚胡；十二大部经也是一堆揩粪纸。德山自谓别无一法，只是教人做一个吃饭、睡觉、拉屎的平常人。义玄教人"莫受人惑，向里向外，逢着便杀；逢佛杀佛，逢祖杀祖，逢罗汉杀罗汉……始得解脱。"后来的禅门，总不大懂得这两大和尚第二次革命的禅机——呵佛骂祖禅。

平心而论，禅宗的方法，就是教人"自得之"，教人知道佛性本自具足，莫向外驰求，故不须用嘴来宣说什么大道理。因此，这个闷葫芦最易作假，最易拿来欺骗人，因为是纯粹主观的，真假也难证实。现存的五部《传灯录》，其中所载禅的机锋，百分之七十怕都是无知妄人所捏造的：后来越弄越没有意义了。不过，我们也是不能一笔抹杀。当时的大和尚中，的确也有几个了不得的；他们的奇怪的方法，并非没有意义的。如我第一次所讲贼的故事，爸爸把儿子锁在柜子里，让他自己想法逃出；等他用模仿鼠叫之法逃回家了，爸爸说：你已有饭吃了。这个故事，就可以比喻禅学的方法，所谓"置之死地而后生"。就教育上说，很类似现代的设计教学法。看来很像发疯，但西谚云："发疯就是方法"（madness is method）（按：西文两词音近，中语四字也都是双声）。禅宗经过四百年的黄金时代，若非真有方法，可以骗人一时，也不能骗到四百年之久。

禅学方法

禅学的方法，可归纳为四种：

（一）不说破　禅学既是教人知道佛性本自具足，莫向外驰求，意思就是说，人人都有佛性，己身便是佛，不必向外人问；要人知道无佛可作，无法可求，无涅槃菩提可证。这种意思，一经说破，便成了"口头禅"，本来真理是最简单的，故说破不值半文钱。所以禅宗大师从不肯轻易替学人去解说。只教学人自己去体会。有两句香艳诗可以说明这个方法,就是:"鸳鸯绣取从君看,莫把金针度与人。"且讲他们三个故事来做例子。其一:沩山和尚的弟子洞山去看他,并求其说法,沩山说:"父母所生口,终不为子说。"其二:香严和尚请沩山解说"父母未生时"一句。沩山说:"我若说似(与)汝,汝以后骂我去。我说底是我底,终不干汝事。"香严辞去,行脚四方,一日芟除草林,偶尔抛一块瓦砾,碰竹作响,忽然省悟,即焚香沐浴,遥礼沩山,祝云:"和尚大慈,恩逾父母!当时若为我说破,何有今日之事?"其三:洞山和尚是云严和尚的弟子。每逢云严忌日,洞山必设斋礼拜,或问他于云严得何指示?他说:"虽在彼处,不蒙指示。"又问:"和尚发迹南泉,为何却与云严设斋?"他说:"我不重先师道德佛法,只重他不为我说破。"大家听了这三个故事,便知"不说破"是佛学的第一个方法。因为一经说破,便成口头禅,并未了解,不再追求,哪能有自得之乐?

（二）疑　其用意在使人自己去想,去体会,例如洞山敬重云崖,如前所说。于是有人问洞山:"你肯先师也无?"意思是说你赞成云崖的话吗?洞山说"半肯半不肯"。又问说:"为何不全肯?"洞山说:"若全肯,即辜负先师也。"他这半信半不信,就是表示,学者要会疑,因为怀疑才自己去思索——想若完全赞成,便不容怀疑,无疑即不想了。又:有僧问沩山和尚:"如何是道?"沩山说:"无心是道。"僧说:"某甲不会。"就是说我不懂。沩山就告诉他:"不懂才好:你去认识不懂,这才是你的佛,你的心。"(按:沩山原答为:"会取不会底好。"僧云:"如何不会底?"师云:"只汝是,不是别人。……今时人但直下体取不会底,正是汝心,正是汝佛;若向外得一知半解,将为禅道,且没交涉,名运粪入,不名运粪出,污汝心田。")所以"疑"就是禅宗的第二个方法。

（三）禅机　普通以为禅机含有神秘性，其实真正的禅机，不过给你一点暗示；因为不说破，又要叫人疑，叫人自己去想，所以道一以下诸禅师又想出种种奇怪方法来。如前面所举的打，笑，拍手，把鼻……等等，又有所答非所问，驴唇不对马嘴的话头，这种方法，名曰禅机，往往含有深意，就是对于某种因缘，暗示一点出来，让你慢慢地觉悟。试举几条为例。其一：李勃问智常：一部《大藏经》说的是什么？智常举起拳头，问道："还会吧？"李答："不会。"智常说："这个措大！拳头也不识！"其二：有老宿见日影透窗，问惟政大师："是窗就日？是日就窗？"惟政道："长老！您房里有客，回去吧！"其三：僧问总印：如何是三宝（佛，法，僧）？总印答："禾，麦，豆。"僧况："学人不会。"师说："大众欣然奉持。"其四：仰山和尚问沩山："什么是祖师西来意？"沩山指灯笼说："大好灯笼呵！"其五：僧问巴陵鉴和尚："祖师教义，是同是异？"鉴说："鸡寒上树，鸭寒下水。"法演和尚论之曰："巴陵只道得一半，老僧却不然，掬水月在手，弄花香满衣。"其六：僧问云门和尚："如何是超佛越祖之谈？"云门答："餬饼。"法演说："破草鞋。"这些禅机，都是于有意无意之间，给人一点暗示。

前十余年，罗素（Bertrand Russell）来中国，北京有一帮学生组织了一个"罗素学术研究会"，请罗素莅会指导。但罗素回来对我说："今天很失望！"问何以故？他说："一般青年问我许多问题，如'George Elior 是什么？''真理是什么？（What is truth?）'……叫我如何回答？只好拿几句话作可能的应付。"我说：假如你听我讲禅学，你便可以立刻赏他一个耳光，以作回答。罗素先生颇以为然。

（四）行脚　学人不懂得，只好再问，问了还是不懂，有时挨顿捧,有时挨一个嘴巴。过了一些时,老师父打发他下山去游方行脚,往别个丛林去碰碰机缘。所以行脚等于学校的旅行,也就等于学生的转学,穿着一双草鞋,拿着一个钵,遍走名山大川,好像师大的学生,转到清华,再转到中央大学,直到大觉大悟而后已。汾阳一禅师活到七十多岁,行脚数十年,走遍了七十多个山头,据上堂云:"以前行脚,因一个缘因未明,饮食不安,睡卧不宁,水急抉择,不为游山玩水,看州府奢华,片衣口食;只是圣心未通,所以驰驱行脚,抉择深奥,传鸿敷扬,博问先知,亲近高德。"儒门的理学大师朱子也曾说过:"树上哪有天生的木杓?要学僧家行脚,交结四方贤士,观察山川形势,考测古今治乱之迹,经风霜雨露之苦,于学问必能得益。"行脚僧当然苦不堪言,一衣一履,一杖一钵,逢着僧寺就可进去住宿,替人家作点佛事,挣碗饭吃;要是找不到庙宇,只能向民家讨点饭吃,夜间就露宿在人家的屋檐下。从前有名的大和尚,大都经过这一番漂泊生涯。行脚僧饱尝风尘,识见日广,经验日深,忽然一天听见树上鸟叫,或闻瓶中花香,或听人念一句诗,或听老太婆说一句话,或看见苹果落地……他忽然大彻大悟了,"桶底脱了"!到这时候,他才相信:拳头原来不过是拳头,三宝原来真是禾麦豆!这就叫作"踏破铁鞋无觅处,得来全不费功夫"。

(五)悟 从"不说破"起,到"桶底脱了"完全觉悟贯通。如圆悟和尚行脚未悟,一天见法演和尚与客谈天,法演念了两句绝体诗:"频呼小玉元无事,为要檀郎认此声。"全不相干,圆悟听了就忽然大悟了。又有一个五台山和尚行脚到庐山归宗寺,一夜巡堂,忽然大叫:"我大悟也!"次日,方丈问他见到什么道理。他说:"尼姑原来是女人做的!"又:沩山一天在法堂打坐,榔头击木鱼,里面一个火头(烧火的和尚)掷去火柴,拊掌哈哈大笑。沩山唤他前来问道:"你作么生?"火头说:"某甲不吃稀饭,肚子饥饿,所以欢喜。"沩山点头说:"你明白了。"我前次所述的圣奥古斯丁,平日狂嫖阔赌,忽然听人一句话而顿改前非,也是和这些一样的悟。《孟子》上道:"欲其自得之也。自得之,则居之安;居之安,则资之深;资之深,则取之左右逢其源。"自得才是悟,悟就是自得。

  以上所讲禅学的方法,彻头彻尾就是一个自得。总结起来,这种禅学运动,是革命的,是反印度禅、打倒印度佛教的一种革命,自从把印度看成西天,介绍、崇拜、研究、选择,以至"得意忘象,得鱼忘筌",最后,悟到释迦牟尼是妖怪,菩提达摩是骗子,十二部经也只能拿来做揩粪纸,解放、改造,创立了自家的禅宗。所以这四百年间禅学运动的历史是很光荣的。不过,这革命还是不彻底,刻苦行脚,走遍天下,弄来弄去,为着什么?是为着要解决一个问题,什么问题?就是"腊月二十五"。什么叫"腊月二十五"呢?这是说怕腊月三十来到,生死关头,一时手忙脚乱,应付不及。这个生死大问题,只有智慧能够解决,只有智慧,能够超度自己,脱离生死,所以火急求悟。求悟的目的也就不过是用智慧来解决一件生死大事,找寻归宿。这不还是印度宗教的色彩么?这不还是一个和尚么?所以这种革命还是不彻底。从禅学过渡到宋代的理学,才更见有两大进步:(一)以客观的格物替代了主观的"心理"。如二程朱子的今日格一物,明日格一物,今日穷一理,明日穷一理,辨明事物的是非伪真,到后来,便可有豁然贯通的一旦。这是禅学方法转变到理学的进步。(二)目标也转移了,德山和尚教人做一个吃饭拉屎的平常人。一般禅学家都是为着自己的腊月二十五,始终只做个和尚。理学则不然。宋仁宗时,范仲淹说了"先天下之忧而忧,后天下之乐而乐",以后理学家无不是从诚意、正心、修身做起,以至于齐家、治国、平天下。超度个人,不是最终的目的,要以个人为出发点,做到超度社会。这个目标的转变,其进步更伟大了。这两点值得我们大书特书。总之,宋明理学的昌明,正是禅学的改进,也可说是中国中古时代宗教的余波。

禅宗在中国：它的历史和方法[①]

我的学识渊博的朋友——前日本京都大谷大学教授铃木大拙博士，近30年来，一直都在做着向西方人士解说和介绍禅的工作。经过他不倦的努力，加上许多谈禅的著作，他已成功地赢得了一批听众和许多信徒，尤其是在英国。

作为他的一个朋友和研究中国思想的历史学者，我一直以热烈的兴趣注视着铃木的著作，但我对他的研究方法，却也一直未掩饰过我的失望。他使我最感失望的是——根据铃木本人和他弟子的说法：禅是非逻辑的，非理性的，因此，也是非吾人知性所能理解的。铃木在他所著的《禅的生活》(Living by Zen)一书中说：

如果吾人拿常识的观点去判断禅的话，我们将会发现它的基础从我们的脚下坍去。我们所谓的唯理主义思维方法(rationalistic way of thinking)，在衡量禅的真伪方面，显然毫无用处。禅完全超越人类理解的限域之外。因此，我们对于禅所能说明的只是：它的独一无二在于它的非理性或非人类逻辑理解所到之处。

我所绝对不能同意的，就是他否定我们有理解和衡量禅的能力。所谓禅，果真那么不合逻辑，不合理性，果真"完全超越人类理

[①] 译自柳田圣山主编的《胡适禅学案》第四部，英文标题为"Ch'an (Zen) Buddhism in China its History and Method"，刊于Philosophy East and West Vol.Ⅲ，No. 1，April，1953。由孟庆龙译校，台湾正中书局1975年版，原文中引文出处被删去。本文在编辑中，参考了《胡适说禅》(潘平，明立志编，东方出版社1993年版)。——编者注

解的限域之外"吗?我们的理性或唯理思维方式"在衡量禅的真伪方面"果真毫无用处吗?禅学运动是中国佛教史中一个不可分割的部分,而中国佛教史又是中国整个思想史中一个不可分割的部分。我们只有把禅放在它的历史背景中去加以研究,就像中国其他哲学流派都必须放在其历史背景中去予以研究、理解一样,才能予以正确的理解。

拿"非理性"去解释禅的人,其主要的毛病就出在他们之故意忽视此种历史的方法上。铃木说:"禅是超越时空关系的,甚至自然地超越历史事实。"采取此种非历史和反历史观点去看禅的人,绝不能了解禅学运动和伟大禅师的教示。欲以此种观点去使东方或西方人正确地了解禅,亦无指望。他所能告诉大家的,顶多只是:禅就是禅,完全超越吾人逻辑的理解。

但假如我们把禅学运动放回它的"时空关系"之中,这也就是说将它放在适当的历史背景中,把它和它看似陌生的教义视作"历史事实"去加以研究的话,然后,也只有如此,我们对于中国文化和宗教史中的此一伟大运动,始可得到知性和理性的了解与评鉴。

神会与中国禅的建立

其次要说的,是中国禅学运动的一个新的史实,这是我根据可靠的记录予以重订的。我所引证的这些历史记录,虽曾被人一直忽视或歪曲到现在,但如今不仅已经获得澄清,且有八九世纪藏于敦煌石窟(在今之甘肃)达一千余年之久,直到最近始在中国和日本编辑出版的文献,作为有力的支持。对于这些新近发现的部分材料,铃木和我都曾参与编辑和出版的工作。

这段历史故事，系于公元 700 年，以武后（690—705 年在位）诏令楞伽宗的一位老和尚至京城长安为始。这个和尚就是当时已经九十多岁，以在深山（今之湖北武当山）坐禅苦修著名的神秀禅师。这位年迈的和尚，在皇室的坚决邀请之下，终于接受了诏令。

当他于久视二年（701）到达京城说法时，必须让人抬到会场才行。据说，武后不但对他非常崇敬，且将他迎至宫中供养。她的两个皇子（后于 684 年及 690 年被她分别所废）和整个宫廷，都坐在他脚下恭聆教旨。他被尊为"两京法主，三帝国师"达四年之久。当他于 705 年去世时，曾由朝廷及数十万的僧俗为之送葬，敕令建立三座大寺纪念他——一座在京城长安，一座在他修禅的地方，另一座在河南他的出生之处。两位皇帝中的一个兄弟还和当时有名的散文作家张说为他写了碑铭。

张说在他所做的碑文中，曾将神秀的传法系统作如下的排列：

一、达摩　　二、慧可　　三、僧璨

四、道信　　五、弘忍　　六、神秀

神秀死后，他的两个弟子普寂（739 年卒）和义福（732 年卒）继续被武后尊为国师。在他们死后所做的碑文中，传法系统的排列如前（亦即列为第七代——译者）。

这张传法系统表持续了三十年之久，一直未曾更动，说不定系以楞伽宗自达摩以来所传的几个法系之一而被承认着。

但到了开元二十二年（734），在普寂的势力仍然极盛的时候，忽有一个叫作神会的南方和尚，在滑台寺（在今之河南）的一次无遮大会中，出来公开指责神秀一派，说他的传法系统是假的。

"菩提达摩，"这位陌生的和尚说，"传一领袈裟给予慧可，以为法信，经四代而至弘忍。但弘忍并未传给神秀，而是传给了南方韶州的慧能。"然后他又说道:"即连神秀禅师在日,亦指传法袈裟现在南方,所以他从不自称第六代。但今普寂禅师自称第七代,妄竖其师为第六代,所以不许。"

其时会中有一位和尚警告道:"普寂禅师名字盖国,天下知闻,你现在攻击他,岂非不顾生命危险?"神会答云:"我今设此庄严大会,只为天下学道者定宗旨,为天下学道者辨是非,岂惜生命?"

于是,他又宣布说,神秀和普寂的禅是假的,因为他只认渐悟,而"我六代祖师,一一皆言'单刀直入','直了见性',不言渐阶。学道者须顿见佛性,渐修因缘,如母顿然生子,然后与乳,渐渐养育……"

接着,他指责神秀及其弟子普寂等所传的为一种四重式(fourfold formula)的禅——"凝心入定,住心看净,起心外照,摄心内证"。并说这些皆是"菩提的障碍"。他扫除一切坐禅的形式,认为它们全然多余。他说:"若以坐为是,舍利弗宴坐林间,何以被维摩诘诃?"又说:"今言坐者,念不起为坐;今言禅者,见本性为禅。"

就这样,神会驳斥了全国最崇敬的宗派,建立了一种革命性的新禅,但由于这个新禅否定了禅的本身,所以根本上也就算不得是禅了。他并未称这种顿教是他自己或他老师慧能的学说,只说它是达摩以来六代所传的真宗。

根据新近发现的文献资料,所有以上种种,都是于开元二十二年(734)在滑台——距离长安和洛阳很远的一个镇市——发生的事情。普寂于739年死后,当时的名人李邕(678—747)为他写碑,其中特别重述他在死前对弟子所说的达摩传宗的话:"吾受托先师,传兹密印,远自达摩菩提……"这是不是有意强调此一传承系惟一的密传，藉以间接答复神会的攻击呢？

公元745年，这个"异端"和尚被召到东京洛阳荷泽寺，这是他以后被人称为"荷泽大师"的原因。他以七十七岁的高龄抵达洛阳，在那儿住了八年多的时光。于此，他再度展开公开的挑战，说神秀、义福、普寂他们所传的法系是旁支，他们所传的渐教是假的。他是一位善于辞令的传道家，又会编造生动的故事。许多关于达摩传道的故事，如与梁武帝见面和二祖断臂求道等，起初皆系由他编造，而后加以润色，才混入中国禅宗史的整个传统历史之中。

我们可以从他的语录（我所辑录的《神会和尚遗集》，1930年版；及铃木所辑的《荷泽神会禅师语录》，1934年版）中看出，他曾和当时有名的文人学者和政治家有过友谊的交往和讨论。就中他选择诗人王维（759年卒）①为他的老师韶州慧能写作碑铭。王维在这篇无疑是慧能最早的传记（可能从未刻在石上，只在《唐文粹》里保存下来）中明白表示：五祖弘忍大师认为只有这位南方"獦獠"土人居士懂得他的禅道，故在他快要圆寂时将"祖师袈裟"传给他，并叫他赶快离开，以免引起争端。

可是，由于神会有聪明的辩才和通俗的教旨，吸引了太多的信众，致使当时的御史卢弈在天宝十二年（753）报告皇帝，说他"聚徒，疑萌不利"。玄宗皇帝（713—756年在位，762年卒）召他赴京，与他见面后，将他贬到江西的弋阳，其后两年间，又被敕徙三个地方。

但神会被谪的第三年（755—756）年底，历史上忽然发生了一个大变化，安禄山造反了！他的势力很快地就威胁了大唐帝国。叛军从东北边区出发。横扫北方平原，不到数月工夫，即行占领东

---

① 王维死于761年，疑误。——编者注

京洛阳,并从四路进攻长安。京城终于天宝十五年(756)七月陷落,玄宗仓惶出奔西蜀,留下太子在西北接管政务。太子宣布即位,组织政府,纠合军队,征讨叛匪,挽救帝国。至德二年(757)收复两京。费了六年时间,才把叛军肃清。

在新政府于756年成立时,有一个大问题:怎样筹备军费?其中的一个救急办法:大卖度牒,大度僧尼。推销度牒,必须在都市里举行募道劝说,使善男信女打开心房与荷包才行。于是,他们想起了这位有大辩才,能够感动听众的和尚神会(可能是出于当时在战时政府中担任要职的禅友苗晋卿和房琯他们的推荐)。于是,他以八十九岁的高龄再度回到了业已收复但已成废墟的东京洛阳,开始对大批群众说法。据说他的筹款法会结果非常成功,对于戡乱战争作了不小的贡献。

新皇帝为了酬谢他的功劳,特别召他入宫供养。并敕工部在荷泽寺中鸠工替他赶造禅宇。昔日被逐的"异端"和尚变成了皇帝的上宾。他于上元元年(760)谢世,享年九十三岁。

大历五年(770),皇帝敕赐堂额,题号"真宗般若传法之堂"。据博学多闻的禅宗历史学者宗密(874年卒)说:德宗皇帝于贞元十二年(796)令其太子集诸禅德,楷定禅门宗旨,搜求传法旁正。遂有敕下,立荷泽大师(神会)为第七祖。这似乎间接承认了他的老师——不识字的和尚韶州慧能——为第六祖。

元和八年(813),宪宗皇帝应岭南节度使之请,追谥殁于"百又六年"之前(如此则他是死于711年而非传统所说的713年了)的慧能为"大鉴禅师"。当地僧俗大众并礼请当时的两位大作家柳宗元(819年卒)和刘禹锡(842年卒),为慧能写作纪念碑文,两人皆毫不迟疑地称他为达摩以下的第六代。这场法系的争论既已解

313

决,神会的大功也就告成了。

通常所称的六祖慧能

我们对这位不识字的六祖慧能,究竟知道一些什么呢?

在一篇由神会弟子于神会死后不久所作的早期文献《楞伽人法志》中(本文被引入稍后所作的楞伽宗另一历史记载而被保存于敦煌手卷中传留下来),有云,楞伽大师弘忍(即通常所称的五祖。674年卒)曾于圆寂前说有11人可以传他的法。在这11人的名单中,第一号为神秀,第二号为资州(在今之四川)智诜,第六号为韶州慧能,其他尚有7名相当著名的和尚及一位居士。名单上的第二人智诜(702年卒),系中国西部的一位禅师,他下面出了两个重要的流派,历史家宗密把它们列为第8世纪禅宗七派中的两系。我所以认为弘忍的这张11弟子名单相当可信的原因,乃因为他可能系作于神会尚未进行他那戏剧性的挑战之前,和在智诜所传的两派尚未闻名全国很久之前。

因此,我们不妨说,慧能系楞伽大师弘忍11位大弟子之中的一个。说他是密受真传的人和祖师袈裟的传承者,很可能是神会所编的一个神话。

据王维《六祖能禅师碑铭》(约作于743年,其中已经提到神会"有类献珠之愿"而"犹多抱玉之悲"的事了。见《全唐文》三二七)说,慧能生于岭南百姓之家,其地为华夷和睦相处之处。他在神会和《坛经》所作的描述中被称为"獦獠"——中国西南夷族之一。他是一位手工劳动者,后来北徙而在弘忍住持的寺中找到工作。他根性猛利,凡所教习,皆能吸收。他于受传祖师袈裟后即返南方,

"杂居止于编人,混农商于劳侣,如此积十六载"。后被《涅槃经》讲师印宗发现,予以剃度授戒,促其展开自己的传教事业。

他教些什么呢?王维说:"忍者无生,方得无我。""始成于初发心,以为教首。""常叹曰:'七宝布施,等恒河沙,亿劫修行,尽大地墨,不如无为之运,无碍之慈。'"

柳宗元的《曹溪第六祖赐谥大鉴禅师碑》说:"其教始以性善,终以性善;不假耘锄,本其净矣。"

由上述王、柳及神会对于"顿悟"的强调看来,我们可以推测,这位身为"劳侣"和"獦獠"的大师,可能原是一位苦行头陀。头陀的第一个意思,正如楞伽宗许多门徒所行和其祖师达摩所说的一样,就是忍受一切的苦和辱。

他可能在纯朴的老百姓中间从生活体验中习知:透过某种顿悟的行为,可以启发人类的心灵。神会曾用"单刀直入"一语,予以形容。如今中国人已将顿悟的观念化成了一句简单的成语:放下屠刀,立地成佛。

慧能当时对了解和爱护他的平民所讲的,可能就是这种简单而又直接的教义。他使"尽大地之墨"发光,故未留有任何著作。

如此,经过神会三十年(730—760)的苦战和说法,获得正式承认慧能为六祖和神会为七祖,中国的第一个禅宗就这样建立起来了。

到了第 8 世纪的后二十五年,禅宗各派开始了一个大汇合——几乎是每一个禅师或禅派都奔凑到慧能和神会的一系之下。要跟刚死不久的神会拉上关系,并非易事。但慧能在第 8 世纪初年即已去世,而他的弟子大都又是些生活或死于山林洞窟之中的苦行头陀,如果宣称曾经参访他们,这就不难了。因此,到了那个世纪的后几十年，部分不知名的人物都被记起或发现。其中如此被发现的两个，有湖南衡山的怀让和江西青原的行思。这两个人的名字，无论是神会为慧能所作的小传（在铃木辑的《荷泽神会禅师语录》之末）中，或最古的《六祖坛经》中，都没有提到。

最伟大的禅师之一的马祖，也是上述名单中的一个原出楞伽和尚智诜所传两系之一的成都净众寺。但马祖于788年死后，他的传记说他在怀让会下参学而契顿悟玄旨。与他同时的另一位大师——一般称为石头的希迁，据说系在行思会下参学得法。

此外，还有一个称做牛头宗（在今南京附近的牛头山）的禅派，系由与佛教史家道宣（667年卒）同时的法融（657年卒）所创立。道宣在2 433字的《法融传》中，并未提到他与达摩楞伽宗的关系。但在第8世纪，牛头宗的和尚都愿意承认他们的祖师曾经一度做过达摩下四祖道信的学生。如此，牛头宗的创立者便成了六祖的"师伯"了。

禅宗的这个大汇合就这样继续着。在一百年的时间当中，几乎所有禅宗各派各系，在精神和法统上，都成了"禅宗正脉"六祖的儿孙或与他有亲属关系了。

第8世纪的禅宗七派

我在上面所说的——神会对成为"两京法主"和"三帝国师"的那一派所作的挑战与攻击，他之宣说以顿悟观念为基础的新简佛教，他之四度被逐和被召回为国出力，以及为争取他那一派获得"真宗"地位所作的努力与胜利——在历史上并不是一个孤立的事件，而是一个更大运动的一部分，可以正确地看作佛教内部的一种革新或革命。这个运动在第8世纪时即已酝酿，并扩展到中国的许多部分，特别是南方的绝大部分——从西部的城市成都和资州，到东部佛教中心的扬州、江宁（南京）及杭州；从湖南和江西的深山，到韶州和广州的南部区域。神会本人系一个革命时代的产物，在这个时代中，佛教和禅宗方面的伟大人物，总以某种方式想着危险的思想，讲着危险的教义。

神会是一个政治天才，他不但看出了时代的趋势，且深知攻击的目标和方法。因此，他做了这个新运动中的政治家和战士，开了革命的第一炮。他的长寿，他的辩才，特别是他的勇气和猛利，使他大获全胜，而一个强有力的正统于焉瓦解。使他轻易获胜的，也许是基于一个事实：他那猛烈而又强韧的攻击战术和他二十多年的简明而又风靡的布教影响，已经为他自己和他的目标赢得了大批信众和许多有力文人与政界朋友的支持。在神会被逐期间最先为慧能写传的诗人王维，非但以不可误解的文辞说慧能得了"祖师袈裟"，并说神会之被整是一种"抱玉之悲"，最不公平。此外，王维的朋友——中国最伟大的诗人杜甫，亦在他的长诗中述及"门求七祖禅"的话。因此，慧能和神会的目标，在未正式达到之前，早就胜利已定。

至此，革命成功的时机已经成熟了。而各派之争祖涌向前导队伍，只不过是这个胜利之为各宗自由派、急进派和"异端"分子所欢迎的另一个证明罢了。对他们而言，这个胜利无疑是一大解放，将他们的思想和信念从传统和权威的桎梏中解放出来。

我们对那个时代的危险思想知道些什么呢？

在未介绍第8世纪禅宗的急进思想之前，让我们先来听听当时的一位严肃批评家梁肃（753—793）的意见，也许是一件非常有趣的事情。这位曾经活在那个世纪下半期的批评家,对于他那一时代反偶像的革命性教示颇感不安。他是当时的散文大家之一,又是天台宗旧派禅的一位忠实追随者,该宗于第6世纪最后数十年在其创立者智者大师的努力下达到了顶峰,但到了第8世纪已经为它那百科全书式的烦琐哲学压垮而成了一个衰退的宗派。下面所录便是梁肃所反映的意见:"今之人正信者鲜,启禅关者,或以无佛无法、何罪何善之化化之。中人以下驰骋,爱欲之徒出入,衣冠之类以为斯言至矣,且不递耳,私欲不废。故从其门者,若飞蛾之赴明烛,破块之落空谷……与大众魔外道为害一揆。"这是他那个时代危险思想流行的一个见证。

学识渊博的和尚宗密(841年卒),尽了毕生之力,集了将近一百家禅师的述作,上自达摩来华,下至他那个时代。可惜的是,他所集录的这部大作《禅源诸铨集》,大部已经散失,如今只剩一篇《都序》,是他对禅宗各派所作的分析和评判。他在这篇序言(其本身即是一本小书)中,将"当代"禅学运动分成十大宗派,又将此十派归纳为三大主流:(一)是"息妄修心宗",为旧派的禅或印度禅的延续。(二)是"泯绝无寄宗",以"无法可拘,无佛可求"教人,此宗包括牛头山和石头两系。(三)是"直显心性宗",教人抛弃一切旧有的形式,直了见性,此宗包括神会和马祖两派。

宗密在为一部文字颇简的《圆觉经》(可能是他自己的杜撰)所做的卷帙极繁的《大疏》中,用了一段很长的文字,列述了禅宗七大派系,并给每一派的宗旨作了一个简要的总述。在这七派当中,只有三派可称为旧禅,其余四派都有显著的革命色彩。兹为叙述方便起见,且不依它们的原有顺序,先从旧派介绍起。

这三个旧派是:(一)由神秀及其弟子所建立的北宗,亦即神会斥为渐修禅的一派。(二)中国西部的一派,以"念佛"作为简化的禅法。(三)智诜派,由跟神秀及与慧能同学的智诜所创立,包括其后由其弟子在成都净众寺形成的一系。此派的传统是把禅法简化为三句:"无忆,无念,莫忘。"著名的马祖大师,原来即是出于此派的净众寺。

综上以观,即使是在旧派的这一集团中,亦有一种挣脱印度禅自创简化禅的明显趋向了。

(四)第四派是成都保唐寺的一派,系由无住和尚(774年卒)所建立。他原出净众寺,但却开创一个属于他自己的十分激进的宗派。此派所行的是:"释门事相,一切不行;礼忏、转读、画佛、写经,一切毁之;所住寺院,不置佛事;但贵无心,而为妙极。"他们传授了净众寺一派的"三句",惟将最后一句"莫忘"改为"莫妄"。他们说:"起心即妄,不起即真。"

(五)第五派为宗密自称所属的一派,亦即神会一派。正如前面已经提到过的,此派弃绝一切修为深信顿悟的可能。宗密非常喜欢引用神会的一句名言:"知之一字,众妙之门。"这句话最足以表明神会的知解方法。他在他的"语录"中坦直地说:"我今定尚不立,谁道用心?"又说:"乃至起心求证菩提涅槃,并属虚妄。"

(六)第六派是属于牛头山一派,原是依据般若哲学和龙树中观为基础建立的旧派,在第8世纪新领导者鹤林玄素(752年卒)和径山道钦(792年卒)领导之下,似乎成了公开的虚无主义者和偶像破坏主义者。宗密说此派示人"无法可拘,无佛可求"。"没有一法胜过涅槃,我说亦如梦幻。"玄素的传记作者说了一个故事:一个以残忍闻名的屠夫,听了他的说法后,即行忏悔,并就所居办供请他,而他即不顾闲言,欣然前往,与其家人共食。宗密说此派"无修不修,无佛不佛"。

（七）第七派是江西道一（788年卒,因其俗姓马,通称为马祖）的一派。他说:"触类是道,任心为修。""所作所为,皆是佛性;贪嗔烦恼,并是佛性;扬眉、动睛、笑欠、声咳,或动摇等,皆是佛事。"故不必起心修为。"了此天真自然,不断不修,任运自在,名为解脱。""一不取善,不取恶;浮秽两边,都不依怙。""随时著衣吃饭,长养圣胎,任运过时,复有何事?"宗密称此派亦说"无法可拘,无佛可求"。

这就是宗密所记的9世纪初期中国禅宗各派。保唐派是公开的偶像破坏主义者,甚至是反佛主义者。其他三派亦同样激进,以其哲学含义而言,也许较前者更富偶像破坏主义的色彩。

马祖的著名弟子之一丹霞天然,某夜与道友在一破庙中过夜。由于天气酷寒,而寺中无柴可烧,他便将佛像拿来引火取暖。当他的同伴责他亵渎圣灵时,他说:"我要烧取舍利。"他的同伴说:"木佛怎能烧出舍利?""既然烧不出舍利,"丹霞说,"那么我所烧的只是一场木头罢了。"

像这样的一个故事,只有放在那个革命时代的一般知性趋势中去看,才能获得适当的了解。忽滑谷快天教授在《武士的宗教》(Religion of the Samurai)一书中曾经两度引用此一插曲,以表示中国的禅是破坏偶像的。然而,铃木却说:"不论丹霞的是非从纯粹禅的观点看来如何,但毫无疑问的是,凡是虔诚的佛教徒,都会认为那是高度的亵渎行为而予以避免的。"

那些虔诚的佛教徒是永远无法懂得中国的禅的。因此,他们永远不能了解马祖的另一位弟子——学者居士的庞蕴,他留下一首这样的偈语:"但愿空诸所有,慎勿实诸所无。"这实在是一句美妙的言词，与著名的"奥氏剃刀"（Occam's razor）同样锐利，同样富于摧毁性，后者有一句话说："本质不必增殖。"在此，我们不妨把老庞的"但愿空诸所有"叫作"庞氏剃刀"或"中国禅的剃刀"，拿它来斩尽杀绝中古时代的一切鬼、神、佛、菩萨、四禅、八定，以及瑜伽六通，等等。

这就是第 8 世纪的中国禅，正如我在前面已经说过的一样：根本算不得禅，只是中国佛教内部的一种革新或革命。

大迫害和迫害后的偶像破坏

但佛教本身的此种内部改革——佛教一宗的这个内部革命，并未能够使佛教避免一个急剧的外来革命。这个具有毁灭性的外来革命，发生于唐武宗会昌五年（845）八月，是佛教在中国两千年中受到摧残最甚的一个史实。

这个历史上有名的大迫害，系由武宗皇帝（841—846）下令执行，显然的，他是受了少数几个大道士的强力影响，但这人在 845 到 846 年所施行的大迫害，正如前此于 446、574 年，及其后于 955 年所加于佛教的残害一样，亦系历久根深的中国民族主义对于外来佛教的一种排斥的表现。早在 9 世纪初期，中国的一位古文名家韩愈（768—824）就写了一篇叫作《原道》的著名论文，公开地斥责佛教为蛮夷的一种生活方式，不是中国之教。他毫不隐讳地提出残忍的压制口号，大叫："人其人！火其书！庐其居！"这是 824 年，亦即在他死的那年的事。经过二十一年之后，这些野蛮的口号竟然得到了彻底的实施！

这个大迫害虽只延续了两年的时间，但亦足够破坏佛教的大部势力了。经统计结果,计毁大寺及僧院 4 600 余区,毁招提兰若及禅居 40 000 余区,没收寺庙田产数百万亩,释放男女奴婢 15 万多人,迫令僧尼 26.5 万还俗。只许长安和洛阳两个京城各留佛寺一座,每寺留僧 30 人。在全国 228 个州中,只有"上州"的州府所在地可以保留佛寺一所,每寺只许留僧 10 人。所有佛典、佛像,以及与佛教有关的石刻、碑铭,凡是被找到的,都给毁了。于此一灭佛政策实施后,为了表示佛教系番邦夷狄之教起见,皇帝在一道迫害的命令之后特别规定说:"所留之僧,皆隶主客(专门掌理番邦进贡事宜的官职,相当于今日外交部礼宾司之类),不隶祠部。"

此种大迫害,大破坏,尽管残忍而又野蛮,但对禅僧不但危害不大,相反,可能倒加强了他们的势力,因为他们根本无须依靠庞大的财产和堂皇的建筑。实在的,他们甚至对于经典也不必依赖。并且他们在理论上乃至行动上,亦有排斥偶像的倾向,至少他们中部分却是如此。

在这次大迫害之后,一位传记作者在为马祖弟子——沩仰宗初祖之一的沩山灵祐(853 年卒)——所作的一篇碑铭中,非常直率地告诉我们,在大迫害期间要他还俗时,他即"裹首为民,惟恐出蚩蚩之辈"。而当大迫害过后,准许复兴佛教之时,与宗密等许多大师友好的湖南观察使裴休居士请他出来弘扬佛法,他的弟子建议他把留起的须发剃除,他微笑着说:"你以须发为佛耶?"但当他们再三劝请时,他便又笑着答应了。这是一位大禅师对于大迫害的看法。他似乎并未受到多大扰害。

毫无疑问的,在大迫害之后的数十年间,最伟大的两位禅师,恐怕要数偶像破坏主义者的德山宣鉴(865 年卒)和临济义玄(867 年卒)了。

宣鉴是第10世纪兴起的云门和法眼两宗的精神祖师。他遵循马祖之道教人"无事去",颇有老庄哲学的风味。他说:"诸子,莫向别处求觅,乃至达摩小碧眼胡僧到此来,也只是教你无事去,教你莫造作。着衣吃饭,屙屎送尿,更无生死可怖,亦无涅槃可得,无菩提可证,只是寻常一个无事人。"

他最喜欢用最亵渎的话说佛教里最神圣的东西:"这里佛也无,祖(查《指月录》此字为"法"——译者)也无;达摩是老臊胡;十地菩萨是担粪汉,等妙二觉是破戒凡夫;菩提涅槃是系驴橛;十二分教是鬼神簿,拭疮疣纸;四果、三贤、初心、十地,是守古墓鬼,自求得了么?"

"仁者,莫要求佛,佛是大杀人贼,赚多少人入淫魔坑。""你且不闻道:老胡(按指佛——译者)经三大阿僧只却修行,即今何在?八十年后死去,与你何别?""仁者,莫用身心!一时放却,顿脱羁锁!"

就在宣鉴在湖南西部教禅的同时,与他同代,可能是他门人的义玄,亦在北方(今之河北西部)民间展开了他的临济派。此派在其后的两个世纪,成了中国禅最具影响力的一宗。

义玄的伟大处,似乎在于他把知性的解放视为中国禅的真正使命。他说:"达摩大师从西土来,只是觅个不受人惑的人。""山僧无一法与人,只是治病解缚。""莫受人惑!向里向外,逢着便杀:逢佛杀佛,逢祖杀祖,逢罗汉杀罗汉,逢父母杀父母,逢亲眷杀亲眷,始得解脱;不与物拘,始得自在。""夫真学道人,不取佛,不取菩萨罗汉,不取三界殊胜;迥然独脱,不与物拘。乾坤倒覆,我更不疑;十方诸佛现前,无一念心喜;三涂地狱顿现,无一念心怖。"

"是你目前用处与祖佛不别。只么不信,便向外求。莫错!向外无法，求亦不得。""你欲识得佛祖么？只你面前听法的是！"

以上宣鉴和义玄用"白话"所说的一切，就是中国的禅，而这个，且让我再来重说一次：根本算不得是禅。

但那些虔诚的佛教徒偏要告诉我们：所有这些，既非自然论，亦非虚无说，更非打破偶像！他们说：那些伟大禅师所指的东西，并非这些白而粗鄙的言词所示的意思；他们所用的是禅的语言。而禅是"超越人类理解的境域之外的"！

禅宗教学方法的发展

禅，以其在中国思想中所占的时间而言，前后涵盖有四百年左右——约当公元700到1100年之间。最初的一百五十年，是中国禅各派大宗师的时代——亦即危险思想、大胆怀疑和明白直说的时期。我们可以从此一时期的可靠文献看出，所有自神会、马祖到宣鉴和义玄等大师都以明白无误的语言说法，并未使用字谜样的文词、姿势或动作。被认为是马祖及其亲传弟子所作的某些谜样的答话，都是很久以后的发明。

但当禅学在士大夫及政治圈中受到敬重，甚至变成一种时髦的玩意时，就有一些和尚和一知半解的俗人，用禅师们所说的言句去交谈和聊天。在这当中，禅宗祖师的伟大观念，实有落入所谓"口头禅"的危险。又，由于禅很快就取代了佛教所有其他的一切形式，住在山上的杰出禅师也就不得不循信众或国家的要求，时常到都市的寺院中去担任或主持佛教的许多礼拜仪式。在这种情形下，即使他们真的相信无佛无菩萨，但要他们向支持他们的有力外护说"佛是大杀人贼，赚多少人入淫魔坑"！可以吗？那么，有没有别的比较巧妙但同样刺激思想而不致落人"口头禅"的方式去表达他们前辈大师所明白说出的东西呢？

所有这些新的情况，以及其他种种可能的原因，使他们不得不想出一套新的教学方法，运用许多奇怪、有时似是疯狂的姿势、言辞或动作去传达一种真理。义玄本身或许就是使用这些技巧的第一个人，因为他是以棒打发问者或对之发出震耳欲聋的大喝著名的宗师。他这一宗——临济宗，在其后一百年间所发展出来的一套取代直说的奇特教学方法中，扮演了一个最为突出的角色，说来也许不是一件偶然的事情。

但此种教学方法以及与其相关的一切疯狂技巧，并非如一般所常描述的那么不合逻辑或违反理性。将禅宗各派及当时的目击者和批评家所作之相当可靠的记录与证词，做了一番谨慎和同情的检讨之后，我深深地相信：在所有这些看来似是疯狂混乱的表面之下，存在着一种明白而又合理的、可以称作困学的教学方法——亦即让学者透过他自身的努力和逐渐扩大的生活体验去发现事物的实相。

略而言之，此种教学方法，可以分为三个阶段或方面来加以说明：

首先，是一般所谓的"不说破"原则。禅师对于初学的责任是：不将事情弄得太易，不把问题说得太直，鼓励学者自行思考，自寻真理。禅宗大师之一的法演（1104年卒），曾经吟过两句出处不明的偈语：

> 鸳鸯绣出从君看，
> 莫把金针度与人。

此种教学方法实在太重要了。12世纪最伟大的儒教思想家兼大导师的朱熹(1130—1200),某次感慨地对他的门人说:

"吾儒与老庄之所以后继无人,而禅家却易得传承者,乃因彼等能冒不说破的危险,使学者疑惑不决而有所审发也。"一位禅学大师在谈到他的证悟经验与老师的关系时,常说:"我不重先师道德佛法,只重他不为我说破。"

其次,为了实行"不说破"的教学原则,第9、第10世纪的禅师们想出了多种多样的奇特方法去答复问题。如有初学来问:"什么是真理?"或"什么是佛法?"他们如非当下给以一记耳光,就是给他一顿痛棒,再不然就是默然休歇去。有些比较温和的禅师,则教问话者到厨房去洗钵盂。另外一些禅师,则用似是毫无意义,或似非而是,或全然矛盾可疑的话去作答。

因此,当有人问云门宗的初祖文偃(949年卒)"什么是佛"时,他便答道:"干矢橛。"(这句反偶像的答话听来似乎太亵渎了,使得铃木故意将它译为 A dried-up dirt cleaner 的原因,也许就是因了这点。自然,这个译语既欠正确,亦无意义。)这样的一种答语,绝非所谓无意味语;他是遵循他的师祖德山宣鉴的反偶像的教法而答的,后者确曾说过"佛是老胡矢橛!""圣是空名!"这类的话。

曹洞宗初祖之一的良价禅师(869年卒),当有人向他问及同样的问题时,他便悄声答道:"麻三斤。"于此,只要我们记得早期某些大师的自然主义思想,便会明白这句话也不是没有意味的了。

但初学的人很可能不会懂得这句话的意义,因此,他只好回到厨房去洗碗碟。他感到了疑惑,因为不能了解老师的答话而感到惭愧。他疑了一段时间之后,老师便叫他到别处去碰碰机缘。于是,他踏上了学习的第三个阶段——整个教学方法中最重要的一环,这叫作"行脚"。

那些说禅的方法是非理性的,是神秘的,因此也是"绝对超越人类理解境域"的批评者,对于此一行脚阶段——从这一山到那一山、从这一派到那一派、从这一师到那一师,到处访师参学的重大教育价值,都未能够得到适当的了解。许多著名的禅师,都曾花过十年、二十年,及至三十年的时光,行脚到许多大师的会下参学请益过。

且让我再拿朱熹所说关于赏识禅家"行脚"的话为例。这位新儒运动的伟大领导者,病倒在床,快要死了。他的得意门生之一的陈淳前去看他,并在他的书院中度了几天。某日晚上,躺在床上的朱熹对他说道:"……今也须如僧家行脚,接天下之贤士,察四方之事情,览山川之形势,观古今兴亡、治乱、得失之迹,这道理方见得周遍。士而怀居,不足以为士矣;不是块然守定这物事,在一室闭门猛坐便了、便可以为圣为贤。自哪古无不晓事的圣贤,亦无不通变的圣贤,亦无关门独坐的圣贤。圣贤无所不通,无所不能,哪个事理会不得?……"

现在且让我们回到行脚僧的话题。所谓行脚僧,只带一根挂杖,一只钵盂,一双草鞋,总是步行。他沿途乞食求宿,有时得在路旁的破庙、洞窟或被弃的破屋中歇脚,他忍受风霜雨雪的肆虐,有时还得忍受俗人的冷酷。

他见到了世面,遇到了各式各样的人。他在当代许多伟人门下参叩,学习发问,发生大疑。他与同学讨论问题,交换意见。就这样,他的经验日见广阔,理解日见加深。然后,某天,当他偶然听到一个女工的闲聊,或听到一个舞女的艳歌,或闻到一朵无名小花的幽香时——这时,他便恍然大悟了!多么真实!"佛真像一个矢橛！佛就是麻三斤！"现在一切了如指掌了。"桶底已经脱落"，奇迹终于发生了！

于是，他再度长途跋涉，回到他的本师面前，带着真挚的眼泪与欢欣，拜倒在从未让他轻易得法的良师脚下，磕头答谢。

这就是我所了解的中国禅的教学方法。这就是朱熹在吟味下面的诗句时所领略的风光：

　　　　昨夜江边春水生，
　　　　艨艟巨舰一毛轻；
　　　　向来枉费推移力，
　　　　此日中流自在行！

这样的禅，是不合逻辑、违反理性、超越人类知性理解的吗？我且让11世纪的伟大禅师法演来答复这个问题。某日，他向听众问道："我这里禅似个什么？"接着，他说了一个故事。这个故事，忽滑谷快天和铃木二人前已译过，现在我再将它另译如下：

　　有两个贼，一个老贼，一个小贼。老贼年老了。有一天，他的儿子问他："爸爸：您老了，告诉我找饭吃的法子吧！"老贼不好推却，便答应了。一到晚上老贼就把小贼带到一富人家，挖了一个洞，进到屋里。用百宝囊里的钥匙，将一个大柜子的锁开开，打开柜门，让他儿子进到里边。等他儿子进去之后，他又把柜子锁了，并且大喊："有贼！有贼！"他便走了。富人家听说有贼，赶急起来搜查，搜查结果，东西没丢，贼也没有看见，仍然睡去。这时锁在柜子里的小贼，不晓得他父亲什么用意,只想怎样才能逃出去。于是就学老鼠咬衣裳的声音,一会儿,里边太太听到,就叫丫环掌灯来看衣服。刚一开开柜子,这小贼一跃而出,一掌把丫环打倒,把灯吹灭,竟逃走了。富人家发觉后,又派人直追。追到河边,这小贼情急生智,把一块大石头抛到河里,自己绕着道儿回去了。到得家里,看见他父亲正在喝酒,就埋怨他父亲为什么把他锁在柜子里。他父亲只问他怎样出来的。他把经过说了之后,老贼便捻髯微笑道:"你以后不愁没有饭吃了!"

"这个,"法演大师接着说,"就是我所说的禅。"

这个,就是11世纪末期的中国禅。

从译本里研究佛教的禅法

我们现在研究古代所谓"禅法"是些什么东西,应该用敦煌、关中、庐山三处所出的禅经作研究资料;3世纪以前所译的禅书太简单了。不能应用。

《坐禅三昧经》说五门对治法,我们用作禅法的纲要:

(1) 多淫欲人,不净法门治。
(2) 多瞋恚人,慈心法门治。
(3) 多愚痴人,思惟观因缘法门治。
(4) 多思觉人,念息法门治。
(5) 多等分人,念佛法门治。

"等分"二字不明,辞典也没有说明。细看文义,似是指那些兼有淫欲、瞋恚、愚痴、思觉各病,成分略相等的人。经文又言"治等分行及重罪人求索佛,如是人等当教一心念佛三昧"。故知"等分"是兼有以上种种病的重病。

先说"不净观"。《禅经》云:

> 修行爱欲增,应往至冢间,取彼不净相,还来本处坐。所见诸死尸,我身亦复然。
>
> 一心内观察,如彼冢间相。彼为我作证,由是得真实。已得真实相,不复起邪念。(卷三,第九)

这是很浅近的说法。又如教人观察：

> 从足至发，不净充满：发毛爪齿，薄皮厚皮，血肉筋脉骨髓，肝肺心脾肾胃，大肠小肠，屎尿涕唾汗泪，垢疥脓脑胞胆痰水，微肤脂肪脑膜，身中如是种种不净。（《三昧经》上）（此名三十六不净）

不净观为印度宗教的一个发明；其说有粗有细，粗者略如上说；细者分析人身一切骨节，筋脉，九十九万毛孔，每一毛孔内八万侵食细虫，——这样分析，不是为生理及医学，乃是要人了知人身不净，"生死内外，都是不净。"《禅经》云：

> 五欲亦五坏，随病而对治；相对真实相，修行正观察。"色变"若"离散"，"威仪容止灭"，"羸朽"及"磨碎"，是名五种坏。此则自身中，无量诸境界；修行正忆念，悉能得自在。

不净观有时发生厌患，便可用"净观"对治，使人于不净中看出净相，"除肉观骨"，"白骨流光出"，以至于"种种微妙色"，"处处庄严现"。

《禅经》说：

> 佛说不净念，一切诸种子。世尊说贪欲，利入深无底，正受对治药，当修厌离想。一切余烦恼，悉能须臾治。（卷三，十一）

次说慈心法门。《修行道地经》云：

> 修行道地建大弘慈，当何行之？
>
> 设修行者在于暑热，求处清凉，然后安隐；在冰寒处，求至温暖，然后安隐；如饥得食，如渴得饮，如行远路疲极困甚而得乘车，然后安隐，……执心不乱，所可爱敬，亲亲恩爱，父母兄弟妻子亲属朋友知识皆令安隐；一切众生诸苦恼者，亦复如我身得安隐；十方人民，悉令度脱，身心得安。欲使二亲宗族中外悉得安隐。次念凡人等加以慈。普及怨家，无差特心，皆令得度，如我身安。（第六）

此经在别处（第八）说慈有四品：

> 一曰父母宗亲，二曰中间之人无大亲疏，三曰凡人众庶，四曰护于怨家，仁心具足。

《修行道地经》有"忍辱"及"弃加恶"二品，与"慈心法门"有关，附录于此：

> 设使有人挞骂行者，尔时修道当作是观：所可骂詈，但有音声，谛惟计之，皆为空无，适起即灭。譬如文字，其名各异，一一计字，无有骂声。……譬如夷狄异音之人虽来骂我，譬如风响，是声皆空。（《忍辱品》十三）
>
> 假使行者坐于寂定，人来挞捶，刀杖瓦石以加其身，当作是观：名色皆空，所捶可捶，悉无所有，本从何生？谁为瞋者？

向何人怒?(《弃加恶品》十四)

次说思惟法门。思惟是观因缘。十二因缘之观省,分为三步:

若初习行,当教言:生缘老死,无明缘行;如是思惟,不令外念。

若已习行,当教言:行缘识,识缘名色,名色缘六入,六入缘触,触缘受,受缘爱,爱缘取,取缘有;如是思惟,不令外念。

若久习行,当教言:无明缘行,行缘识,识缘名色,名色缘六入,六入缘触,触缘受,受缘爱,爱缘取,取缘有,有缘生,生缘老死;如是思惟,不令外念。(《三昧经》上)

次说安那般那三昧法门,即数息门。安那(ana)是入息,般那(pana)是出息。亦译为安般。《三昧经》也分三步:

若初习行,当教言:一心念数入息出息;若长若短,数一至十。

若已习行,当教言:数一至十,随息入出;念与息俱,止心一处。

若久习行,数,随,止,观,转观清净。

《禅经》分"数,随,止,观"四步。上文第一步"数一至十"即是数。第二步"随息入出,念与息俱,止心一处"即是"随,止"两步。第三步即是四步合修。罗刹与罗什皆以"止观"为一步,而以"还净"为最后一步。

数息甚易明,不须细说。

"随"者,《禅经》云:

> 内外出入息,去则心影随。……修行出入息,随到所起处。

原注云:出入息所起处同在脐。

随只是"念与息俱",跟着气息,跟到他所到处。

"止"者,"止心一处";《禅经》云:

> 安止极风处。

原注云:极上下风际。

风即是气息。

"观"者,《禅经》云:

> 修行止住已,种种观察风。

诸书说"观",各有长处,不易合在一块。《修行道地经》云:

> 修行者已得相随,尔时当观;如牧牛者,住在一面,遥视牛食,行者若兹,从初数息,至后究竟,悉当观察。

此即是"止观",近于《禅经》所谓"止"。《道地经》接着说:

> 修行者已成于观,当复还净;如守门者,坐于门上,观出入人,皆识知之;行者如是,系心鼻头,当观数息,知其出入。(二十三)

此即罗什所谓"转观清净",即《禅经》所谓"观"。
《禅经》分"止观"二事甚明白。他说:

> 修行观若增,制之令以止。修行若止增,起之令从观。(第五)

又说:

> 出息入息时,正观无常相。息法次第生,展转更相因,乃至众缘合,起时不暂停;当知和合法,是性速朽灭,法从因缘起,性羸故无常;一切众缘力,是法乃得生,虚妄无坚固,速起而速灭……
> 修行如是观,此则决定念。譬如运行天,息变疾于彼。决定无常想,修行趣涅槃……
> 于息能觉了,具足众苦相。如是谛思惟,说名为决定。(第七)

《修行道地经》于《数息品》之外,也另有《观品》,也是以无常一念为主(第二十四)。《观品》列举"五十五事",明"身则本无"。如云:

是身为聚沫,不可手捉;是身如海,不厌五欲;是身如江,归于渊海,趣老病死;是身如粪,明智所捐;是身如沙城,疾就磨灭,……

《观品》又云:

修行者当以四事观其无常:
一曰:所生一切万物皆归无常。二曰,其所兴者无有积聚。三曰,万物灭尽,亦不耗减。四曰,人物悉归败坏,亦不尽灭。

颂曰:

人物虽有生,不积聚,不灭,
亦不舍众形,虽没而不灭。
虽终相连续,皆从四因缘。
观万物如是,超越度终始。

佛教本重智慧,故"观"为极重要的一步。数息法门中所谓"观",范围尚小,因息而推知万法无常,便不止"如守门人坐于门上观出入人"的观法了。

梵文 Samatha,译言止;Vipasyana,译言观。《大乘义章》十曰:"守心住缘,离于散动,故为止,止心不乱,故复名定。……于法推求简择,名观;观达称慧。"后来天台宗用"止"来包括数息法门的前三步,用"观"来指后一步,而推广"观"义,包括智慧思惟。天台宗又有"六妙法门":一数、二随、三止、四观、五还、六净。这是强分《道地经》四步为六步;还是"反本还源",净是"体识本性清净"。

次说念佛法门。《三昧经》分三步:

> 若初习行,令往观佛像,相相明了,一心取持,相至静处,心眼观佛像,令意不转;系念在像,不令他念。……如是不已,心不散乱,便得心眼见佛像相光明如眼所见,无有异也。
>
> 是时当更念佛初降神时震动天地,有三十二大人相,八十种小相;以至后来成正等觉,初转法轮,……得至涅槃,佛身如是,感发无量。专心念佛,不令外念……如是不乱,便得见一佛、二佛,乃至十方无量世界诸佛色身——以心想故,皆得见之。既得见佛,当复念佛功德法身,无量大意,无崖底智,不可计德。……尔时复念……无量尽虚空界皆悉如是,……尔时惟观二事:虚空佛身及佛功德,更无异念,心得自在,意不驰散,得成念佛三昧。

念佛法门大概是晚出的。然而这里的念佛还与净土一派不全同。这也是可以注意的。

以上述五法门,完了。次说习禅的结果,所谓"四禅"的境界。

（1）初禅　行者呵弃爱欲,灭断欲火,一心精勤信乐,令心精进,意不散乱,观欲心厌,除结恼尽,得初禅定(《三昧经》下)。初禅相有多种,如空、明、定、智、善心、柔软、喜、乐、解脱、境界相应等,是为十功德。

（2）二禅　初禅得力于"思力"居多,如不净观,慈心观,念佛三昧皆是。此等名为"觉观","因善觉观,而生爱著",故已得禅者,

当除却觉观,始可入第二禅。《要解》云:

> 觉观恼乱,如人疲极安眠,众音恼乱。……觉观乱心,如风动水。……无觉无观,定生喜乐,入于二禅。……以无觉观故,内心清净,如水澄净,无有风波,星月诸山悉皆照见。如是内心清净,故名贤圣默然。……定生喜乐,妙胜初禅。

(3) 三禅　二禅已除觉观,还有喜心。《要解》云:

> 得二禅大喜,喜心过差,心交着喜,生诸结使。以是故喜为烦恼之本。……喜是悦乐,甚为利益,滞着难舍。以是故,佛说,舍喜得入三禅。……复次,喜为粗乐,今欲舍粗乐而求细乐,故言离喜更入深定,求异定乐。……第三禅身受乐,世间最乐无有过者。

(4) 四禅　三禅舍了喜,还有乐在。第四禅就连乐也去了,《要解》云:

> 行者依于涅槃乐,能舍禅乐。……若比丘断乐断苦,先灭忧喜,不苦不乐,护念清净,入第四禅。……第四禅名为真禅,余三禅者方便阶梯。是第四禅譬如山顶,余三禅定如上山道。是故第四禅佛说为不动处,……又名安隐调顺之处。譬如善御调马,随意所至。

《要解》云:

行者得此第四禅,欲行四无量心,随意易得;欲修四念处,修之则易;欲得四谛,疾得不难;欲得六通,求之亦易。

我们依此次第,说明禅法的功用。

什么叫作四无量心?

一者慈无量,二者悲无量,三者喜无量,四者舍无量。

慈无量心与前面说的慈心观略同。《禅经》第十四云:

……于一切众生超法饶益心,修三种慈:广大慈,极远慈,无量慈;舍除瞋碍,住仁爱心,随其所应,功德善根,一切佛法,皆悉与之,谓与种种法乐,修种种慈:先与在家乐,次与出家乐,次与禅定正受乐,次与菩提乐,次与寂灭乐。

《要解》云:

念一城众生,愿令得乐;如是一国土;一阎浮提,四天下,小千国土,三千大千国土,乃至十方恒河沙等无量无边众生,慈心遍复,皆愿得乐。

悲与慈有分别。《禅经》云:

饶益众生,说明慈心;除不饶益,说名悲心。……若先观众生受无量苦,起除不饶益心,然后见众生除不饶益;除不饶益已，受种种乐——非兴与乐也。是名悲心。

喜无量者，《禅经》云：

> 修行于慈境界，以……一切功德饶益众生；见一切众生得法乐已，其心欢喜……念言快哉，永使安乐。

舍无量者，《禅经》云：

> 谓平等清净，离苦乐相。

什么叫作四念处？四念处又名四空定，又名四无色定。
（1）空无边处，又名虚空处，又名初无色定，《要解》云：

> ……离一切色相，得入虚空处。

又云：

> 行者系心身内虚空，所谓口鼻咽喉眼耳胸腹等，既知色为众恼，空为无患，是故心乐虚空。若心在色，摄令在空，心转柔软。令身内虚空渐渐广大，自见色身如藕根孔。习之转利，见身尽空，无复有色。外色亦尔。内外虚空同为一空。是时心缘虚空，无量无边，便离色想，安隐快乐；如鸟在瓶，一瓶破得出，翱翔虚空，无所触碍。是名初无色定。

这段文章真是妙文,故全引之。

(2) 识无边处,又名识处。《要解》云:

> 行者……知是心所想虚空斯诳虚妄,先无今有,已有还无;既知其患,是虚空从识而有。谓识为真,但观于识,舍虚空缘。习于识观,渐见识相相续而生,如流水灯焰,未来、现在、过去识识相续,无边无量。……是名无边识处。

(3) 无所有处。《要解》云:

> 行者得识处已,更求妙定,观识为患,……观识如幻虚诳,属诸因缘,而不自在;有缘则生,无缘则灭;识不住情,亦不住缘,亦不住中间:非有住处,非无住处;识相如是。……行者如是思惟已,得离识处。……虚空虚诳,识相亦尔。……空无所有,是安隐处。作是念已,即入无所有处。
>
> 虚空处与无所有处有何差别?答曰,前者心想虚空为缘,此中心想无所有为缘。是为差别。

(4) 非想非非想处。《要解》云:

> 行者作是念:一切想地,皆粗可患,如病,如疮,如箭。无想地则是痴处。今寂灭微妙第一处,所谓非想非非想处。如是观已,则离无所有处想地,则入非有想无想处。是中为有想,为无想?答曰,是中有想……此地中想微细不利,想用不了(想的作用不大明了),故不名为想。

《要解》又谓无所有处属想，非想非非想处属行。五阴之中，"行"最难说。《俱舍论》云："行名造作"；《大乘义章》三说"内心涉境"为行。这样看来，行是内心的造作。

四谛即"苦、集、灭、道"四谛。我们不用细说了。

五神通或六神通，皆是第四禅的效果。今举五神如下：

(1)神境通，又名如意通，又名变化神通。(2)大耳通。(3)他心通。(4)宿命通。(5)天眼通。

神境通又分四种：

(1)身飞虚空，如鸟飞行。(2)远能令近。(3)此灭彼出。(4)犹如意疾。

今试举《要解》说明飞行的一段，作一个例：

> 人身虽重，心力强，故身飞虚空。……若行住于第四禅，依四如意分，一心摄念观身，处处虚空如藕根孔，取身轻疾相，习之不已，身与心合，如铁与火合，灭身粗重相，但有轻疾身。

五神通是一种印度古来的迷信。释迦牟尼自己大概也相信这种神通的可能，他的大弟子之中便有以如意通著名的，《四阿含》中也提及各种神通。佛教入中国后，这种迷信常见于各种记载之中。各种僧传里常有其事；小说杂记里更多了。非佛家的宗教也往往受他的影响，如《抱朴子》记《墨子五行记》有变化的幻术；又如儒家记邵雍死时能闻远处人谈话，那也是一种天耳通。

我们现在可以总括地讨论古代禅法的基本性质了。《修行道地经》云：

何谓修行？云何谓行？

谓能顺行修习遵奉，是为修行。其修及习是谓为行。何谓修行道？专精寂道是为修行道。（七）

又云：

其修行者计有三品：一曰或身行道而心不随，二曰或心行道而身不从，三曰修道身心俱行也。（八）

结跏趺坐，不动如山，而其心迷散，是第一类。心性调和而身不端坐，是第二类。"身坐端正，心不放逸，内根皆寂，亦不走外随诸因缘"，是第三类。此名"身心相应"。"瑜伽"本义为相应，谓身心相应也。

《修行道地经》的劝意品（九）写一个擎钵大臣的故事，说修习心不放逸的效用。这个故事最有文学意味；不但是一种哲学的寓言，故我摘抄在这里，作这篇记载的结论：

昔有一国王，选择一国明智之人以为辅臣。尔时国王设权方便无量之慧，选得一人，聪明博达，其志弘雅，威而不暴，名德具足。王欲试之，故以重罪加于此人；敕告臣吏盛满钵油而使擎之，从北门来，至于南门，去城二十里，园名调戏，令将到彼。设所持油堕一渧者，便级其头，不须启问。

尔时群臣受王重教，盛满钵油以与其人。其人两手擎之，甚大愁忧，则自念言：其油满器，城里人多，行路车马观者填道；……是器之油擎至七步尚不可诣，况有里数邪？

此人忧愤,心自怀慷。

其人心念:吾今定死。无复有疑也。设能擎钵使油不堕,到彼园所,尔乃活耳。当作专计:若见是非而不转移,唯念油钵,志不在余,然后度耳。

于是其人安行徐步,时诸臣兵及众观人无数百千,随而视之,如云兴起,围绕太山。……众人皆言,观此人衣形体举动定是死囚。斯之消息乃至其家;父母宗族皆共闻之,悉奔走来,到彼子所,号哭悲哀。其人专心,不顾二亲兄弟妻子及诸亲属。心在油钵,无他之念。

时一国人普来集会,观者扰攘,唤呼震动,驰至相逐,蹙地复地,转相登蹋,间不相容。其人心端,不见众庶。

观者复言,有女人来,端正姝好,威仪光颜,一国无双;如月盛满,星中独明;色如莲华,行于御道。……尔时其人一心擎钵,志不动转,亦不察观。

观者皆言,宁使今日见此女颜,终身不恨,胜于久存而不睹者也。彼时其人虽闻此语,专精擎钵,不听其言。

当尔之时,有大醉象,放逸奔走,入于御道,……舌赤如血,其腹委地,口唇如垂;行步纵横,无所省录,人血涂体,独游无难,进退自在,犹若国王,遥视如山;暴鸣哮吼,譬如雷声;而擎其鼻,瞋恚忿怒。……恐怖观者,令其驰散;破坏兵众,诸众奔逝。……

尔时街道市里坐肆诸卖买者,皆慷,收物,盖藏闭门,畏坏屋舍,人悉避走。又杀象师,无有制御,瞋或转甚,踏杀道中象马、牛羊、猪犊之属;碎诸车乘,星散狼藉。

或有人见,怀振恐怖,不敢动摇。或有称怨,呼嗟泪下。

或有迷惑,不能觉知;有未着衣,曳之而走;复于迷误,不识东西。或有驰走,如风吹云,不知所至也。……彼时有人晓化象咒,……即举大声而诵神咒。……尔时彼象闻此正教,即捐自大,降伏其人,便顺本道,还至象厩,不犯众人,无所娆害。

其擎钵人,不省象来,亦不觉还。所以者何?专心惧死,无他观念。

尔时观者扰攘驰散,东西走故,城中失火,烧诸宫殿,及众宝舍,楼阁高台现妙巍巍,展转连及。譬如大山,无不见者。烟皆周遍,火尚尽彻。……

火烧城时,诸蜂皆出。放毒蜇人。观者得痛,惊怪驰走。男女大小面色变恶。乱头衣解,宝饰脱落;为烟所熏,眼肿泪出。遥见火光,心怀怖懅,不知所凑,展转相呼。父子兄弟妻息奴婢,更相教言:"避火!离水!莫堕泥坑!"

尔时官兵悉来灭火。其人专精,一心擎钵,一渧不堕,不觉失火及与灭时。所以者何?秉心专意,无他念故。……

尔时其人擎满钵油,至彼园观,一渧不堕。诸臣兵吏悉还王宫,具为王说所更众难,而人专心擎钵不动,不弃一渧。得至园观。

王闻其言,叹曰:"此人难及,人中之雄!……虽遇众难,其心不移。如是人者,无所不办。……"其王欢喜,立为大臣。……

修行道者,御心如是。虽有诸患及淫怒痴来乱诸根,护心不随,摄意第一。……颂曰:

　　如人持油钵,不动无所弃。
　　妙慧意如海,专心擎油器。

> 若人欲学道,执心当如是。……
> 有志不放逸,寂灭而自制。
> 人身有病疾,医药以除之。
> 心疾亦如是,回意止除之。
>
> 心坚强者,志能如是,则以指爪坏雪山,以莲华根钻穿金山,以锯断须弥宝山。……
>
> 有信精进,质直智慧,其心坚强,亦能吹山而使动摇,何况而除淫怒痴也?……

我们读了这个极美的故事,忍不住要引《宗门武库》里的一条来做个比较:

> 草堂侍立晦堂(黄龙宝觉禅师,名祖心)。晦堂举风幡话问草堂。草堂云,"迥无入处。"晦堂云:"汝见世间猫捕鼠乎?双目瞪视而不瞬,四足踞地而不动;六根顺向,首尾一直,然后举无不中。诚能心无异缘,意绝妄想,六窗寂静,端坐默究,万不失一也。"

一九二五,一月

(《胡适文存》第三集,卷四)

禅宗的方法:道不可告,告即不得

苏辙《栾城集》十八有"筠州聪禅师得法颂",有序,记省聪"晚游净慈本师(大本)之室",苦思"口吞三世诸佛"语,"迷闷不能入。……既而礼僧伽像,醒然有益,知三世可吞,无疑也"。序文又说:

> ……聪住高安圣寿禅院。予尝从之问道。聪曰:"吾师本公未尝以道告人,皆听其自悟。今吾亦无以告子。"从不告门,久而入道。乃为颂曰:
> 　道不可告,告即不得。以不告告,是真告敕。香严辞去,得之瓦砾。临济不喻,至愚而悉。非愚非瓦,皆汝之力。……

此即所谓"不说破"。

子由谪高安在元丰三年至七年(1080—1084)。此颂与"筠州圣寿院法记"(元丰四年六月)大概同一时代。省聪死在绍圣三年(1096),年五十五。见子由的《逍遥禅师塔碑》(后集24)。

(原载《胡适手稿》第九集,上册,原标题为《禅的方法》,选编时参考了《禅学指归》。)

胡适论禅僧

菩提达摩考

——中国中古哲学史的一章——

菩提达摩的传说在禅宗史上是一件极重要的公案。禅宗尊达摩为初祖，造出许多无稽的神话，引起后来学者的怀疑，竟有人怀疑达摩为无是公、乌有先生一流的人。我们剔除神话，考证史料，不能不承认达摩是一个历史的人物，但他的事迹远不如传说的那么重要。

记载达摩最早的书是魏杨衒之的《洛阳伽蓝记》。此书成于东魏武定丁卯（西历547），其中记达摩的事凡两条。其一条云：

修梵寺有金刚，鸠鸽不入，乌雀不栖。菩提达摩云，得其真相也。（绿君亭本，卷一，21页。）

其一条云：

永宁寺，熙平元年（西历516）太后胡氏所立也。……殚土木之功，穷造形之巧。佛事精妙，不可思议。……时有西域沙门菩提达摩者，波斯国胡人也，起自荒裔，来游中土，见金盘炫日，光照云表，宝铎含风，响出天外，——歌咏赞叹，实是神功，自云："年一百五十岁，历涉诸国，靡不周遍，而此寺精丽，

阎浮所无也。极佛境界，亦未有此。"口唱"南无"，合掌连日。（同上本，卷一，1页以下）

杨衒之著书的时候，距此寺被毁之时不远，他与达摩可算是先后同时的人，此其可信者一。那时未有禅宗的传说，杨氏无伪证的必要，此其可信者二。故从杨氏的记载，我们可以承认当日实有菩提达摩，"起自荒裔，来游中土"，自称年一百五十岁。

永宁寺建于熙平元年（516），至孝昌二年（526）刹上宝瓶被大风吹落；建义九年（528）①尔朱荣驻兵于此；明年（529）北海王元颢又在此驻兵。至永熙三年（534）全寺为火所烧，火延三个月不灭。依此看来，达摩在洛阳当此寺的全盛时，当西历516至526年。此可证《景德传灯录》所记达摩于梁普通八年（527）始到广州之说是不确的了。

记达摩的书，《伽蓝记》之后要算道宣的《续高僧传》为最古了。道宣死于唐高宗乾封二年（667），他的僧传续至贞观十九年（645）止。那时还没有禅宗后起的种种传说，故此书比较还算可信。道宣的《达摩传》云：

菩提达摩，南天竺婆罗门种，神慧疏朗，闻皆晓悟。志存大乘，冥心虚寂，通微彻数，定学高之。

悲此边隅，以法相导。初达宋境南越，末又北度至魏。随其所止，诲以禅教。于时合国盛弘讲授，乍闻定法，多生讥谤。有道育、慧可，此二沙门年虽在后，而锐志高远！初逢法将，知道有归，寻亲事之，经四五载，给供谘接；感其精诚，诲以真法

---

① 528年应为建义元年，疑误。——编者注

(卷十六)

以下述"四法"与"壁观",末云:

> 摩以此法开化魏土。识真之士,从奉归悟,录其言语,卷传于世。
>
> 自言年一百五十余载。游化为务,不测于终。

这篇传与《洛阳伽蓝记》有一点相同,就是说达摩自言年一百五十余岁。最不同的一点是《伽蓝记》说他是波斯国胡人,而此传说他是南天竺婆罗门种。此可以见传说的演变,由"起自荒裔"的波斯胡,一变而为南天竺婆罗门种,再变就成了南天竺国王第三子了!

然道宣所记,有几点是很可注意的。(1)此传说达摩"初达宋境南越",此可见他来中国时还在宋亡以前。宋亡在西历479。此可以打破一切普通八年(527)或普通元年(520)达摩到广州之说。假定他于479年到广州"末又北度至魏",到520年左右他还在洛阳瞻礼永宁寺,那么他在中国南北共住了四十多年,所以他能在中土传授禅学,自成一宗派。此说远胜于"九年化去"之说。

(2)此传说他在本国时"冥心虚寂","定学高之";又说他到中国后,"随其所止,诲以禅教",又说他的"定法""壁观"。大概达摩确是一个习禅定的和尚,故道宣把他引入"习禅"一门。《伽蓝记》说他见了永宁寺便"歌咏赞叹,口唱'南无',合掌连日",这又可见他虽习禅定,却决不像后来中国禅宗里那种"呵佛骂祖"打倒一切文字仪式的和尚。

（3）此传中全无达摩见梁武帝的故事，也没有折苇渡江一类的神话，可见当7世纪中叶，这些谬说还不曾起来。达摩与梁武帝问答的话全是后人伪造出来的。

（4）此传记达摩的结局云："游化为务，不测于终。"此可见7世纪中叶还没有关于达摩结局的神话。同传附见《慧可传》中有"达摩灭化洛、滨"的话，但也没有详细的叙述。记达摩的终局，当以此传为正。《旧唐书·神秀传》说"达摩遇毒而卒，其年魏使宋云于葱岭回，见之，门徒发其墓，但有只履而已"。此为后起的神话。《洛阳伽蓝记》记宋云事甚详，也不说他有遇达摩的事。8世纪中，东都沙门净觉作《楞伽师资纪》（有敦煌唐写本），其中记达摩事尚无遇毒的话。8世纪晚年，保唐寺无住一派作《历代法宝记》（有敦煌唐写本），始有六次遇毒，因毒而终的神话。此亦可见故事的演变。

（5）道宣记达摩的教旨最简单明白。传云：

> 如是安心，谓壁观也。如是发行，谓四法也。如是顺物，教护讥嫌。
>
> 如是方便，教令不著。

这是总纲。

> 然则入道多途，要惟二种，谓理行也。

何谓"理入？"

> 藉教悟宗，深信含生同一真性；客尘障故，令舍伪归真，疑

（同凝）住壁观，无自无他，凡圣等一；坚住不移，不随他教；与道冥符，寂然无为，名"理入"也。

何谓"行入"？

行入，四行，万行同摄。

初，报怨行者，修行苦至，当念往却舍本逐末，多起爱憎；今虽无犯，是我宿作；甘心受之，都无怨怼。经云，逢苦不忧，识达故也。此心生时，与道无违，体怨进道故也。

二，随缘行者，众生无我，苦乐随缘；纵得荣誉等事，宿因所构，今方得之，缘尽还无，何喜之有？得失随缘，心无增减；违顺风静，冥顺于法也。（按，末二语不易解。据敦煌写本《楞伽师资纪》引此文云，"喜风不动，冥顺于道"，可以参证。）

三，名无所求行。世人长迷，处处贪著，名之为"求"。道士悟真，理与俗反；安心无为，形随运转。三界皆苦，谁而得安？经曰，"有求皆苦，无求乃乐也。"

四，名称法行，即性净之理也。

以上所述，似是有所依据。道宣说："识真之士，从奉归悟，录其言语，卷传于世。"据净觉的《楞伽师资纪》（敦煌唐写本，藏巴黎图书馆，及伦敦大英博物院）说：

此四行是达摩禅师亲说，余则弟子昙林记师言行，集成一卷，名曰《达摩论》也。

昙林的事迹无可考，疑即是《续高僧传》附传之"林法师"。据传云：林法师当"周灭法时（574），与可（慧可）同学，共护经像"。《续僧传》记达摩的宗派传授如下：

```
        ┌僧副（后去南方）
达摩 ────┼慧可─那禅师─慧满
        └道育
        林法师
        向居士
        化公
        廖公
```

慧满死时，已在贞观十六年（642）以后，与道宣正同时，故道宣所记应该是最可信的。

达摩的教旨分"理"与"行"两途。理入只是信仰凡含生之伦同有真性；因为客尘障蔽，故须凝住壁观。壁观只是向壁静坐，要认得"凡圣等一，无自无他。"所谓少林面壁的故事乃是后人误把少林寺佛陀的故事混作达摩的故事了。

四行之中，第四行即性净之理，即是"理入"一条所谓"含生同一真性"之理。其余三行，报怨行认"苦"为宿业，随缘行认荣誉为宿因所造，苦乐均不足动心，故能行无所求。无所求即无所贪著，"安心无为，形随运转"。

总括看来，达摩的教旨不出三端：一为众生性净，凡圣平等；二为凝住壁观，以为安心之法；三为苦乐随缘，心无所求，无所执着。《续僧传》附向居士传中说向居士寄书与慧可云：

> 除烦恼而求涅槃者，喻去形而觅影。
> 离众生而求佛者，喻默出声而寻响。

烦恼即是涅槃，故甘心受苦；凡圣平等，众生即是佛，故不离众生而别求佛也。此正是达摩的教旨。这一宗派主张苦乐随缘，故多苦行之士。《续僧传》记那禅师"唯服一衣，一钵，一坐，一食"。又慧满也是"一衣，一食，但畜二针；冬则乞补，夏便通舍，覆赤而已。往无再宿，到寺则破柴，造履，常行乞食"。……"贞观十六年(642)满于洛州南会善寺侧宿柏墓中，遇雪深三尺，……有请宿斋者，告云'天下无人，方受尔请。'"这都是达摩一派的遗风。

宋代的契嵩不明此义，妄说四行之说非"达摩道之极"(《传法正宗记》卷五)。他生在宋时，听惯了晚唐五代的禅宗玄谈，故羡慕后人的玄妙而轻视古人的淡薄。他不知道学说的演变总是渐进地由淡薄而变为深奥，由朴素而变为繁缛。道宣所述正因为是淡薄朴素，故更可信为达摩的学说。后来的记载，自《景德传灯录》以至《联灯会要》，世愈后而学说愈荒诞繁杂，全是由于这种不甘淡薄的谬见，故不惜捏造"话头"，伪作"机缘"，其实全没有史料的价值。

今试举达摩见梁武帝的传说作一个例子，表示一个故事的演变痕迹。

7世纪中叶，道宣作《续高僧传》，全无见梁武帝的事。

8世纪时，净觉作《楞伽师资纪》，也没有达摩与梁武帝相见问答的话。

9世纪初年(804—805)日本僧最澄入唐，携归佛书多种；其后他作《内证佛法相承血脉谱》引《传法记》云：

> 谨案，《传法记》云：……达摩大师……渡来此土，初至梁国，武帝迎就殿内，问云，"朕广造寺度人，写经铸像，有何功德？"达摩大师答云，"无功德。"武帝问曰，"以何无功德？"达摩

大师云："此是有为之事，不是实功德。"不称帝情，遂发遣劳过。大师杖锡行至嵩山，逢见慧可，志求胜法，遂乃付嘱佛法矣。(《传教大师全集》卷二，518页。)

《传法记》现已失传，其书当是8世纪的作品。此是记梁武帝与达摩故事最早的。

8世纪晚年，成都保唐寺无住一派作《历代法宝记》，记此事云：

> 大师至梁，武帝出城躬迎，升殿问曰："和上从彼国将何教法来化众生？"达摩大师答，"不将一字来。"帝问："朕造寺度人，写经铸像，有何功德？"大师答，"并无功德。此有为之善，非真功德。"武帝凡情不晓。乃出国，北望有大乘气，大师来至魏朝，居嵩山，接引群品，六年，学人如云奔雨骤，如稻麻竹笔。(此据巴黎图书馆藏敦煌写本)

此与《传法记》同一故事，然已添了不少枝叶了。

柳宗元在元和十年(815)作《大鉴禅师碑》，其中有云：

> 梁氏好作有为，师达摩讥之，空术益显。(《柳先生集》八)

这可见9世纪初年所传达摩与梁武帝的问答还不过是"有为"一段话。

越到后来，禅学的"话头"越奇妙了，遂有人嫌"有为"之说为太浅薄了，于是又造出更深奥的一段话，如《传灯》诸录所载：

十月一日到金陵。帝问:"朕自即位而来,造寺写经度僧不可胜数,有何功德?"祖云:"并无功德。"帝云:"何得无功德?"祖云:"此但人天小果,如影随形,虽有非实。"

帝云:"如何是真功德?"祖云:"净智妙圆,体自空寂。如是功德,不可以世求。"

帝问:"如何是圣谛第一义?"祖云:"廓然无圣。"帝云:"对朕者谁?

祖云:"不识"。

帝不领旨。祖于是月十九日潜渡江北。十一月二十二日届于洛阳。

(此用宋僧悟明的《联灯会要》卷二,229页。)

这一段记事里,不但添了"真功德""廓然无圣""对朕者谁"三条问答,并且还添上了详细的年月日,7世纪人所不记,8世纪人所不能详,而11世纪以下的人偏能写出详细的年月日,这岂非最奇怪的灵迹吗?(参看忽滑谷快天《禅学思想史》上,307页,论"廓然无圣"之语出于僧肇之《涅槃无名论》。)

这一件故事的演变可以表示菩提达摩的传说如何逐渐加详,逐渐由唐初的朴素的史迹变成宋代的荒诞的神话。传说如同滚雪球,越滚越大,其实经不住史学方法的日光,一照便销溶净尽了。

达摩的传说还有无数的谬说。如菩提达摩(Bodhidharma)与达摩多罗(Dharmatrata)本是两个人,后来被唐代的和尚硬并作一个人,竟造出一个最荒谬的名字,叫作菩提达摩多罗!于是6世纪还生存的菩提达摩,竟硬被派作5世纪初年(约413年)译出的《禅经》的作者了!

又如《传法记》（最澄引的）说菩提达摩曾遣弟子佛陀耶舍先来中国。《历代法宝记》也记此事，却把佛陀耶舍截作两人（见敦煌唐写本）！这真是截鹤之颈，续鸭之脚了！

1927年8月21日

书《菩提达摩考》后

我假定菩提达摩到中国时在刘宋亡以前：宋亡在479年，故达摩来时至迟不得在479年以后。我的根据只是道宣《僧传》中"初达宋境南越"一语。

今日重读道宣《僧传》，在《僧副传》中又得一个证据。传中说僧副是太原祁县人，

> 性爱定静，游无远近，裹粮寻师，访所不逮。有达摩禅师，善明观行，循扰岩穴，言问深博，遂从而出家。义无再问，一贯怀抱，寻端极绪，为定学宗焉。
>
> 后乃周历讲座，备尝经论，并知学唯为己，圣人无言。
>
> 齐建武年，南游杨辇，止于钟山定林下寺。……萧渊藻出镇蜀部，遂即拂衣附之。
>
> ……久之还返金陵，……卒于开善寺，春秋六十有一，即（梁）普通五年也。

齐建武为西历494—497年。梁普通五年为524年。僧副生时当464年，即宋孝武帝末年。建武元年他才有三十岁，已快离开北方

了。故依据传文,他从达摩受学,当在二十多岁时,约当萧齐的初期,西历485—490年之间。其时达摩已在北方传道了。

以此推之,达摩到广州当在宋亡以前,约当470年(宋明帝泰始六年)左右。

他在南方大概不久,即往北方。他在北方学得中国语言,即授徒传法,僧副即是他的弟子中的一人。

他当520年左右还在洛阳瞻礼永宁寺,可见他在中国约有五十年之久,故虽隐居岩穴,而能有不小的影响。他大概享高寿,故能自称一百五十岁。

十八,九,卅
(1929.9.30)

又记
道宣在"习禅"门后有总论,其中论达摩一宗云:

> 属有菩提达摩者,神化居宗,阐导江洛。大乘壁观,功业最高。在世学流,归仰如市。然而诵语难穷,厉精盖少。番其口慕,则遣荡之志存焉;观其立言,则罪福之宗两舍,详夫真俗双翼,空有两轮,帝纲之所不拘,爱见莫之能引,静虑筹此,故绝言乎?

"诵语"二语,是指他的学徒虽众,真能传道的很少。"遣荡"是指壁观,"罪福两舍"是指他的四行。

"详夫"以下不是单论达摩,乃是合论僧稠与达摩两宗,故下文云：

> 然而观彼两宗，印乘之二轨也。稠怀念处，清范可崇；摩法虚宗，玄旨幽赜。可崇则情事易显，幽赜则理性难通。

"念处"是禅法的"四念处"。僧稠传的是印度小乘以下的正宗禅法。达摩只有壁观而已，已不是正统了。道宣是律师，故他论中推崇僧稠及南岳天台一派，而对于达摩一派大有微词。

十八，九，卅

（1929.9.30）

又记

《慧可传》中明说"达摩灭化洛滨，可亦埋形河涘。……后以天平之初，北就新邺，盛开秘苑"。这可见达摩死于东魏天平（534—537）以前，其时尚未有北齐。北齐开国在550年。故今本《续僧传》传目上作"齐邺下南天竺僧菩提达摩传"，这"齐"字是错误的。

十八，九，卅

（1929.9.30）

（《胡适文存》第三集，卷四）

荷泽大师神会传

参考书

《神会语录》敦煌本

《六祖坛经》敦煌本　又明藏本

《菩提达摩南宗定是非论》敦煌本

《历代法宝记》敦煌本

宗密的慧能、神会略传、《圆觉大疏钞》卷三下(省称《圭传》)文多错误,用宗密《圆觉经略疏钞》(省称《略钞》)及清远《圆觉经疏钞随文要解》(省称《随解》)两本参校。

宗密《禅门师资承袭图》(省称《圭图》)

宗密《禅源诸诠集都序》(省称《禅源序》)

赞宁《宋高僧传》卷八(省称《宋僧传》)

道原《景德传灯录》卷五(省称《灯录》)

《全唐文》

《唐文拾遗》

《曹溪大师别传》《续藏经》二编乙,十九套,五册。

一、神会与慧能

神会,襄阳人,姓高氏(《圭传》作姓万,又作姓嵩,皆字之误。

各书皆作高)。《宋高僧传》说他：

> 年方幼学，厥性惇明。从师传授五经，克通幽赜，次寻庄老，灵府廓然。览《后汉书》，知浮图之说，由是于释教留神，乃无仕进之意。辞亲，投本府国昌寺颢元法师下出家。其讽诵群经，易同反掌。全大律仪，匪贪讲贯。闻岭表曹侯溪慧能禅师盛扬法道，学者骏奔，乃效善财南方参问。裂裳裹足，以千里为跬步之间耳。……
>
> 居曹溪数载，后遍寻名迹。

《宋僧传》所据，似是碑版文字，其言最近情理。王维受神会之记，作慧能碑文，末段云：

> 弟子曰神会，遇师于晚景，闻道于中年。

《圭传》与《灯录》都说神会初见慧能时，年十四，则不得为"中年"。慧能死于先天二年(713)，年七十六。《宋僧传》说神会死于上元元年(760)，年九十三岁。据此，慧能死时，神会年已四十六岁，正是所谓"遇师于晚景，闻道于中年"。《圭传》说神会死于乾元元年(758)，年七十五，则慧能死时他只有三十岁；《灯录》说他死于上元元年(760)，年七十五，则慧能死时他只有二十八岁，都不能说是"中年"。以此推之，《宋僧传》似最可信，王维碑文作于神会生时，最可以为证。

《圭传》又说神会先事北宗神秀三年，神秀被召入京(在700年)，他才南游，依曹溪慧能，其时年十四。宗密又于慧能略传下说：

有襄阳神会，年十四，往谒。因答"无住（本作位，依《灯录》改）为本，见即是主"（主字本作性，依《灯录》改），杖（本作校，《略抄》作杖，《随解》云，以杖试为正）。试诸难，夜唤审问，两心既契，师资道合。

神会北游，广其闻见，于西京受戒。景龙年中（西历707—709），却归曹溪。大师知其纯熟，遂默授密语。缘达摩悬记，六代后命如悬丝，遂不将法衣出山。（《圆觉大疏钞》卷三下）

宗密在《禅门师资承袭图》里引《祖宗传记》云：

年十四来谒和尚。和尚问："知识远来大艰辛，将本来否？"答，"将来。""若有本，即合识主。"答，"神会以无住为本，见即是主。"大师云，"遮沙弥争敢取次语！"便以杖乱打。师于杖下思维，"二大善知识，历劫难逢。今既得遇，岂惜身命？"

《传灯录》全采此文，几乎不改一字，宗密自言是根据于《祖宗传记》，可见此种传说起于宗密之前。宗密死于会昌五年（841）[①]，几近9世纪中叶了。其时神会久已立为第七祖，此项传说之起来，当在8世纪下期至9世纪之间。《宋僧传》多采碑传，便无此说，故知其起于神会死后，是碑记所不载的神话。

大概神会见慧能时，已是中年的人；不久慧能便死了。敦煌本《坛经》说：先天二年，慧能将死，与众僧告别。

法海等众僧闻已，涕泪悲泣，唯有神会不动，亦不悲泣。

[①] 841年应为会昌元年，疑误。——编者注

六祖言："神会小僧，却得善等（明藏本作"善不善等"），毁誉不动。余者不得。……"

最可注意的是慧能临终时的预言——所谓"悬记"：

> 上座法海向前言，"大师，大师去后，衣法当付何人？"大师言，"法即付了，汝不须问。善灭后二十余年，邪法撩（缭）[①]乱，惑我宗旨。有人出来，不惜身命，第佛教是非，竖立宗旨，即是吾正法。衣不合转。……"

此一段今本皆无，仅见于敦煌写本《坛经》，此是《坛经》最古之本，其书成于神会或神会一派之手笔，故此一段暗指神会在开元、天宝之间"不惜身命，第佛教是非，竖立宗旨"的一段故事。

更可注意的是明藏本的《坛经》（《缩刷藏经》本）也有一段慧能临终的悬记，与此绝不相同，其文云：

> 又云：吾去七十年，有二菩萨从东方来，一出家，一在家，同时兴化，建立吾宗，缔缉伽蓝，昌隆法嗣。

这37个字，后来诸本也都没有。明藏本《坛经》的原本出于契嵩的改本。契嵩自称得着"曹溪古本"，其实他的底本有两种，一是古《坛经》，与敦煌本相同；一是《曹溪大师别传》，有日本传本。依我的考证，《曹溪大师别传》作于建中二年（781），正当慧能死后68年，故作者捏造这段悬记。契嵩当11世纪中叶，已不明了神会当日"竖立宗旨"的故事了，故改用了这一段70年后的悬记（参看

[①] 原本作"撩"，今据文意改。——编者注

我的《跋曹溪大师别传》)。

20余年后建立宗旨的预言是神会一派造出来的,此说有宗密为证。宗密在《禅门师资承袭图》里说:

> 传末又云:和尚(慧能)将入涅槃,默受密语于神会,语云:"从上以来,相承准的,只付一人。内传法印,以印自心,外传袈裟,标定宗旨。然我为此衣,几失身命。达摩大师悬记云:至六代之后,命如悬丝。即汝是也。是以此衣宜留镇山。汝机缘在北,即须过岭。二十年外,当弘此法,广度众生。"

这是一证。宗密又引此传云:

> 和尚临终,门人行滔、超俗、法海等问和尚法何所付。和尚云,"所付嘱者,二十年外,于北地弘扬。"又问谁人。答云,"若欲知者,大庾岭上,以网取之。"(原注:相传云,岭上者,高也。荷泽姓高,故密示耳。)

这是二证。

凡此皆可证《坛经》是出于神会或神会一派的手笔。敦煌写本《坛经》留此一段二十年悬记,使我们因此可以考知《坛经》的来历,真是中国佛教史的绝重要史料。关于《坛经》问题,后文有详论。

二、滑台大云寺定宗旨

《宋僧传》说神会

> 居曹溪数载，后遍寻名迹。开元八年（720），敕配住南阳龙兴寺。续于洛阳大行禅法，声彩发挥。

开元八年，神会已五十三岁，始住南阳龙兴寺。《神会语录》第一卷中记南阳太守王弼（弻？）及内乡县令张万顷问法的事，又记神会"问人口债"到南阳，见侍御史王维，王维称"南阳郡有好大德，有佛法甚不可思议。"这都可见神会曾在南阳；因为他久住南阳，故有债可讨。

《圭传》说：

> 又因南阳答王赵公三车仪，名渐闻于名贤。

王赵公即王琚，是玄宗为太子时同谋除太平公主一党的大功臣，封赵国公。开元、天宝之间，他做过15州的刺史，两郡的太守。15州之中有邓州，他见神会当是他做邓州刺史的时代，约在开元晚年（他死在天宝五年）。三车问答全文见《神会语录》第一卷。

据《南宗定是非论》（《神会语录》第二卷）神会于开元二十二年（734）正月十五日在滑台大云寺设无遮大会，建立南宗宗旨，并且攻击当日最有势力的神秀门下普寂大师。这正是慧能死后的二十一年。《圭传》说：

> 能大师灭后二十年中，曹溪顿旨沉废于荆吴，嵩岳渐门炽盛于秦洛。普寂禅师，秀弟子也，谬称七祖，二京法主，三帝门（？国）师，朝臣归崇，敕使监卫。雄雄若是，谁敢当冲？岭南宗途，甘从毁灭。

此时确是神秀一派最得意之时。神秀死于神龙二年(706)，张说作《大通禅师碑》，称为"两京法主，三帝国师"(三帝谓则天帝、中宗、睿宗)。神秀死后，他的两个大弟子普寂和义福继续受朝廷和民众的热烈的尊崇。义福死于开元二十四年，谥为大智禅师；普寂死于二十七年，谥为大照禅师。神秀死后，中宗为他在嵩山岳寺起塔，此寺遂成为此宗的大本营，故宗密说"嵩岳渐门炽盛于秦洛"。

张说作神秀的碑，始详述此宗的传法世系如下：

> 自菩提达摩天竺东来，以法传慧可，慧可传僧璨，僧璨传道信，道信传弘忍，继明重迹，相承五光。(《全唐文》二三一)

这是第一次记载北宗的传法世系，李邕作《嵩岳寺碑》，也说：

> 达摩菩萨传法于可，可付于璨，璨受于信，信恣于忍，忍遗于秀，秀钟于今和尚寂。(《全唐文》二六三)

这就是宗密所记普寂"谬称七祖"的事。《神会语录》(第三卷)也说：

> 今普寂禅师自称第七代，妄竖和尚(神秀)为第六代。

李邕作《大照神师碑》，也说普寂临终时

> 诲门人曰：吾受托先师，传兹密印。远自达摩菩萨导于可，可进于璨，璨钟于信，信传于忍，忍授于大通，大通贻于吾，

今七叶矣。(《全唐文》二六二)

严挺之作义福的碑,也有同样的世系:

> 禅师法轮始自天竺达摩,大教东派三百余年,独称东山学门也。自可、璨、信、忍,至大通,递相印属。大通之传付者,河东普寂与禅师二人,即东山继德七代于兹矣。(《全唐文》二八〇)

这个世系本身是否可信,那是另一问题,我在此且不讨论。当时神秀一门三国师,他们的权威遂使这世系成为无人敢疑的法统。这时候,当普寂和义福生存的时候,忽然有一个和尚出来指斥这法统是伪造的,指斥弘忍不曾传法给神秀,指出达摩一宗的正统法嗣是慧能而不是神秀,指出北方的渐门是旁支而南方的顿教是真传。——这个和尚便是神会。

《圭传》又说:

> 法信衣服,数被潜谋。传授碑文,两遇磨换。

《圭图》也说:

> 能和尚灭度后,北宗渐教大行,因成顿门弘传之障。曹溪传授碑文,已被磨换。故二十年中,宗教沉隐。

磨换碑文之说,大概全是捏造的话,慧能死后未有碑志,有二证。

王维受神会之托作慧能的碑文，其文尚存(《全唐文》三二六)，文中不提及旧有碑文，更没有磨换的话。此是一证。《圭传》又说，"据碑文中所叙，荷泽亲承付属"。据此则所谓"曹溪传授碑文"已记有神会传法之事。然则慧能临终时又何必隐瞒不说，而仅说二十年外的悬记呢？此是二证。

《历代法宝记》(《大正大藏经》五一卷，182页)也说慧能死后，"太常寺丞韦据造碑文，至开元七年，被人磨改，别造碑文。近代报修，侍郎宋鼎撰碑文"。(适按：宋鼎撰碑文乃是神会居洛阳荷泽寺时的事，见《宋僧传》。)这也是虚造故实，全不可信。(赵明诚《金石录》七有"第一千二百九十八，唐曹溪能大师碑"，注宋泉撰，史惟则八分书，天宝十一载二月。据此则，"宋鼎"撰碑，不是虚造！适之——四三，十二，十六)[①]

今据巴黎所藏敦煌写本之《南宗定是非论》及《神会语录》第三残卷所记滑台大云寺定南宗宗旨的事，大致如下。

唐开元二十二年正月十五日，神会在滑台大云寺演说"菩提达摩南宗"的历史，他大胆地提出一个修改的传法世系，说：

> 达摩……传一领袈裟以为法信，授与慧可，慧可传僧璨，璨传道信，道信传弘忍，弘忍传慧能，六代相承，连绵不绝。

他说：

> 神会今设无遮大会，兼庄严道场，不为功德，为天下学道

---

① 括号内这段文字为胡适在1943年12月16日所补，《胡适论学近著》无，今据《禅学指归》等校本补。——编者注

者定宗旨,为天下学道者辨是非。

他说:

> 秀禅师在日,指第六代传法袈裟在韶州,口不自称为第六代。今普寂禅师自称第七代,妄竖和尚为第六代,所以不许。

他又说,久视年中,则天召秀和尚入内,临发之时,秀和尚对诸道俗说:

> 韶州有大善知识,元是东山忍大师付属,佛法尽在彼处。

这都是很大胆的挑战。其时慧能与神秀都久已死了,死人无可对证,故神会之说无人可否证。但他又更进一步,说传法袈裟在慧能处,普寂的同学广济曾于景龙三年十一月到韶州去偷此法衣。此时普寂尚生存,但此等事也无人可以否证,只好听神会自由捏造了。

当时座下有崇远法师,人称为"山东远",起来质问道:

> 普寂禅师名字盖国,天下知闻,众口共传,不可思议。如此相非斥,岂不与身命有仇?

神会侃侃地答道:

> 我自料简是非,定其宗旨。我今谓弘扬大乘,建立正法,

令一切众生知闻,岂惜身命?

这种气概,这种搏狮子的手段,都可以震动一时人的心魄,故滑台定宗旨的大会确有"先声夺人"的大胜利。先声夺人者,只是先取攻势,叫人不得不取守势。神会此时已是六十七岁的老师。我们想象一个眉发皓然的老和尚,在这庄严道场上,登师子座,大声疾呼,攻击当时"势力连天"的普寂大师,直指神秀门下"师承是傍,法门是渐"(宗密《承袭图》中语),这种大胆的挑战当然能使满座的人震惊生信。即使有少数怀疑的人,他们对于神秀一门的正统地位的信心也遂不能不动摇了。所以滑台之会是北宗消灭的先声,也是中国佛教史上的一大革命。(《圭传》)说他"龙鳞虎尾,殉命忘躯",神会这一回真可说是"批龙鳞,捋虎尾"的南宗急先锋了。

三、菩提达摩以前的传法世系

在滑台会上,崇远法师问:

唐国菩提达摩既称其始,菩提达摩西国复承谁后?又经几代?(《语录》第三卷)

这一问可糟了!自神秀以来,只有达摩以下的世系,却没有人提起达摩以前的世系问题。神会此时提出一个极大胆而又大谬误的答案,他说:

菩提达摩为第八代。……自如来付西国与唐国,总经有一十三代。

这八代是:

如来

(1) 迦叶　　　　　(5) 优婆崛
(2) 阿难　　　　　(6) 须婆蜜(？婆须蜜)
(3) 末田地　　　　(7) 僧伽罗刹
(4) 舍那婆斯　　　(8) 菩提达摩

崇远又问:

据何得知菩提达摩西国为第八代?

神会答道:

据《禅经序》中,具明西国代数。又慧可禅师亲于嵩山少林寺问菩提达摩,答一如《禅经序》中说。

在这一段话里,神会未免大露出马脚来了!《禅经》即是东晋佛陀跋陀罗在庐山译出的达摩多罗与佛大先二人的《修行方便论》,俗称为《禅经》,其首段有云:

佛灭度后,尊者大迦叶,尊者阿难,尊者末田地,尊者舍那婆斯,尊者优婆崛,尊者婆须蜜,尊者僧伽罗刹,尊者达摩多罗,乃至尊者不若蜜多罗,诸持法者,以此慧灯,次第传授。我今如其所闻而说是义。

神会不懂梵文,又不考历史,直把达摩多罗(Dharmatrata)认作了菩提达摩(Bodhidharma)。达摩多罗生在"晋中兴之世"(见《出三藏记》十,焦镜法师之《后出杂阿毗昙心序》),《禅经》在晋义熙时已译出,其人远在菩提达摩之先。神会这个错误是最不可恕的。他怕人怀疑,故又造出慧可亲问菩提达摩的神话。前者还可说是错误,后者竟是有心作伪了。

但当日的和尚,尤其是禅宗的和尚,大都是不通梵文又不知历史的人。当时没有印版书,书籍的传播很难,故考证校勘之学无从发生。所以神会认为达摩多罗和菩提达摩为一个人,不但当时无人斥驳,历千余年之久也无人怀疑。敦煌写本中往往有写作"菩提达摩多罗"的!

但自如来到达摩,1 000余年之中,岂止八代?故神会的八代说不久便有修正的必要了。北宗不承认此说,于是有东都净觉的七代说,只认译出《楞伽经》的求那跋陀罗为第一祖,菩提达摩为第二祖(见敦煌写本《楞伽师资记》,伦敦与巴黎各有一本)。多数北宗和尚似固守六代说,不问达摩以上的世系,如杜朏之《传法宝记》(敦煌写本,巴黎有残卷)虽引《禅经序》,而仍以达摩为初祖。南宗则纷纷造达摩以上的世系,以为本宗光宠,大率多引据《付法藏传》,有二十三世说,有二十四世说,有二十五世说,又有二十八九世说。唐人所作碑传中,各说皆有,不可胜举。又有依据僧祐《出三藏记》中之萨婆多部世系而立五十一世说的,如马祖门下的惟宽即以达摩为五十一世,慧能为五十六世(见白居易《传法堂碑》)。但八代太少,五十一世又太多,故后来渐渐归到二十八代说。二十八代说是用《付法藏传》为根据，以师子比丘为第二十三代；师子以下，又伪造四代，而达摩为第二十八代。此伪造的四代，纷争最多，久无定论。宗密所记，及日本所传，如下表：

（23）师子比丘　　　（26）婆须蜜

（24）舍那婆斯　　　（27）僧伽罗刹

（25）优婆崛　　　　（28）达摩多罗

直到北宋契嵩始明白此说太可笑，故升婆须蜜为第七代，师子改为第二十四代，而另伪造三代如下：

（25）婆舍斯多　　　（27）般若多罗

（26）不如密多　　　（28）菩提达摩

今本之《景德传灯录》之二十八祖，乃是依契嵩此说追改的，不是景德原本了。

二十八代之说，大概也是神会所倡，起于神会的晚年，用来替代他在滑台所倡的八代说。我所以信此说也倡于神会，有两层证据。第一、敦煌写本的《六祖坛经》出于神会一系，上文我已说过了。其中末段已有四十世说，前有七佛，如来为第七代，师子为第三十代，达摩为第三十五代，慧能为四十代。自如来到达摩共二十九代，除去旁出的末田地，便是二十八代。这一个证据使我相信此说出于神会一系之手。但何以知此说起于神会晚年呢？第二、李华作天台宗《左溪大师碑》（《全唐文》三二〇），也说：

　　佛以心法付大迦叶，此后相承，凡二十九世，至梁、魏间，有菩萨僧菩提达摩禅师传《楞伽》法。

左溪即是元郎，死于天宝十三年（754），其时神会尚未死，故我推想此说起于神会晚年，也许即是他自己后来改定之说。但《南宗定是非论》作于开元二十年，外间已有流传，无法改正了，故敦煌石室里还保存此最古之八代说，使我们可以窥见此说演变的历史。

二十八代说的前二十三代的依据是《付法藏传》。《付法藏传》即是《付法藏因缘传》(《缩刷藏经》"藏"九)号称"元魏西域三藏吉迦夜共昙曜译"。此书的真伪，现在已不容易考了。但天台智顗在隋开皇十四年(594)讲《摩诃止观》，已用此传，历叙付法藏人，自迦叶至师子，共23人，加上末田地，则为24人。天台一宗出于南岳慧思，慧思出于北齐慧文，慧文多用龙树的诸论，故智顗说他直接龙树，"付法藏中第十三师"。南岳一宗本有"九师相承"之说，见于唐湛然的《止观辅行传弘决》卷第一。但智顗要尊大其宗门，故扫除此说，而采用《付法藏传》，以慧文直接龙树，认"龙树是高祖师"。这是天台宗自造法统的历史。后来神秀一门之六代法统，和南宗的八代说与二十八代等说，似是抄袭智顗定天台法统的故伎。《付法藏传》早经天台宗采用了，故南宗也就老实采用此书做他们的根据了。

《宋僧传》在慧能传中说：

> 弟子神会，若颜子之于孔门也，勤勤付嘱，语在会传(按会传无付嘱事)。会于洛阳荷泽寺崇树能之真堂，兵部侍郎宋鼎为碑焉。会序宗脉、从如来下西域诸祖外，震旦凡六祖，尽图绩其影。太尉房琯作《六叶图序》。

神会在洛阳所序"西域诸祖"，不知是八代，还是二十八代。大概已是二十八代了。

四、顿悟的教义

神会在滑台、洛阳两处定南宗宗旨,竖立革命的战略,他作战的武器只有两件:一是攻击北宗的法统,同时建立南宗的法统;一是攻击北宗的渐修方法,同时建立顿悟法门。上两章已略述神会争法统的方法了,本章要略述神会的顿悟教旨。

宗密在《圆觉大疏钞》卷三下,《禅门师资承袭图》及《禅源诸诠集都序》里,都曾叙述神会的教旨。我们先看他怎么说。宗密在《大疏钞》里说荷泽一宗的教义是:

> 谓万法既空,心体本寂,寂即法身。即寂而知,知即真智。亦名菩提涅槃。……此是一切众生本源清净心也。是自然本有之法。言"无念为宗"者,既悟此法本寂本知,理须称本用心,不可遂起妄念。但无妄念,即是修行。故此一门宗于无念。

在《承袭图》与《禅源序》里,宗密述荷泽一宗的教义,文字略相同。今取《禅源序》为主,述神会的宗旨如下:

> 诸法如梦,诸圣同说。故妄念本寂,尘境本空。空寂之心,灵知不昧。即此空寂之知是汝真性。任迷任悟,心本自知,不藉缘生,不因境起。知之一字,众妙之门。由无始迷之,故妄执身心为我,起贪嗔等念。若得善友开示,顿悟空寂之

知。知且无念无形，谁为我相人相？觉诸相空，心自无念。念起即觉，觉之即无。修行妙门，唯在此也。故虽备修万行，唯以无念为宗。但得无念知见，则爱恶自然淡泊，悲智自然增明，罪业自然断除，功行自然增进。既了诸相非相，自然无修之修。烦恼尽时，生死即绝。生灭灭已，寂照现前。无用无穷，名之为佛。

宗密死在会昌元年（841），离神会的时代不远，他又自认为神会第四代法嗣，故他的叙述似乎可以相信。但我们终觉得宗密所叙似乎不能表现神会的革命精神，不能叫我们明白他在历史上占的地位。我们幸有敦煌写本的《神会语录》三卷，其中所记是神会的问答辩论，可以使我们明白神会在当日争论最猛烈，主张最坚决的是些什么问题。这些问题，举其要点，约有五项：

一、神会的教义的主要点是顿悟。顿悟之说，起源甚早，最初倡此说的大师是慧远的大弟子道生，即是世俗所称为"生公"的。道生生当晋、宋之间，死于元嘉十一年（434）。他是"顿宗"的开山祖师，即是慧能、神会的远祖。慧皎《高僧传》说：

> 生既潜思日久，彻悟言外，乃喟然叹曰，"夫象以尽意，得意则象忘。言以诠理，入理则言息。自经典东流，译人重阻，多守滞义，鲜见圆义。若忘筌取鱼，始可与言道矣。"于是校练空有（此三字从僧祐原文，见《出三藏记》十五），研思因果，乃言"善不受报""顿悟成佛"。又著《二谛论》《佛性当有论》《法身无色论》《佛无净土论》《应有缘论》等，笼罩旧说，妙有渊旨。而守文之徒多生嫌嫉。与夺之声纷然竞起。又六卷《泥洹》

（《涅槃经》）先至京都，生剖析经理，洞入幽微，乃说一阐提人皆得成佛（一阐提人，梵文 Icchntika，是不信佛法之人）。于时《大涅槃经》未至此土，孤明先发，独见忤众，于是旧学僧党以为背经邪说，讥忿滋甚。遂显于大众，摈而遣之。生于四众之中正容誓曰，"若我所说反于经义者，请子现身即表厉疾。若与实相不相违背者，愿舍寿之时据师子座。"言竟，拂衣而逝。……以元嘉七年投迹庐岳，销影岩阿，怡然自得。俄而《大涅槃经》至于京都，果称阐提皆有佛性，与前所说，若会符契。生既获斯经，寻即建讲。以宋元嘉十一年冬十月庚子，于庐山精舍升于法座，……法席将毕，……端坐正容隐几而卒。……于是京邑诸僧内惭自疚，追而信服。（卷七。此传原文出于僧祐所作《道生传》，故用《出三藏记》十五所收原传校改。）

这是中国思想对于印度思想的革命的第一大炮。革命的武器是"顿悟"。革命的对象是那积功积德，调息安心等等烦琐的"渐修"功夫。生公的顿悟论可以说是"中国禅"的基石，他的"善不受报"便是要打倒那买卖式的功德说，他的"佛无净土论"便是要推翻他的老师（慧远）提倡的净土教，他的"一阐提人皆得成佛"便是一种极端的顿悟论。我们生在千五百年后，在顿宗盛行之后，听惯了"放下屠刀立地成佛"的话头，所以不能了解为什么在当日道生的顿悟论要受旧学僧党的攻击摈逐。须知顿渐之争是一切宗教的生死关头，顿悟之说一出，则一切仪式礼拜忏悔念经念佛寺观佛像僧侣戒律都成了可废之物了。故马丁·路德提出一个自己的良知，罗马天主教便坍塌了半个欧洲。故道生的顿悟论出世，便种下了后来顿宗统一中国佛教的种子了。

慧皎又说：

> 时人以生推阐提得佛，此语有据，"顿悟""不受报"等，时亦宪章。宋太祖尝述生顿悟义，沙门僧弼等皆设巨难。帝曰，"若使逝者可兴，岂为诸君所屈？"
> 后龙山（虎邱龙山寺）又有沙门宝林……祖述生公诸义。……林弟子法宝……亦祖述生义。

此外，祖述顿悟之说的，还有昙斌、道猷、法瑗等，皆见于《高僧传》（卷八）。《道猷传》中说：

> 宋文帝（太祖）简问慧观。"顿悟之义，谁复习之？"答云，生弟子道猷。即敕临川郡发遣出京。既至，即延入宫内，大集义僧，命猷申述顿悟。时竞辩之徒，关责互起。猷既积思参玄，又宗源有本，乘机挫锐，往必摧锋。帝乃抚几称快。

道生与道猷提倡顿悟，南京皇宫中的顿渐之辩论，皆在5世纪的前半。中间隔了三百年，才有神会在滑台、洛阳大倡顿悟之说。

顿悟之说在5世纪中叶曾引起帝王的提倡，何以三百年间渐修之说又占了大胜利呢？此中原因甚多，最重要的一个原因是天台禅法的大行。天台一宗注重"止观"双修，便是渐教的一种。又有"判教"之说，造成一种烦琐的学风。智𫖮本是大学者，他的学问震动一世，又有陈隋诸帝的提倡，故天台的烦琐学风遂风靡了全国。解释"止观"二字，摇笔便是十万字！

智者大师的权威还不曾衰歇，而7世纪中又出了一个更伟大的烦琐哲学的大师——玄奘。玄奘不满意于中国僧徒的闭门虚造，故舍命留学印度十多年，要想在佛教的发源地去寻出佛教的真意义。不料他到印度的时候，正是印度佛教的烦琐哲学最盛的时候。这时候的新烦琐哲学便是"唯识"的心理学和"因明"的论理学。心理的分析可分到660法，说来头头是道，又有因明学作护身符，和种种无意义的陀罗尼作引诱，于是这种印度烦琐哲学便成了世界思想史上最细密的一大系统。伟大的玄奘投入了这个大蛛网里，逃不出来，便成了唯识宗的信徒与传教士。于是7世纪的中国便成了印度烦琐哲学的大殖民地了。

菩提达摩来自南印度，本带有一种刷新的精神，故达摩对于中国所译经典，只承认一部《楞伽经》，楞伽即是锡兰岛，他所代表的便是印度的"南宗"。达摩一宗后来便叫作"楞伽宗"，又叫作"南天竺一乘宗"（见道宣《续僧传》卷三十五《法冲传》，我另有《楞伽宗考》）。他们注重苦行苦修，看轻一切文字魔障，虽然还不放弃印度的禅行，也可以说是印度佛教中最简易的一个宗派了。革命的中国南宗出于达摩一派，也不是完全没有理由的。

但在那烦琐学风之下，楞伽宗也渐渐走到那讲说注疏的路上去了。道宣《续僧传》（卷三十五）所记楞伽宗28人之中，12人便都著有《楞伽经》的疏钞，至七十余卷之多！神秀住的荆州玉泉寺便是智者大师手创的大寺，正是天台宗的一个重镇。故神秀一派虽然仍自称"楞伽宗"（有敦煌本的净觉《楞伽师资记》可证），这时候的楞伽宗已不是菩提达摩和慧可时代那样简易的苦行学派了。神秀的《五方便论》（有敦煌本）便是一种烦琐哲学（参看宗密《圆觉大疏钞》卷三下所引《五方便论》）。简易的"壁观"成了烦琐哲学，苦行的教义成了讲说疏钞（古人所谓"钞"乃是疏之疏，如宗密的大疏之外又有"疏钞"，更烦琐了），隐遁的头陀成了"两京法主，三帝门师"，便是革命的时机到了。

那不识字的卢行者（慧能）便是楞伽宗的革命者，神会便是他的北伐急先锋。他们的革命旗帜便是"顿悟"。

神会说：

> 世间有不思议，出世间亦有不思议。世间不思议者，若有布衣顿登九五，即是世间不思议。出世间不思议者，十信初发心，一念相应，便成正觉，于理相应，有何可怪？此明顿悟不思议。（第一卷，下同。）

他的语录中屡说此义。如云：

> 如周太公、傅说皆竿钓板筑，（简）在帝心，起自匹夫，位登台辅，岂不是世间不思议事？出世不思议者，众生心中具贪爱无明宛然者，遇真善知识，一念相应，便成正觉，岂不是出世间不思议事？

他又说：

> 众生见性成佛道，又龙女须臾发菩提心，便成正觉。又欲令众生入佛知见，不许顿悟，如来即合遍说五乘。今既不言五乘，唯言入佛知见，约斯经义，只显顿门。唯际一念相应，实更非由阶渐。相应义者，谓见无念者，谓了自性者，谓无所得。以无所得，即如来禅。

他又说：

> 发心有顿渐，迷悟有迟疾。迷即累劫，悟即须臾。……譬如一綟之丝，其数无量，若合为绳，置于木上，利剑一斩，一时俱断。丝数虽多，不胜一剑。发菩萨心人，亦复如是。若遇真正善知识，以□(巧，铃木本)方便直示真如，用金刚慧断诸位的烦恼，豁然晓悟，自见法性本来空寂，慧利明了，通达无碍。证此之时，万缘俱绝，恒沙妄念一时顿尽，无边功德应时等备。

这便是神会的顿悟说的大意。顿悟说是他的基本主张，他的思想都可以说是从这一点上引申出来的。下文所述四项，其实仍只是他的顿悟说的余义。

二、他的"定慧等"说。他答哲法师说：

> 念不起，空无所有，名正定。能见念不起空无所有，名为正慧。即定之时是慧体，即慧之时是定用。即定之时不异慧，即慧之时不异定。即定之时即是慧，即慧之时即是定。

这叫作"定慧等"。

故他反对北宗大师的禅法。他说：

> 经云："若学诸三昧，是动非坐禅。心随境界流，去何名为定？"若指此定为是者，维摩诘即不应诃舍利弗宴坐。

他又很诚挚地说：

诸学道者,心无青黄赤白,亦无出入去来及远近前后,亦无作意,亦无不作意。如是者谓之相应也。若有出定入定及一切境界,非论善恶,皆不离妄心。有所得并是有为,全不相应。

若有坐者,"凝心入定,住心看净,起心外照,摄心内证"者,此障菩提,未与菩提相应,何由可得解脱?

此条所引"凝心入定"16字,据《语录》第三残卷所记,是北宗普寂与降魔藏二大师的教义。神会力辟此说,根本否认坐禅之法:

不在坐里!若以坐为是,舍利弗宴坐林间,不应被维摩诘诃。

神会自己的主张是"无念"。他说:

决心证者,临三军际,白刃相向下,风刀解身,日见无念,坚如金刚,毫微不动。纵见恒沙佛来,亦无一念喜心。纵见恒沙众生一时俱灭。亦不起一念悲心。此是大丈夫,得空平等心。

这是神会的无念禅。

三、怎么是无念呢?神会说:

不作意即是无念。……一切众生心本无相。所言相者,并是妄心。何者是妄?所作意住心,取空取净,乃至起心求证

> 菩提涅槃，并属虚妄。但莫作意，心自无物。即无物心，自性空寂。空寂体上，自有本智，谓知以为照用。故《般若经》云，"应无所住而生其心"。应无所住，本寂之体。而生其心，本寂之用。但莫作意，自当悟人。

无念只是莫作意。调息住心，便是作意；看空看净，以至于四禅定、四无色定境界，都是作意。所以他说，"乃至起心求证菩提涅槃，并属虚妄"。后来的禅宗大师见人说"出三界"，便打你一顿棒，问你出了三界要往何处去。起心作意成佛出三界，都是愚痴妄见。所以此宗说"无念为本"。

四、神会虽说无念，然宗密屡说荷泽主张"知之一字，众妙之门"，可见此宗最重知见解脱。当日南北二宗之争，根本之点只是北宗重行，而南宗重知，北宗重在由定发慧，而南宗则重在以慧摄定。故慧能、神会虽口说定慧合一，其实他们只认得慧，不认得定。此是中国思想史上的绝大解放。禅学本已扫除了一切文字障和仪式障，然而还有个禅定在。直到南宗出来，连禅定也一扫而空，那才是彻底地解放了。神会说：

> 未得修行，但得知解。以知解久薰习故，一切攀缘妄想，所有重者，自渐轻微。神会见经文所说，光明王，……帝释梵王等，具五欲乐甚于今日百千万亿诸王等，于般若波罗蜜唯则学解，将解心呈问佛，佛即领受印可。得佛印可，即可舍五欲乐心，便证正位的菩萨。

这是完全侧重知解的方法。一个正知解，得佛印可后，便证正位地菩萨。后来禅者，为一个知见，终身行脚，到处寻来大善知识，一朝大彻大悟，还须请求大师印可，此中方法便是从这里出来的。

五、中国古来的自然哲学，所谓道家，颇影响禅学的思想。南宗之禅，并禅亦不立，知解方面则说顿悟，实行方面则重自然。宗密所谓"无修之修"，即是一种自然主义。神会此卷中屡说自然之义。如他答马择问云：

> 僧立因缘，不立自然者，僧之愚过。道士唯立自然，不立因缘者，道士之愚过。
>
> 僧家自然者，众生本性也。又经云，众生有自然智，无师智，谓之自然。道士因缘者，道能生一，一能生二，二能生三，从三生万物，因道而生。若其无道，万物不生。今言万物者，并属因缘。

这是很明白地承认道家所谓自然和佛家所谓因缘同是一理。至于承认自然智无师智为自然，这更是指出顿悟的根据在于自然主义，因为有自然智，故有无修而顿悟的可能。所以神会对王维说：

> 众生若有修，即是妄心，不可得解脱。

这是纯粹的自然主义了。

语录第一卷首幅有一段论自然，也很可注意。神会说：

> 无明亦自然。

问,无明若为自然。神会答道:

> 无明与佛性俱是自然而生。无明依佛性,佛性依无明,两相依,有则一时有。觉了者即佛性,不觉了即无明。

问,若无明自然者,莫不同于外道自然邪?神会答道:

> 道家自然同,见解有别。

神会指出的差别,其实很少,可以不论。所可注意者,神会屡说不假修习,刹那成道,都是自然主义的无为哲学。如说:

> 修习即是有为诸法。

如说:

> 生灭本无,何假修习?

又如说:

> 三事不生,是即解脱。心不生即无念,智不生即无知。慧不生即无见。通达此理者,是即解脱。

又如说:

> 大乘定者,不用心,不看静,不观空,不住心,不澄心,不远看,不近看,无十方,不降伏,无怖畏,无分别,不沉空,不住寂,一切妄相不生,是大乘禅定。

凡此诸说,皆只是自然,只是无为。所谓无念,所谓不作意,也只是自然无为而已。后来马祖教人"不断不造,任运自在,任心即为修";更后来德山、临济都教人无为无事,做个自然的人,——这都是所谓"无念",所谓"莫作意",所谓"自然",所谓"无修之修"。

总之,神会的教义在当日只是一种革命的武器,用顿悟来打倒渐修,用无念来打倒一切住心入定求佛作圣等等妄念,用智慧来解除种种无明的束缚。在那个渐教大行,烦琐学风弥漫全国的时代,这种革命的思想自然有绝大的解放作用。但时过境迁之后,革命已成功了,"顿悟"之说已成了时髦的口号了,渐修的禅法和烦琐的学风都失了权威了,——在这时候,后人回头看看当日革命大将慧能、神会的言论思想,反觉得他们的议论平淡寻常,没有多少东西可以满足我们的希冀。这种心理,我们可以在宗密的著作里看出。宗密自称是荷泽法嗣,但他对于神会的教义往往感觉一种讷讷说不出的不满足。他在《师资承袭图》里已说:

> 荷泽宗者,尤难言述。

所以尤难言述者,顿悟与无念在 9 世纪已成了风尚,已失了当日的锋芒与光彩,故说来已不能新鲜有味了;若另寻积极的思想,则又寻不出什么,所以"尤难言述"了。宗密在《大疏钞》里,态度更明白了,他说顿悟是不够的,顿悟之后仍须渐修,这便是革命之后的调和论了。宗密说：

> 寂知之性举体随缘，作种种门，方为真见。寂知如镜之净明，诸缘如能现影像。荷泽深意本来如此。但为当时渐教大兴，顿宗沉废，务在对治之说，故唯宗无念，不立诸缘。如对未识镜体之人，唯云净明是镜，不言青黄是镜。今于第七家（即荷泽一宗）亦有拣者，但拣后人局见。非拣宗师。……于七宗中，若统圆融为一，则七皆是；若执各一宗，不通余宗者，则七皆非。

这是很不满意于神会的话。其时革命的时期已过去七八十年了。南宗革命的真意义已渐渐忘了，故宗密回到调和的路上，主张调和七宗，圆融为一。他的调和论调使他不惜曲解神会的主张，遂以为"荷泽深意"不但要一个寂知，还须"作种种门"，他说：

> 寂知如镜之净明，诸缘如能现影像。荷泽深意本来如此。

但《神会语录》却有明文否认此种曲解。神会明明说：

> "明镜高台能照，万象悉现其中"，古德相传，共称为妙。今此门中未许此为妙。何以故？明镜能照万象，万象不见其中，此将为妙。何以故？如来以无分别智，能分别一切。岂将有分别心即分别一切？（第一卷）

即此一条，便可证宗密在神会死后七八十年中已不能明白荷泽一宗的意旨了。神会的使命是革命的，破坏的，消极的，而七八十年后的宗密却要向他身上去寻求建设的意旨，怪不得他要失望了。南宗革命的大功劳在于解放思想，解放便是绝大的建设。由大乘佛教而至于禅学，已是一大肃清，一大解放，但还有个禅在。慧能、神会出来，以顿悟开宗，以无念为本，并禅亦不立，这才是大解放。宗密诸人不知这种解放的本身便是积极的贡献，却去胡乱寻求别种"荷泽深意"，所以大错了。

荷泽门下甚少传人，虽有博学能文的宗密，终不成革命真种子。南宗的革命事业后来只靠马祖与石头两支荷担，到德山、临济而极盛。德山、临济都无一法与人，只教人莫向外求，只教人无事体休歇去，这才是神会当日革命的"深意"，不是宗密一流学究和尚所能了解的。

五、贬逐与胜利

神会于开元八年住南阳，二十年在滑台定宗旨。我们看独孤沛在《南宗定是非论序》里对于神会的崇敬，便可知滑台大会之后神会的名望必定很大。《圭传》说：

> 天宝四载（745），兵部侍郎宋鼎请入东都。然正道易申，谬理难固，于是曹溪了义大播于洛阳，荷泽顿门派流于天下。

《传灯录》说：

> 天宝四年,方定两宗。

定两宗不始于此年,但神会在东京也很活动。《宋僧传》说:

> 续于洛阳大行禅法,声彩发挥。先是两京之间皆宗神秀,若不滃之鱼鲔附沼龙也。从见会明心,六祖之风荡其渐修之道矣。南北二宗,时始判焉。至普寂之门盈而后虚。

若神会入洛在天宝四年,则其时义福、普寂早已死了。两京已无北宗大师,神会以80高年,大唱南宗宗旨,他的魔力自然很大。此时北宗渐衰,而南宗新盛,故可说南北二宗判于此时。据《历代法宝记》的无相传中所记,

> 东京荷泽寺神会和尚每月作坛场,为人说法,破清净禅,立如来禅。

又说:

> 开元中,滑台寺为天下学道者定其宗旨。……天宝八载中,洛州荷泽寺亦定宗旨。

此皆可见神会在洛阳时的活动。

北宗对于神会的战略,只有两条路:一是不理他,一是压制他。义福与普寂似乎采取第一条路。但他们手下的人眼见神会的声名一天大一天,见他不但造作法统史,并且"图绘其形",并且公开攻

击北宗的法统，他们有点忍不住了，所以渐渐走上用势力压迫神会的路上去。

神会此时已是八十多岁的老和尚了，他有奇特的状貌，聪明的辩才（均见《圭传》），他的顿悟宗旨又是很容易感动人的，他的法统史说来头头是道，所以他的座下听众一定很多。于是他的仇敌遂加他一个"聚众"的罪名。天宝十二年（753），

> 御史卢奕阿比于寂，诬奏会聚徒，疑萌不利。（《宋僧传》）

卢奕此时作御史中丞，留在东都。但此时普寂已死了十多年了，不能说是"阿比于寂"。《宋僧传》又说，卢奕劾奏之后，

> 玄宗召赴京，时驾幸昭应，汤池得封，言理允惬，敕移住均部。二年，敕徙荆州开元寺般若院住焉。

《宋僧传》依据碑传，故讳言贬谪。《圭传》记此事稍详：

> 天宝十二年，被谮聚众，敕黜弋阳郡，又移武当郡。至十三载，恩命量移襄州。至七月，又敕移荆州开元寺，皆北宗门下之所致也。

唐弋阳郡，在今江西弋阳。武当在今湖北均县，属唐之均州。襄州在襄阳。二年之中，贬徙四地。我们悬想那位八十五六岁的大师，为了争宗门的法统，遭遇这种贬逐的生活，我们不能不对他表很深的同情，又可以想见当时的人对他表同情的必定不少。神

会的贬逐是南北二宗的生死关头。北宗取高压手段,不但无损于神会,反失去社会的同情,反使神会成了一个"龙鳞虎尾殉命忘躯"的好汉。从此以后,北宗便完了,南宗却如日方中,成为正统了。

贾悚(死于835年)作神会弟子大悲禅师灵坦的碑,说灵坦(《全唐文》误作云坦,《唐文粹》不误)

> 随父至洛阳,闻荷泽寺有神会大师,即决然蝉蜕万缘,誓究心法。父知其志不可夺,亦壮而许之。凡操彗服勤于师之门庭者八九年。而玄关秘钥罔不洞解。一旦密承嘱付,莫有知者。后十五日而荷泽被迁于弋阳,临行,谓门人曰,"吾大法弗坠矣,遂东西南北夫亦何恒?"时天宝十二载也。(《全唐文》七三一)

神会在洛阳,从天宝四年至十二年,正是八九年。

当神会被贬谪的第三年,历史上忽然起了一个大变化。天宝十四年(755)十一月,安禄山造反了,次年洛阳、长安都失陷了,玄宗仓皇出奔西蜀,太子即位于灵武。至德二年(757),郭子仪等始收复两京。这时候的大问题是怎样筹军饷。《宋僧传》说:

> 副元帅郭子仪率兵平殄,然于飞挽索然。用右仆射裴冕权计,大府各置戒坛度僧;僧税(百)缗谓之香水钱,聚是以助军需。

《佛祖历代通载》十七记此制稍详:

> 肃宗至德丁酉,寻敕五岳各建寺庙,选高行沙门主之。听白衣能诵经五百纸者度为僧。或纳钱百缗,请牒剃落,亦赐明经出身。
>
> 及两京平,又于关辅诸州纳钱度僧道万余人。进纳自此而始。

《佛祖统记》四十一、《释氏资鉴》七,所记与此略同。

这时候,神会忽然又在东京出现了,忽然被举出来承办劝导度僧,推销度牒,筹助军饷的事。《宋僧传》说:

> 初洛都先陷,会越在草莽。时卢奕为贼所戮,群议乃请会主其坛度。于时寺宇宫观鞠为灰烬,乃权创一院,悉资苫盖,而中筑方坛。所获财帛,顿支军费。代宗郭子仪收复两京,会之济用颇有力焉。

元昙噩编的《新修科分六学传》卷四也说:

> 时大农空乏,军兴绝资费。右仆射裴冕策,以为凡所在郡府宜置戒坛度僧。而收其施利,以给国用。会由是获主洛阳事,其所输入尤多。

神会有辩才,能感动群众,又刚从贬逐回来,以九十岁的高年,出来为国家效力,自然有绝大的魔力,怪不得他"所输入尤多"。

这时候,两京残破了,寺宇宫观化为灰烬了,当日备受恩崇的北宗和尚也逃散了,挺身出来报国立功的人乃是那四次被贬逐的

九十老僧神会。他这一番功绩,自然使朝廷感激赏识。所以《宋僧传》说:

> 肃宗皇帝诏入内供养,敕将作大匠并功齐力为造禅宇于荷泽寺中。

昔日贬逐的和尚,今日变成了皇帝的上客了。

《宋僧传》接着说:

> 会之敷演,显发能祖之宗风,使秀之门寂寞矣。

于是神会建立南宗的大功告成了。上元元年(760)五月十三日,他与门人告别,是夜死了,寿93岁。建塔于洛阳宝应寺,敕谥为真宗大师,塔号为般若。(《宋僧传》)

《圭传》说神会死于乾元元年(758)五月十三日,年七十五。我们觉得《宋僧传》似是依据神会的碑传,比较可信,故采《宋僧传》之说。元昙噩的《新修科分六学传》中的《神会传》与《宋僧传》颇相同,似同出于一源,昙噩也说神会死于上元元年,年九十三。《景德传灯录》说神会死于上元元年五月十三日,与《宋僧传》相同;但又说"俗寿七十五",便又与《圭传》相同了。

关于塔号谥号,《圭传》所记稍详:

> 大历五年(770),敕赐祖堂额,号真宗般若传法之堂。七年,敕赐塔额,号般若大师之塔。

《圭传》与《圭图》都说：

> 德宗皇帝贞元十二年（796），敕皇太子集诸禅师楷定禅门宗旨，搜求传法傍正。遂有敕下，立荷泽大师为第七祖。内神龙寺见有碑记。又御制七祖师赞文，见行于世。（文字依《圭图》）

此事不见于他书，只有志磐的《佛祖统记》四十二说：

> 贞元十二年正月，敕皇太子于内殿集诸禅师，详定传法旁正。

志磐是天台宗。他的《佛祖统记》是一部天台宗的全史，故他记此事似属可信。但志磐不记定神会为七祖事，他书也没有此事，故宗密的孤证稍可疑。

如此事是事实，那么，神会死后36年，便由政府下敕定为第七祖，慧能当然成了第六祖，于是南宗真成了正统了。神会的大功真完成了。

又据陈宽的《再建圆觉塔志》（《唐文拾遗》三十一），

> 司徒中书令汾阳王郭子仪复东京之明年，抗表乞菩提达摩大师谥。代宗皇帝谥曰圆觉，名其塔曰空观。

复东京之明年为乾元元年（758）。在那个战事紧急的时候，郭子仪忽然替达摩请谥号，这是为什么缘故呢？那一年正是神会替郭子仪筹饷立功之年，神会立了大功，不求荣利，只求为他的祖师请谥，郭子仪能不帮忙吗？这是神会的手腕高超之处。神会真是南宗的大政治家！

六、神会与六祖坛经

神会费了毕生精力，打倒了北宗，建立了南宗为禅门正统，居然成了第七祖。但后来禅宗的大师都出于怀让和行思两支的门下，而神会的嫡嗣，除了灵坦、宗密之外，很少大师。临济、云门两宗风行以后，更无人追忆当日出死力建立南宗的神会和尚了。在《景德传灯录》等书里，神会只占一个极不重要的地位。他的历史和著述，埋没在敦煌石室里，一千多年中，几乎没有人知道神会在禅宗史上的地位。历史上最不公平的事，莫有过于此事的了。

然而神会的影响始终还是最伟大的，最永久的。他的势力在这一千二百年中始终没有隐没。因为后世所奉为禅宗唯一经典的《六祖坛经》，便是神会的杰作。《坛经》存在一日，便是神会的思想势力存在一日。

我在上文已指出《坛经》最古本中有"吾灭后二十余年，……有人出来，不惜身命，第佛教是非，竖立宗旨"的悬记，可为此经是神会或神会一派所作的铁证。神会在开元二十二年在滑台定宗旨，正是慧能死后二十一年。这是最明显的证据。《坛经》古本中无有怀让、行思的事，而单独提出神会得道，"余者不得"，这也是很明显的证据。

此外还有更无可疑的证据吗？

我说,有的。

韦处厚(死于828年)作《兴福寺大义禅师碑铭》(《全唐文》七一五),有一段很重要的史料:

> 在高祖时有道信叶昌运,在太宗时有弘忍示元珠,在高宗时有惠能筌月指。自脉散丝分,或遁秦,或居洛,或之吴,或在楚。
>
> 秦者曰秀,以方便显。(适按,此指神秀之《五方便》,略见宗密《圆觉大疏钞》卷三下。《五方便》原书有敦煌写本,藏巴黎)普寂其胤也。
>
> 洛者曰会,得总持之印,独曜莹珠。习徒迷真,橘枳变体,竟成《檀经传宗》,优劣详矣。
>
> 吴者曰融,以牛头闻,径山其裔也。
>
> 楚者曰道一,以大乘摄,大师其党也。

大义是道一门下,死于818年。其时神会已死五十八年。韦处厚明说《檀经》(《坛经》)是神会门下的"习徒"所作。(《传宗》不知是否《显宗记》?)可见此书出于神会一派,是当时大家知道的事实?

但究竟《坛经》是否神会本人所作呢?

我说,是的。至少《坛经》的重要部分是神会作的。如果不是神会作的,便是神会的弟子采取他的语录里的材料作成的。但后一说不如前一说的近情理,因为《坛经》中确有很精到的部分,不是门下小师所能造作的。

我信《坛经》的主要部分是神会所作,我的根据完全是考据学所谓"内证"。《坛经》中有许多部分和新发现的《神会语录》完全相同,这是最重要的证据,我们可以略举几个例证。

(例一)定慧等

>《坛经》敦煌本善知识,我此法门以定慧为本。第一勿迷言慧定别。定慧体一不二。即定是慧体,即慧是定用,即慧之时定在慧,即定之时慧在定。善知识,此义即是定慧等。

>《坛经》明藏本善知识,我此法门以定慧为本。大众勿迷言定慧别。定慧一体不是二。定是慧体,慧是定用。即慧之时定在慧,即定之时慧在定。若识此义,即是定慧等学。

>《神会语录》即定之时是慧体,即慧之时是定用。即定之时不异慧,即慧之时不异定。即定之时即是慧,即慧之时即是定。何以故?性自如故?即是定慧等学。(第一卷)

(例二)坐禅

>《坛经》敦煌本此法门中,何名坐禅?此法门中,一切无碍,外于一切境界上念不去,(起)为坐。见本性不乱,为禅。

>《坛经》明藏本善知识,何名坐禅?此法门中,无障无碍,外于一切善恶境界心念不起,名为坐。内见自性不动,名为禅。

>《神会语录》今言坐者,念不起为坐。今言禅者,见本性为禅。(第三卷)

(例三)辟当时的禅学

《坛经》敦煌本迷人著法相,执一行三昧,直心坐不动,除妄不起心,即是一行三昧。若如是,此法同无情,却是障道因缘。道须通流,何以却滞?心在(当作"不")住即通流,住即被缚。若坐不动时,维摩诘不合呵舍利弗宴坐林中。善知识,又见有人教人坐看心看净,不动不起,从此置功;迷人不悟,便执成癫。即有数百般若此教导者,故之(知?云?)大错。

此法门中坐禅,无不著(看)心,亦不著(看)净,亦不言不动。若言看心,心无是妄,妄如幻,故无所看也。若言看净,人性本净,为妄念故,盖覆真如。离妄念,本性净。不见自性本净,心起看净,却生净妄,妄无处所,故知看者看却是妄也。净无形相,却立净相,言是功未。作此见者,障自本性,却被净缚。若不动者,不见一切人过患,是性不动。迷人自身不动,开口即说人是非,与道违背。看心看净,却是障道因缘。

以上二段,第一段明藏本在"定慧第四品",第二段明藏本在"坐禅第五品"。读者可以参校,我不引明藏本全文了。最可注意的是后人不知道此二段所攻击的禅宗是什么,故明藏本以下的《定慧品》作"有人教坐,看心观静,不动不起",而下文坐禅品的"看心""看净"都误作"著心""著净"。〔(适按,"著、看"二字,似宜细酌。当再校之。)〕①著是执着,决不会有人教人执着心,执着净。唐人写经,"净""静"不分,而"看""著"易混,故上文"看心观静"不误,而下文"著心著净"是误写。今取《神会语录》校之,便可知今本错误,又可知此种禅出自北宗门下的普寂,又可知此种驳议不会出于慧能生

---

① 《胡适论学近著》初版(1935年)并无这句按文,此句当属修订时添加。——编者注

时,乃是神会驳斥普寂的话。《神会语录》之文如下:

> 《神会语录》远师问,嵩岳普寂禅师,东岳降魔禅师,此二大德皆教人"凝心入定,住心看净,起心外照,摄心内证",指此以为教门。禅师今日何故说禅不教人"凝心入定,住心看净,起心外照,摄心内证?"何名为坐禅?
> 和尚答曰,若教人"凝心入定,住心看净,起心外照,摄心内证"者,此是障菩提。今言坐者,念不起为坐。今言禅者,见本性为禅。若指(下阙)(第三卷)

又说:

> 若有坐者,"凝心入定,住心看净,起心外照,摄心内证"者,此障菩提,未与菩提相应,何由可得解脱?
> 不在坐里。若以坐为是,舍利弗宴坐林间,不应被维摩诘诃。诃云,"不于三界观身意,是为宴坐。"但一切时中见无念者,不见身相名为正定,不见心相名为正惠。(第一卷)

又说:

> 问,何者是大乘禅定?
> 答,大乘定者,不用心,不看心,不看净,不观空,不住心,不澄心,不远看,不近看,……
> 问,云何不用心?
> 答,用心即有,有即生灭。无用即无,无生无灭。

> 问,何不看心?
> 答,看即是妄,无妄即无看。
> 问,何不看净?
> 答,无垢即无净,净亦是相,是以不看。
> 问,云何不住心?
> 答,住心即假施设,是以不住。心无处所。(第一卷之末)

语录中又有神会诘问澄禅师一段:

> 问,今修定者,元是妄心修定,如何得定?
> 答,今修定者,自有内外照,即得见净。以净故即得见性。
> 问,性无内外,若言内外照,元是妄心。若为见性?经云,若学诸三昧,是动非坐禅。心随境界流,云何名为定?若指此定为是者,维摩诘即不应诃舍利弗宴坐。(第一卷)

我们必须先看神会这些话,然后可以了解《坛经》中所谓"看心""看净"是何物。如果看心看净之说是普寂和降魔藏的学说,则慧能生时不会有那样严重的驳论,因为慧能死时,普寂领众不过几年,他又是后辈,慧能怎会那样用力批评?但若把《坛经》中这些话看作神会驳普寂的话,一切困难便都可以解释了。

(例四)论《金刚经》

> 《坛经》敦煌本善知识,若欲入甚深法界,入般若三昧者,直修般若波罗蜜行,但持《金刚般若波罗蜜经》一卷,即得见性,入般若三昧。当知此经功德无量,经中分明赞叹,不能具

403

说。此是最上乘法,为大智上根人说。少根智人若闻法,心不生信。何以故?譬如大龙若下大雨,雨衣(被)阎浮提,如漂草叶。若下大雨,雨放大海,不增不减。若大乘者闻说《金刚经》,心开悟解,故知本性自有般若之智,自用知惠观照,不假文字。譬如其雨水,不从无有,无(元)是龙王于江海中将身引此水,令一切众生,一切草木,一切有情无情,悉皆蒙润。诸水众流,却入大海,海纳众水,合为一体。众生本性般若之智亦复如是。少根之人闻说此顿教,犹如大地草木,根性自少者,若被大雨一沃,悉皆倒,不能增长。少根之人亦复如是。(参看《坛经》明藏本"般若品",文字稍有异同,如"如漂草叶"误作"如漂枣叶";"雨水不从无有"作"雨水不从天有"之类,皆敦煌本为胜。)

《神会语录》若欲得了达甚深法界,直入一行三昧者,先须诵持《金刚般若波罗蜜经》,修学般若波罗蜜法。……《金刚般若波罗蜜经》者,如来为发大乘者说,为发最上乘者说。何以故?譬如大龙,不雨阎浮。若雨阎浮,如漂弃叶。若雨大海,其海不增不减。若大乘者,若最上乘者,闻说《金刚般若波罗蜜经》,不惊不怖,不畏不疑者,当知是善男子,善女人,从无量久远劫来,常供养无量诸佛及诸菩萨,修学一切善法,今是得闻《般若波罗蜜经》,不生惊疑。(第三卷)

(例五)无念

《坛经》敦煌本无者无何事?念者念何物?无者,离二相诸尘劳。(念者,念真如本性。)(兴圣寺本有此七字)(依明藏本补)真如是念之体,念是真如之用。自性起念,虽即见闻觉知,不染万境,而常自在。(明藏本"定慧第四")

《神会语录》问,无者无何法?念者念何法?

答,无者无有云然,念者唯念真如。

问,念与真如有何差别?

答,无差别。

问,既无差别,何故言念真如?

答,言其念者,真如之用。真如者,念之体。以是义故,立无念为宗。若见无念者,虽具见闻觉知,而常空寂。(第一卷)

以上所引,都是挑选的最明显的例子。我们比较这些例子,不但内容相同,并且文字也都很相同,这不是很重要的证据吗?大概《坛经》中的几个重要部分,如明藏本的"行由品""忏悔品",是神会用气力撰著的,也许是有几分历史的根据的;尤其是《忏悔品》,《神会语录》里没有这样有力动人的说法,也许真是慧能在时的记载(我错了!那时没有得见"南阳和上"的"坛语"。适之——1958.8.8)。此外,如"般若""疑问""定慧""坐禅"诸品,都是七拼八凑的文字,大致是神会杂采他的语录凑成的。"付嘱品"的一部分大概也是神会原本所有。其余大概是后人增加的了。《坛经》古本不分卷;北宋契嵩始分为三卷,已有大改动了;元朝宗宝又"增入弟子请益机缘",是为明藏本之祖。

如果我们的考证不大错,那么,神会的思想影响可说是存在于《坛经》里。柳宗元作《大鉴禅师碑》,说:"其说具在,今布天下,凡言禅皆本曹溪。"我们也可以这样说神会:"其说具在,今布天下。凡言禅皆本曹溪,其实是皆本于荷泽。"

南宗的急先锋,北宗的毁灭者,新禅学的建立者,《坛经》的作者——这是我们的神会。在中国佛教史上,没有第二个人有这样伟大的功勋,永久的影响。

附《神会和尚遗集》序

民国十三年,我试作《中国禅学史》稿,写到了慧能,我已很怀疑了:写到了神会,我不能不搁笔了。我在《宋高僧传》里发现了神会和北宗奋斗的记载,又在宗密的书里发现了贞元十二年敕立神会为第七祖的记载,便决心要搜求关于神会的史料。但中国和日本所保存的禅宗材料都不够满足我的希望。我当时因此得一个感想:今日所存的禅宗材料,至少有百分之八九十是北宋和尚道原、赞宁、契嵩以后的材料,往往经过了种种妄改和伪造的手续,故不可深信。我们若要作一部禅宗的信史,必须先搜求唐朝的原料,必不可轻信五代以后改造过的材料。

但是,我们向何处去寻唐朝的原料呢?当时我假定一个计划,就是向敦煌所出的写本里去搜求。敦煌的写本,上起南北朝,下讫宋初,包括西历500年至1 000年的材料,正是我要寻求的时代。况且敦煌在唐朝并非僻远的地方,两京和各地禅宗大师的著作也许会流传到那边去。

恰好民国十五年我有机会到欧洲去,便带了一些参考材料,准备去看伦敦、巴黎两地所藏的敦煌卷子。9月中我在巴黎发现了三种神会的语录,11月中又在伦敦发现了神会的

《显宗记》。此外还有一些极重要的禅宗史料。我假定的计划居然有这样大的灵验，已超过我出国之前的最大奢望了。

十六年归国时，路过东京，见着高楠顺次郎先生、常盘大定先生、矢吹庆辉先生，始知矢吹庆辉先生从伦敦影得敦煌本《坛经》，这也是禅宗史最重要的材料。

高楠、常盘、矢吹诸博士都劝我早日把神会的遗著整理出来。但我归国之后，延搁了两年多，始能把这四卷神会遗集整理写定；我另作了一篇《神会传》，又把《景德传灯录》卷二十八所收《神会语录》三则抄在后面，作一个附录。全书共遗集四卷，跋四首，传一篇，附录一卷，各写两份，一份寄与高楠博士，供他续刊《大藏经》的采用，一份在国内付印，即是此本。

神会是南宗的第七祖，是南宗北伐的总司令，是新禅学的建立者，是《坛经》的作者。在中国佛教史上，没有第二人比得上他的功勋之大，影响之深。这样伟大的一个人物，却被埋没了一千年之久，后世几乎没有人知道他的名字了。幸而他的语录埋藏在敦煌石窟里，经过九百年的隐晦，还保存 20 000 字之多，到今日从海外归来，重见天日，使我们得重见这位南宗的圣保罗的人格言论，使我们得详知他当日力争禅法统的伟大劳绩，使我们得推翻道原、契嵩等人妄造的禅宗伪史，而重新写定南宗初期的信史：这岂不是我们治中国佛教史的人最应该感觉快慰的吗？

我借这个机会要对许多朋友表示很深厚的感谢。我最感激的是：

伦敦大英博物院的 Dr.Lionel Giles，

巴黎的 Professor Paul Elliot，

没有他们的热心援助,我不会得着这些材料。此外我要感谢日本矢吹庆辉博士寄赠敦煌本《坛经》影本的好意。我得着矢吹先生缩影本之后,又承 Dr.Giles 代影印伦敦原本。不久我要把敦煌本《坛经》写定付印,作为《神会遗集》的参考品。

余昌之、周道谋二先生和汪协如女士校印此书,功力最勤,也是我很感谢的。

一九,四,十
(1930.4.10)
(《胡适论学近著》第一集,卷二)

诗僧与谐诗[1]

唐朝初年的白话诗,依我的观察,似乎是从嘲讽和说理的两条路子来得居多。嘲戏之作流为诗人自适之歌或讽刺社会之诗,那就也和说理与传教的一路很接近了。唐初的白话诗人之中,王梵志与寒山、拾得都是走嘲戏的路出来的,都是从打油诗出来的;王绩的诗似是从陶潜出来的,也当有嘲讽的意味。凡从游戏的打油诗入手,只要有内容,只要有意境与见解,自然会做出第一流的哲理诗的。

从两部《高僧传》里,我们可以看见,当佛教推行到中国的知识阶级的时候,上流的佛教徒对于文学吟咏,有两种不同的态度。4世纪的风气承清谈的遗风,佛教不过是玄谈的一种,信佛教的人尽可不废教外的书籍,也不必废止文学的吟咏。如帛道猷便"好丘壑,一吟一咏,有濠上之风"。他与竺道壹书云:

始得优游山林之下,纵心孔释之书。触兴为诗,陵峰采。……因有诗云:

连峰数千重,修林带平津。云过远山翳,风至梗荒榛。茅茨隐不见,鸡鸣知有人。闲走践其径,处处见遗薪。始知百代下,故有上皇民。

---

[1] 《诗僧与谐诗》收入胡适《白话文学史》(上海新月书店 1928 年版)中,《诗僧与谐诗》是该书《唐初的白话诗》之一部分,标题据《胡适说禅》补。——编者注

这种和尚完全是中国式的和尚，简直没有佛教化，不过"玩票"而已。他们对于孔释正同庄老没多大分别，故他的游山吟诗，与当日清谈的士大夫没有分别。这是一种态度。到了4世纪以后，戒律的翻译渐渐多了，僧伽的组织稍完备了，戒律的奉行也更谨严了，佛教徒对于颂赞以外的歌咏便持禁遏的态度了。如慧远的弟子僧彻传中说他

> 以问道之暇，亦厝怀篇牍；至若一赋一咏，辄落笔成章。尝至山南，扳松而啸。于是清风远集，众鸟和鸣，超然有胜气。退还咨远："律禁管弦，戒绝歌舞；一吟一啸，可得为乎？"远曰："以散乱言之，皆为违法。"由是乃止。

这又是一种态度。

但诗的兴趣是遏抑不住的，打油诗的兴趣也是忍不住的。5世纪中的惠休，6世纪初年的宝月，都是诗僧。这可见慧远的主张在事实上很难实行。即使吟风弄月是戒律所不许，讽世劝善总是无法禁止的。惠休（后来还俗，名汤惠休）与宝月做的竟是艳诗。此外却像是讽世说理的居多。5世纪下半益州有个邵硕（死于473年），是个奇怪的和尚，《僧传》说他：

> 居无定所，恍惚如狂。为人大口，眉目丑拙，小儿好追而弄之。或入酒肆，同人酣饮。而性好佛法；每见佛像，无不礼拜赞叹，悲感流泪。

他喜欢做打油诗劝人。本传说他

> 游历益部诸县,及往蛮中,皆因事言谑,协以劝善。……
> 刺史刘孟明以男子衣衣二妾,试硕云:"以此二人给公为左右,可乎?"硕为人好韵语,乃谓明曰:宁自乞酒以清醮,不能与阿夫竟残年!
> 孟明长史沈仲玉改鞭杖之格,严重常科。硕谓玉曰:天地嗷嗷从此起,若除鞭格得刺史。玉信而除之。

最有趣的是在他死后的神话:

> 临亡,语道人法迹云:"可露吾骸,急系履著脚。"既而依之,出尸置寺后,而二日,不见所在。俄而有人从郫县来,遇进云:"昨见硕公在市中,一脚著履,漫语云:小子无宜适,失我履一只。"
> 进惊而检问沙弥,沙弥答曰:"近送尸时怖惧,右脚一履不得好系,遂失之。"

这种故事便是后来寒山、拾得的影子了。6世纪中,这种佯狂的和尚更多了,《续僧传》"感通"一门中有许多人便是这样的。王梵志与寒山、拾得不过是这种风气的代表者罢了。

《续僧传》卷三十五记6世纪大师亡名(本传在同书卷九。亡名工文学,有文集十卷,今不传;续传载其《绝学箴》的全文,敦煌有唐写本,今藏伦敦博物院)的弟子卫元嵩少年时便想出名,亡名对他说:"汝欲名声,若不佯狂,不可得也。"

> 嵩心然之,遂佯狂漫走,人逐成群,触物摘咏。……自制琴声,为《天女怨》《心风异》。亦有传其声者。

卫元嵩后来背叛佛教，劝周武帝毁佛法，事在574年。但这段故事却很有趣味。佯狂是求名的捷径。怪不得当年疯僧之多了。"人逐成群，触物摘咏"，这也正是寒山、拾得一流人的行径。（元嵩作有千字诗，今不传。）

这一种狂僧"触物摘咏"的诗歌，大概都是诙谐的劝世诗。但其中也有公然讥讽佛教本身的。《续僧传》卷三十五记唐初有个明解和尚，"有神明，薄知才学；琴诗书画，京邑有声。"明解于龙朔中（公元662—663）应试得第，脱去袈裟，说："吾今脱此驴皮，预在人矣！"遂置酒集诸士俗，赋诗曰"一乘本非有，三空何所归？"云云。这诗是根本攻击佛教的，可惜只剩此两句了。同卷又记贞观中（公元627—649）有洛州宋尚礼，"好为谲诡诗赋"，固与邺中戒德寺僧有怨，作了一篇《悭伽斗赋》，描写和尚的悭吝状态。"可有十纸许（言其文甚长，古时写本书，以纸计算），时俗常诵，以为口实，见僧辄弄，亦为黄巾（道士）所笑。"此文也不传了。

这种打油诗，"谲诡诗赋"的风气自然不限于和尚阶级。《北史》卷四十七说阳休之之弟阳俊之多作六字句的俗歌，"歌辞淫荡而拙，世俗流传，名为《阳五伴侣》，写而卖之，在市不绝。"阳俊之有一天在市上看见卖的写本，想改正其中的误字，那卖书的不认得他就是作者，不许他改，对他说道："阳五古之贤人，作此《伴侣》。君何所知，轻敢议论！"这是6世纪中叶以后的事。可惜这样风行的一部六言白话诗也不传了。

（胡适：《白话文学史》，上册，上海新月书店1928年版。）

研究神会和尚的始末①

在中国思想史的研究工作上,我在1930年也还有一桩原始性的贡献。那就是我对中古时期,我认为是中国禅宗佛教的真正开山宗师神会和尚的四部手钞本的收集[与诠释]。②在这方面我想多说一点来阐明我如何用一种新观念、新方法的尝试和成就。

根据传统的说法,禅宗的故事是很简单的。一次[在灵山会上]有位信徒向释迦牟尼献了一束花。释迦拈起一朵花[但并未说话],各大弟子皆不懂这是什么意思,这时有个弟子大迦叶(Mahakasyapa),乃向佛微微一笑。释迦乃说:"达迦依(Kashima)懂了!"乃以秘偈和佛法[所谓"正法眼藏"]传给大迦叶。这个[有名的"拈花微笑"的传统故事,]据说便是禅宗的开始。这样便代代相传,一共传了二十八代。这第二十八代祖师便是菩提达摩(Bodhidarma)。相传他于公元500年左右[约在中国南朝齐梁之际]到达中国。达摩莅华之后又[在中国信徒之中]把秘偈和袈裟,所谓"衣钵"一代传一代地传到"六祖慧能"。慧能为广东人,是个文盲,原来是位"獦獠"[当时广东境内的一种半开化的少数民族]。慧能虽不识字,但是他一路做工、行乞游方到了北方,终于被"五祖弘忍"

---

① 本文为《从整理国故到研究和尚》之一,选自唐德刚译《胡适口述自传》,华文出版社1992年版。——编者注

② 凡原稿语意有欠清晰的地方在译文须加些字句来表明的,译者均加方括弧[ ],以表示为原稿所无,下文均同。——编者注

所赏识,乃于某日午夜秘传以"衣钵",乃成为"禅宗六祖"。[这便是中国佛教史上有名故事,说他在墙上写了一首"偈"——"菩提本无树,明镜亦非台……"的那一段公案。]

自从这位不识字的和尚接得了衣钵,其后禅宗中的五大支都出自此门……这是中国佛教史上传统的说法。简言之,便是自释迦以后,禅宗在印度共传了二十八代;[达摩东来以后]在中国又传了六代。在六祖慧能以后,中国各门禅宗都是从"六祖"这一宗传下去的。这也就是一篇禅宗简史。

但是只把这一传统说法稍加考证,我立刻便发生了疑问。我不能相信这一传统说法的真实性。在 1923 年和 1924 年间,我开始撰写我自己的禅宗史初稿。愈写我的疑惑愈大。等到我研究六祖慧能的时候,我下笔就非常犹豫。在此同时我却对一个名叫神会的和尚发生了极大的兴趣。根据唐代所遗留下来的几篇有关文献,神会显然是把他那不识字的师傅抬举到名满天下的第一功臣。

慧能——如实有其人的话——显然也不过是仅仅知名一方的一位区域性的和尚,在当地传授一种简化佛教。他的影响也只限于当时广东北部韶州一带。他的教义北传实是神会一个人把他宣扬起来的。神会为他拼命,并冒着杀头的危险,经过数十年的奋斗,最后才把这位南方文盲和尚的教义传入中原!

[由于史料有限,]我只是读了点有关神会的文献,便对这位和尚另眼相看。在我把中国所保存的资料和日本出版的东京版《大藏经》和《续藏经》(尤其是后者)搜查之后,我终于找出了有关神会的大批史料。那些都是中国和尚和佛教信徒们执笔的;许多竟然是唐代的作品。其中部分唐代史料,使我对神会的研究又有了新的兴趣。例如 9 世纪有一位叫作宗密的和尚,他在谈到他当时的

禅宗时,对神会便给以崇高的地位。据宗密的记载,那时禅宗已有了七支之多。神会和尚的["荷泽宗"]便是当时的七宗之一。

但是这位不顾生死,为南方禅宗而奋斗,多年遭迫害、受流放,终于经过安史之乱而获政府加惠的重要和尚,除了宗密所留下的一点点纪录之外,他自己本身竟然没有丝毫著作传之后世。那时唐朝几乎为安禄山所颠覆,玄宗逃离长安往四川避难。途中自动逊位之后,太子即位[灵武],重率诸将,以图匡复。

在这段戡乱战争的过程中,政府的财政却异常拮据,士兵无饷可发,政府只好筹款应付。筹款的方式之一便是发放佛道二教的"度牒"。人民之中有欲皈依宗教,[或为免役免税而皈依的,]可向政府纳款领取"度牒"。每一度牒索款十万钱。那简直是一种国家公债。政府为推销公债,因而借重这位年高德劭而又能说会讲的老和尚,在东都洛阳帮忙推销。神会推销的成绩甚佳。据说这项筹款的成功,实为戡乱战事顺利进行的一大因素。

其后[肃宗]皇帝为酬庸神会助饷之劳,乃召请神会入宫,并于公元762年(代宗宝应元年)在洛阳重修佛寺为其住所。是年神会便在该寺圆寂。享寿九十三岁。

[上面的故事是根据宗密和尚的记载,和其他唐代遗留下来数种有关文献的纪录。]根据唐代文献,宗密和尚在9世纪上半期颇为得势。[所幸的是]在唐武宗(公元841—846)迫害佛教的前夕,他便死了。(宗密是一位颇有头脑的和尚。他留下了一些有关唐代禅宗发展的史料。这些材料都是八九世纪中国禅宗史的最重要的资料。)

神会死后[很多年,终于]被追封为"禅宗七祖"。因此他那位不识字的师父,广东籍的慧能和尚也就间接被公认为正统的"禅宗六祖"了。

这段禅宗小史说明了神会的重要性。他确定了由南方禅宗来替代了自8世纪初期便主宰中原的北方禅宗!

北方禅宗的地位原是由两三位有力的和尚,["楞伽宗"里的九十多岁的高僧神秀,和他的两位弟子普寂和义福]所确立的。他们被唐朝中央政府尊崇为"两京法主,三帝国师"。"两京"是指当时的西京长安和东京洛阳。"三帝"则是指"则天皇帝"(武后自称"皇帝")和她的两个儿子"中宗"和"睿宗"。这三位"皇帝"在宫廷之中对这些和尚大为尊崇。尤其是那第一位名叫神秀的和尚。

神秀和尚于公元700年(武后久视元年)入宫,死于公元706年(中宗神龙二年)。在这些年中,北禅实在主宰一切。神秀和他的两个大弟子不但备受[朝廷的]尊崇,同时在民间也都被偶像化了。(唐德刚案:据说神秀于久视元年入宫时,武后和中宗、睿宗都跪迎。他死的时候,长安城万人痛哭,送葬僧俗,数逾千万。其哀荣的盛况,亦不下于一千二百多年之后胡老师在台北的出殡大典。)

神会和尚成其革命大业,便是公开地直接地向这声威显赫的北派禅宗挑战。最后终于战胜北派而受封为"七祖",并把他的师傅也连带升为"六祖"。所以神会实在是个大毁灭者,他推翻了北派禅宗;他也是个大奠基者,他奠立了南派禅宗,并做了该宗的真正的开山之祖。这就是佛教中的禅宗!

1926年我以"中英庚款顾问委员会"中国方面三位委员之一的身份去欧洲公干。那时英国决定退还[一部分]中国对英国的庚子赔款[作为培植留英学生之用],因为该款用途尚未完全确定,我应约去欧洲出席"中英庚款全体委员会"。我因而想乘此机会往伦敦和巴黎一查唐代遗留下来的有关禅宗的资料,那些未经9世纪、10世纪,特别是11世纪和尚们糟蹋过的史料。我想找出六七世纪,尤其是8世纪,偶然地在敦煌被保留下来的有关禅宗史的史料。

这些敦煌写本大致是第5世纪至11世纪[自北魏至北宋一段时期]的遗物,前后包括了六百多年。这写本总共有10 000卷以上,一直在甘肃敦煌一间石室之内被密封了[将近一千年]。

敦煌原有几座佛寺,多建筑于岩洞之旁。其中有一座千佛寺,寺内有一间[密封的]石室。其中藏有万卷以上5世纪以后的经卷写本,许多也至迟是11世纪早期[北宋初年]的遗物。这一间被密封起来的石室,封外的墙壁上都绘有壁画。那可能是战争期间,庙内的和尚在逃走之前,把这个图书室封起,并画上壁画,使人不疑壁画之后还有藏经。

这千佛寺原为一座佛寺。但是在公元1900年前后已经是僧道杂居了。一次有一位[王]道士做打扫工作,无意发现这壁画之后似乎有门的迹象。他把这门打开了,便发现了这些经卷写本。这位道士既不识字,人又愚蠢,他乃打主意把这些卷子出售给附近乡民[作为仙方]以医治牙痛或头痛。一般愚民也就向他购买这些仙方破片,烧成灰烬,加水吞食,冀图治病。他们这样对古物的摧毁已经有相当年月了,所幸敦煌人口稀少,所以这些"仙方"亦无从大量出售。他们这样的买卖一直到1907年[始为学者们发现]。那一年[瑞典籍的考古家]斯坦因(Sir Aurel Stein)从印度进入中国,沿途考古,一直到了敦煌。他听说这宗大量发现的中古写本,乃亲往查访。他向那位道士行了点约值七十两银子的小贿,便运走了七大车的卷子写本,经印度而去,终为伦敦的"大英博物馆"所收藏。

翌年，1908年，法国的汉学家伯希和（M.Paul Pelliot）也闻讯往访，也就从敦煌运走了大约三四千卷。伯希和因为能读汉字，又懂一些中亚细亚一带的方言，所以他说服了这位道士，让他在千佛寺内住下，慢慢选择。所以他后来运往法国"国家图书馆"的一些卷子，都是经过选择的。那些只是重抄的佛经，他都一概留下不要，他取去的都是些普通佛经以外的佛教著作，以及有关道教、儒教的写本，或是一些注明年代和人名的佛经钞本。他并且把汉文以外的卷子，如梵文及中亚细亚方言等等写本，都全部拿去了。所以巴黎所藏的敦煌卷子实是一部选集，和一些有年代和人名纪录的钞卷。

伯希和自敦煌取道北京返国，在北京他找了些中国学者来帮忙查对这些中文卷子。这样才惊动了中国的学术界，学术界人士才报告了政府，清廷中央政府乃立即通知甘肃地方政府，不再许外人窃取，并明令把全部卷帙运京保存。这一来全部敦煌经卷的古董价值乃举世皆知。因此在该项钞卷运京时，又被沿途偷窃。为应付点验起见，偷窃的人又往往把长卷剪成小卷来充数。由于监守自盗的结果，上千上百的卷子又被偷走了。所以后来敦煌卷子，除了在伦敦"大英博物馆"、巴黎"法国国家图书馆"和中国"北平图书馆"所收藏之外，还有千百卷被零售给中国和日本的私人收藏家。这便是这宗敦煌钞卷的一段沧桑史，也可算我个人自述的一个注脚。

长话短说，当我在1926年到欧洲去的时候，我想如有可能的话，我决定遍访伦敦、巴黎两处的敦煌藏卷。看一看这一些唐代钞卷，对于中国佛教史，特别是禅宗史有没有新发展。我在伦敦看了

100卷；在巴黎看了50卷。使我且惊且喜的则是我居然发现了有许多有关中国禅宗史的重要资料，尤其是有关8世纪中国北派禅宗和其同时的其他禅宗各支的资料。

我在巴黎所发现的便是三卷未注明［人名和年代的］有关神会和尚的史料，在伦敦我也找到一份［类似的］残卷。由于个人研究兴趣所在，我对搜访这些史料是早有准备的。所以这些资料我一看便知。因而我把它们照样复制，回国之后再加以校勘，便在1930年把它们出版了。出版的日期是我发现了它们的后三年。我把这本书叫作《神会和尚遗集》［民国十九年，亚东图书馆出版］。这本书的问世实在是重治中国禅宗史的一个里程碑。

在1926年之前我们所知有关神会和尚的著述只寥寥659个字。这个短篇对这位禅宗历史的真正创造者的了解实在太有限了。可是在1926年我竟然找到了约有20 000字上下的资料。

我在巴黎所发现的三份钞卷，过去一千两百年都无人知晓。其一便是《神会和尚语录》，此卷甚长；第二件是有原标题的，叫《菩提达摩南宗定是非论》。这是一份战斗文献，是神会对北派禅宗的道统真伪与教义是非的公开挑战。因为南北两派都自称是祖述达摩的正统。另一残卷则显然也是上述战斗文献的一部分。（唐德刚案：英文稿此处语义混杂不清。译文系参考《海外读书杂记》重校的。）

这份战斗文献活生生地纪录了神会和尚和一位名叫"崇远法师"的对话录。崇远法师是一位问难者，［他向神会提出问题由神会加以解答，］就像现代电视上［新闻节目里］的主持人（moderator）一般。这位崇远法师也是位性格人物，他把这幕剧弄得更为戏剧化。

在这次问难中，崇远法师问曰："［北宗］普寂禅师名字盖国，天下知闻……何故如此苦相非斥？岂不与［神会大和尚，您自己］身命有雠?!"

神会和尚答曰:"我自料简是非,定其宗旨。我今弘扬大乘,建立正法,令一切众生知闻,岂惜身命?!"[原文录自《菩提达摩南宗定是非论》,读者亦可参阅柳田圣山主编《胡适禅学案》,台北正中书局1975年版,281页。]

这便是这位神会和尚的精神!当然,我并不是说神会这一挑战是什么样的天才。我而且怀疑他这一挑战是公正有据的。或者他的挑战正和北宗所自我夸耀的一样无据。我必须说,一部禅宗史包括神会在内,百分之九十都是伪造的。这是我的估计。

但是我搜寻禅宗史料的动机,则是想找出8世纪中的所谓禅宗创立时的真相而已。这样我不但找到了神会和尚的语录,同时我也找到了唐代文献中所提到的伟大的[南宗、北宗争法统的]作战纪录。这纪录是我在伦敦、巴黎两地所藏的敦煌经卷里找到的。

我在伦敦所发现的残卷也很有趣。那是中国所流传下来的有[关神会纪录的]659字中的一部分。但是这残卷却是这纪录最早的钞本。这件唐代写本与现存的国内流传的神会著作,仅有丝微的不同。

以上四种,便是我于[1927年在巴黎和伦敦]所影印的敦煌卷子。后来我把几份卷子与我自己所写的神会的传记,一起详加考订之后,便于1930年合成一册[由上海亚东图书馆]出版,定名为《神会和尚遗集》。我那90页的《荷泽大师神会传》[本文经收入《胡适论学近著》,第一集,二十四年商务印书馆版,第248—290页],可能是当今中国用现代观点所写的唯一一本完全的和尚的传记了。

好了,我究竟发现了些什么样的故事呢?上文曾提过,1926年以前,中国佛教史家所可找到的神会和尚的作品,不过寥寥659

个字而已。但是我的书在1930年出版之后,神会的著作便递增至二万多字,这样我才能写出一本神会全传来。这本完全的传记中,包括我对神会思想的初探;对他观念的诠释;和我自己研究的结论。我认为[一般佛学家和佛教史家都当作慧能所著的]所谓《坛经》,事实上是神会代笔的。《六祖坛经》是过去一千二百年禅宗佛教最基本的经典;也是中国、朝鲜和日本的一部圣书。但是我以[禅宗]内部的资料,证明它是神会的伪托!根据我的考据,神会实是《坛经》的作者,因为《坛经》中的许多观念都和我在巴黎发现的《神会和尚语录》及其他有关文献,不谋而合。

以上便是我发现中最精彩的部分。但是这一发现影响之大则非始料所及,因为它牵涉到要把禅宗史全部从头改写的问题。由于这位大和尚神会实在是禅宗的真正开山之祖,是《坛经》的真正作者,但是在近几百年来,他却是在禅宗史上被人忽略了。其原因便是当南宗的地位最后被朝廷肯定为禅宗正统——甚至也可说是整个佛教的正统——之后,显然一时弄得举世扰攘,所有的和尚都要挤进来分一杯羹。因而佛教中的所有门派都自称与南派禅宗有历史渊源,从六祖慧能上溯至菩提达摩。时日推移,这一自达摩至慧能的谱系因而一分为二:一门禅宗自称祖述怀让,怀让是慧能在湖南的大弟子;另一宗则自称出自慧能在江西的大弟子行思。

在八九两世纪中,湖南、江西二省原是禅宗的中心,两省之中所有的[老和尚]都自称是慧能的弟子[或再传弟子]。后来这两支都发展起来,蔚为大观。例如著名的临济宗便出自这两支。当他们得势之后,他们就改写历史,各以己支一脉相沿是正统嫡传。日子久了,神会之名就渐被遗忘,甚至完全不提了。

怀让、行思两支后来居上,竟然变成禅宗里的正统嫡传。《景德传灯录》便是如此下笔的。我是治佛教史的少数作者之一,读佛教史时在字里行间,发现了神会和尚的重要性。我认为神会扮演了一个很重要的角色。事实上,他的重要性,9世纪的一位有学问的和尚宗密也曾经证实过。

我写神会和尚实在也就是改写禅宗史,给神会以应有的历史地位。并指出他向北宗挑战是何等的重要,终使他死后被追封为禅宗的七祖;间接地他也使他师傅慧能被追升为禅宗的六祖。

事实上,这一追谥,还是神会死后一百多年的事。当时并经唐代两大作家柳宗元和刘禹锡的记述。柳、刘二人均于慧能正式被朝廷追升为"六祖"时著有碑铭。

还有一件使我高兴的事,则是我的神会传记出版后两年[1932],另一神会遗作的敦煌卷子,又在日本被发现了;由我的书作参考,证明其为神会遗作。这一份并无标题的敦煌经卷落入一位日本收藏家石井光雄之手。但是日本学者则是参阅我的神会传,而证实为我所发现的神会遗作《神会和尚语录》之一部。这一个题目[《神会和尚语录》]原是我加上去的,我们始终不知道这个卷子的原题是什么。

1959年,另一位日本学者入矢义高,又在斯坦因收藏的敦煌经卷中,发现了另一同样内容的卷子。这卷子之前有一篇短序,题目叫作《南阳和尚问答杂征义》。

石井光雄的卷子发现之后二年[1934年],铃木大拙博士与一位友人,乃把它参校"胡适本"之后,予以付印出版。那是个活字版印本,书名为《禅宗大师神会语录》。这份石井光雄发现的卷子共有15 000字。其中有一半与我发现的第一件《神会和尚语录》雷同。其中有一部分显然是从《菩提达摩南宗定是非论》中抄下来的。稍后铃木先生在"国立北京[平]图书馆"所收藏的敦煌经卷中,又发现另一文件。他把这文件付印出版,并加一篇他自己写的导言,说这一文件的内容与《六祖坛经》颇为相似;那与我所阐述的神会观念也是相同的。

许多年过去了。一直到1956年,当铃木博士与他的一位学生路过巴黎时,法国学者告诉他,他们又发现了一卷显然是神会的遗作。但是他们无法通晓其内容,所以我也就买了一份该项卷子的影印本。我现在[1958]正在校勘这份卷子。其实这份卷子中包括两种神会遗著,其一便是《菩提达摩南宗定是非论》中的一大段节录;另一件则包括我在1930年所出版的第三件。所以现在"定是非论"已经有20 000字左右,差不多已经是全璧了。

最近法国学者又发现了一些文件。伯希和死后,他们显然是从伯氏以前所收集一些无标题的卷子之中,又发现了另一份残卷。那卷子里不但有一卷神会,而且有两卷神会。第一件中大部分都是神会的战书[《定是非论》];另一件也很有趣,那是和铃木在"国立北京[平]图书馆"所发现的同种而较佳的经卷。但是那较早发现的老卷,缺少个题目。那件无题经卷,铃木只是疑惑它也是神会的遗作[但是他还不敢确定],而这份新发现的卷子不但完整无缺,并且还有一个题目。这题目一开始便书名"南阳和尚"。南阳是河南的一个重要县治。"南阳和尚"这一头衔毫无疑问是当地人民对神会的尊称,因为神会曾在一座南阳的寺庙内住过十年。在南阳期间他以博学善辩闻名于时,所以才有"南阳和尚"的称呼。

所以铃木博士多少年前在发现那宗文卷时所引起的大疑案,终于在我的襄赞之下完全证明了。这些便是我近年来有关中国思想史的最近的著述。

图书在版编目（CIP）数据

胡适之禅宗考论 / 胡适著；韩传强选编. — 北京：商务印书馆，2018
（中华现代佛学名著）
ISBN 978-7-100-15344-7

Ⅰ.①胡… Ⅱ.①胡…②韩… Ⅲ.①禅宗—研究 Ⅳ.① B946.5

中国版本图书馆 CIP 数据核字（2017）第 229444 号

本丛书由南京大学人文基金资助出版。

权利保留，侵权必究。

胡适之禅宗考论
胡 适 著　韩传强 选编

商 务 印 书 馆 出 版
（北京王府井大街 36 号 邮政编码 100710）
商 务 印 书 馆 发 行
江苏凤凰新华印务有限公司印刷
ISBN 978-7-100-15344-7

2018 年 7 月第 1 版　　开本 889×1194 1/32
2018 年 7 月第 1 次印刷　印张 13¾
定价：48.00 元